AF828113

VERÖFFENTLICHUNGEN
DES FORSCHUNGSINSTITUTS FÜR WIRTSCHAFTSPOLITIK
AN DER UNIVERSITÄT MAINZ

Herausgegeben von

Helmut Diederich   Otto Gandenberger
Walter Hamm   Erich Welter

Band 34

Das Forschungsinstitut für Wirtschaftspolitik an der Universität Mainz hat ein doppeltes Ziel: Es möchte die Grundlagen der Ordnung der Wirtschaft — Geld, Eigentum und Wettbewerb — untersuchen und hofft, Verbesserungen der geltenden Ordnung vorschlagen zu können. Daneben will das Institut von dem gewonnenen Standpunkt aus zu aktuellen Spezialfragen der Wirtschaftspolitik Stellung nehmen. Es dient weder Interessenten noch Interessentenorganisationen. Die Ergebnisse der wissenschaftlichen Arbeit des Instituts einem breiteren Kreis zugänglich zu machen, ist der Sinn dieser Schriftenreihe.

STAATLICHE PREISAUFSICHT IN DER KRAFTVERKEHRSVERSICHERUNG

Für und wider eine Aufhebung der Genehmigungs-pflicht für die Versicherungsprämien

von

Dr. ULRICH ROSENKRANZ

DUNCKER & HUMBLOT · BERLIN

Alle Rechte vorbehalten
© 1974 Duncker & Humblot, Berlin 41
Gedruckt 1974 bei Buchdruckerei Bruno Luck, Berlin 65
Printed in Germany

ISBN 3 428 03078 8

INHALTSVERZEICHNIS

VERZEICHNIS DER TABELLEN

EINLEITUNG UND VORAUSSETZUNGEN

Der Markt für Kraftverkehrsversicherungen stellt in unserer marktwirtschaftlich orientierten Wirtschaftsordnung einen Ausnahmebereich dar. Im Vergleich zu den meisten anderen Wirtschaftszweigen sah sich der Staat in der Vergangenheit hier veranlaßt, durch zahlreiche Bestimmungen auf die Entscheidungen der Wirtschaftssubjekte in besonderer Weise einzuwirken. Betroffen davon sind sowohl die Kraftfahrzeughalter als auch die Versicherungsunternehmer. Für die Kraftfahrzeughalter ist im Versicherungspflichtgesetz ein Versicherungszwang festgelegt. Unabhängig von der Höhe des Preises sind sie zur Nachfrage nach Versicherungsschutz gegen Kraftfahrzeug-Haftpflicht verpflichtet.

Die Versicherungsunternehmer sind durch die staatlichen Bestimmungen vor allem in ihren Entscheidungen über die Preiskalkulation beschränkt. Für die Prämien in der Kraftverkehrsversicherung ist ein staatliches Genehmigungsverfahren vorgesehen. Eine Veränderung oder auch eine Beibehaltung der alten Prämien über einen bestimmten Zeitraum hinaus ist danach nur dann möglich, wenn die Prämienkalkulation vom Staat geprüft und genehmigt worden ist. Diese Prüfung erstreckt sich im übrigen nicht nur auf die Prämie, sondern auch auf die Tarifstruktur, also die verwendeten Tarifierungsmerkmale. Damit ist neben dem Preis noch ein weiterer wichtiger Aktionsparameter, die Produktgestaltung, einer staatlichen Kontrolle unterworfen und damit als Aktionsparameter praktisch bedeutungslos, da abweichende Tarifstrukturen einzelner Versicherer von der Aufsichtsbehörde bislang nicht genehmigt wurden.

Auch innerhalb der Versicherungswirtschaft gehört die Kraftverkehrsversicherung zu den Ausnahmebereichen; denn abgesehen von der Lebens- und der Krankenversicherung nimmt der Staat in allen anderen Versicherungszweigen keinen Einfluß auf die Höhe der Prämie. Begründet wird die Ausnahmeregelung für die Kraftverkehrsversicherung vor allem mit den Besonderheiten dieses Marktes, die einen „freien“ Preiswettbewerb nicht zulassen. Eine Aufhebung der staatlichen Eingriffe hätte zur Folge, daß die Konkursgefahr erhöht würde und der Schutz der Versicherungsnehmer und der Verkehrsopfer nicht mehr gewährleistet werden könnte.

Aufgabe der vorliegenden Arbeit soll es sein, die Notwendigkeit von staatlichen Eingriffen in diesen Markt zu überprüfen und Möglichkeiten zu suchen, die bestehenden Eingriffe in diesen Markt zu vermindern. Dabei wird sich diese Arbeit vor allem mit der Genehmigungspflicht für die Tarife befassen und andere Vorschriften, wie etwa den Kontrahierungszwang, nur insoweit behandeln, als sie in direktem Zusammenhang mit einer Aufhebung des Genehmigungsverfahrens stehen. Es sei hier ausdrücklich darauf hingewiesen, daß es nicht im Sinne dieser Arbeit liegt, die Notwendigkeit der allgemeinen Versicherungsaufsicht, die gewerbe- und wirtschaftspolizeiliche Aufgaben hat, in Frage zu stellen. Das Fortbestehen dieser Fachaufsicht über die Versicherungswirtschaft wird in der gesamten Arbeit vorausgesetzt. Da beide Bereiche der Aufsicht dasselbe Ziel, den Schutz der Versicherungsnehmer und der Verkehrsopfer, verfolgen, können sie selbstverständlich nicht isoliert voneinander behandelt werden. Eine Abschaffung des Genehmigungsverfahrens müßte auch Auswirkungen auf die allgemeine Versicherungsaufsicht haben. Daher wird sich die Arbeit auch mit diesem Bereich der Aufsicht befassen. Allerdings soll dies nur soweit geschehen, wie eine Änderung oder Abschaffung des Genehmigungsverfahrens Maßnahmen im Bereich der allgemeinen Versicherungsaufsicht notwendig macht.

Vorbedingung einer Änderung der bestehenden Marktordnung ist, daß die staatlichen Zielsetzungen für die beteiligten Gruppen nicht gefährdet werden. Die Arbeit wird sich zunächst mit der *Versicherungswirtschaft* befassen, die jedoch lediglich unter wettbewerbspolitischen Gesichtspunkten interessant ist. In diesem Teil der Untersuchung soll geprüft werden, ob Besonderheiten des Marktes oder der Versicherungsproduktion eine Aufhebung der Genehmigungspflicht als unzweckmäßig erscheinen lassen oder nicht. Bei dieser Betrachtung jedoch kann selbstverständlich nur das gesamtwirtschaftliche Interesse an einer funktionierenden Versicherungswirtschaft berücksichtigt werden, nicht aber das Interesse des einzelnen Versicherers an der Erhaltung seines Unternehmens. Vielmehr müssen Konkurse einzelner Versicherer — wie in jeder Wettbewerbswirtschaft — in Kauf genommen werden, solange die Funktionsfähigkeit der Versicherungswirtschaft als Ganzes nicht beeinträchtigt wird.

Die Gefahr eines Konkurses berührt unmittelbar die Interessen der *Versicherten* und der *Verkehrsopfer*. Diese Untersuchung geht davon aus, daß die finanzielle Sicherheit dieser beiden Personengruppen ein anerkanntes gesellschaftspolitisches Ziel ist, das durch eine Liberalisierung der Marktordnung nicht gefährdet werden darf. Der Verfasser hat es deshalb als eine seiner wichtigsten Aufgaben angesehen, Sicherheitsvorkehrungen zu suchen, durch die die Erfüllung der Versicherungsverträge auch im Falle der Zahlungsunfähigkeit eines Versicherers gewährleistet werden kann.

Während die Gefahr zu niedriger Prämien und damit die Gefahr eines Versicherungskonkurses sowohl die Interessen der Versicherungsnehmer als auch der Verkehrsopfer berührt, trifft die Möglichkeit, daß die Versicherer nach einer Aufhebung der staatlichen Kontrolle überhöhte Prämien fordern, lediglich die Versicherten. Inwieweit diese Gefahr gegen eine Aufhebung der staatlichen Eingriffe spricht und welche Maßnahmen dagegen getroffen werden können, wird ebenfalls untersucht werden.

Bestrebungen, die staatlichen Eingriffe in diesen Markt abzubauen, gibt es schon lange. Erste Möglichkeiten einer unternehmenseigenen Preispolitik nach der Einführung eines staatlichen Zwangstarifes im Jahre 1938[1] wurden 1950 durch die Bestimmungen über eine Gewinnbeteiligung eröffnet[2]. Vier Jahre später erweiterten die Vorschriften über die Beitragsermäßigung bei schadenfreiem Verlauf der Verträge

---

[1] Vergleiche die Verordnung über die Versicherung von Kraftfahrzeugen vom 14. Februar 1938, Reichsgesetzblatt I, Nr. 15, S. 200.

[2] Vergleiche die Verordnung PR Nr. 51/50 über die Änderung des Einheitstarifs für Kraftfahrtversicherung vom 9. August 1950, Bundesanzeiger Nr. 160 vom 22. August 1950.

den preispolitischen Spielraum der Versicherer[3]. Durch die Verordnung PR 15/59 zur Auflockerung der Preisbindung in der Kraftfahrtversicherung wurde dann im Jahre 1959 der erste entscheidende Schritt zu einer Neuordnung des Marktes getan[4]. Die Tarife für die Gepäckversicherung und die namentliche Unfallversicherung wurden vollständig freigegeben, und für die übrigen Sparten sollte nach einer Übergangszeit, die durch eine Auflockerung der Vorschriften über den technischen Überschuß gekennzeichnet war, der bis dahin geltende Einheitstarif durch genehmigungspflichtige Unternehmenstarife ersetzt werden. Die Verordnung schließt damit, daß nach dem 31. Dezember 1965 Preisvorschriften auf dem Gebiete der Kraftfahrtversicherung nicht mehr anzuwenden sind[5]. Die daraufhin erhoffte oder auch befürchtete vollständige Liberalisierung der Kraftverkehrsversicherung[6] blieb jedoch aus. Lediglich die Rechtsgrundlage für die Tarifbindung wurde geändert[7]. Die staatliche Genehmigung für die Tarife der Kraftverkehrsversicherung ist damit auch noch heute vorgeschrieben.

---

[3] Vergleiche die Verordnung PR 13/54 über Beitragsermäßigung in der Kraftfahrthaftpflicht- und Fahrzeugvollversicherung bei schadensfreiem Verlauf der Verträge vom 22. Dezember 1954, Bundesanzeiger Nr. 249 vom 28. Dezember 1954.

[4] Vergleiche die Verordnung PR Nr. 15/59 zur Auflockerung der Preisbindung in der Kraftfahrtversicherung vom 19. Dezember 1959, Bundesanzeiger Nr. 249 vom 30. Dezember 1959.

[5] Vergleiche die Verordnung PR Nr. 15/59 zur Auflockerung der Preisbindung in der Kraftfahrtversicherung vom 19. Dezember 1959, a. a. O., Paragraph 24, Satz 2.

[6] Vergleiche etwa Helmut Heinrichs, Liberalisierte Kraftverkehrsversicherung im Wettbewerb. In: Gegenwartsfragen der Versicherung. — Beiträge zur Forschung und Praxis. (Versicherungsstudien Heft 5/6, Herausgeber H. G. Lobscheid). Berlin 1962, S. 105 f.; W. Seuß, Kraftfahrtversicherung vor dem Neuanfang. „Frankfurter Allgemeine Zeitung" Nr. 301 vom 29. Dezember 1961; derselbe, Rückzug vor der Tariffreiheit. „Frankfurter Allgemeine Zeitung" Nr. 100 vom 29. August 1964; weiter „Kraftverkehrsversicherung auf dem Weg zur Preisfreiheit". In: „Die Versicherungspraxis", Bonn, 53. Jahrgang (1963), S. 17 f.

[7] Neue Rechtsgrundlage für die Tarifbindung ist ab 1. Januar 1968 das Gesetz über die Pflichtversicherung für die Kraftfahrzeughalter (Pflichtversicherungsgesetz) vom 5. April 1965. Bundesgesetzblatt I, 1965, S. 213. Die aufgrund des Preisgesetzes erlassenen Rechtsverordnungen wurden durch dieses Gesetz um drei Jahre verlängert und traten erst am 1. Januar 1968 außer Kraft. Vergleiche Pflichtversicherungsgesetz, Paragraph 15.

Eine neuerliche Überprüfung der bestehenden Marktordnung unternahm die Bundesregierung im Jahre 1970, als sie dem Forschungsinstitut für Wirtschaftspolitik an der Universität Mainz den Auftrag erteilte, die Notwendigkeit einer staatlichen Preisaufsicht für diesen Markt kritisch zu untersuchen. Dieses Gutachten, das von dem Verfasser dieser Arbeit unter dem Titel „Möglichkeiten zur Verstärkung des Wettbewerbs im Bereich der Kfz.-Versicherungen" vorgelegt wurde, erregte nach seinem Erscheinen beträchtlichen Widerspruch der betroffenen Gruppen und forderte zahlreiche Stellungnahmen heraus. So beklagten etwa der Verband der Haftpflicht-, Unfall- und Kraftverkehrs-Versicherer und der Bundesverband bevollmächtigter Generalagenten und Geschäftsstellenleiter der Assekurranz, daß durch die Vorschläge des Gutachtens die staatlichen Eingriffe in die Unternehmensfreiheit verstärkt würden[8], und das „Handelsblatt" fürchtete, daß durch die Maßnahmen die nächsten Versicherungskonkurse schon programmiert würden[9]. Andere Stellungnahmen standen den Vorschlägen zumindest teilweise positiv gegenüber und sahen in dem Gutachten eine „Chance, die Erstarrung, in die die Kfz.-Versicherung durch die staatliche Fixierung geführt wurde, zu lockern ..."[10]. Die vorliegende Arbeit ist eine umgearbeitete Fassung dieses Gutachtens, in der auch die zahlreichen Gegenargumente der Versicherungswirtschaft, der Vertreterorganisationen und der Vereinigungen, die die Interessen der Versicherungsnehmer vertreten, berücksichtigt wurden.

---

[8] Vergleiche die „Denkschrift des HUK-Verbandes zum Gutachten des Forschungsinstitutes für Wirtschaftspolitik an der Universität Mainz über ‚Möglichkeiten zur Verstärkung des Wettbewerbs im Bereich der Kfz.-Versicherungen'", o. O., 1971, S. 65. Im folgenden zitiert als „Denkschrift". Siehe weiter auch die Stellungnahme des Bundesverbandes bevollmächtigter Generalagenten und Geschäftsstellenleiter der Assekuranz e. V. in seinem Schreiben an den Bundesminister für Wirtschaft und Finanzen vom 30. November 1971, S. 2.

[9] Vergleiche „Handelsblatt" Nr. 176 vom 14. September 1971, S. 5.

[10] J. Zapf, Das Rosenkranz-Gutachten — eine Chance für eine Reform der Kraftfahrtversicherung? „Die Versicherungspraxis", Bonn, 62. Jahrgang (1972), S. 82; im folgenden zitiert als „Rosenkranz-Gutachten".

ERSTER TEIL

Der Markt für Kraftverkehrsversicherungen*

Erstes Kapitel

Der rechtliche und institutionelle Rahmen

A. Rechte und Pflichten der Versicherten

Das „Gesetz über die Pflichtversicherung für Kraftfahrzeughalter" bestimmt in seinem ersten Paragraphen, daß der Halter eines Kraftfahrzeuges verpflichtet ist, für sich, den Eigentümer und den Fahrer eine Haftpflichtversicherung gegen Personen-, Sach- und Vermögensschäden einzugehen[1, 2]. Diese Versicherung soll die Verkehrsopfer auch dann finanziell sicherstellen, wenn der Schuldige nicht von sich aus in der Lage ist, den angerichteten Schaden zu ersetzen. Aus diesem Grunde ist die Versicherungspflicht nicht eingeführt für solche Kraftfahrzeughalter, bei denen die Zahlungsfähigkeit außer Zweifel steht[3], und für solche Fahrzeuge, die aufgrund ihrer Bauart keine großen Unfallschäden erwarten lassen[4].

---

* Der im folgenden verwendete Terminus „Kraftverkehrsversicherungen" umfaßt die Haftpflicht-, Fahrzeug-, Unfall- und Gepäckversicherung. Die beiden zuletzt genannten Versicherungsarten haben jedoch nur eine relativ geringe Bedeutung. Sie unterliegen nicht der Genehmigungspflicht und werden deshalb bei den folgenden Betrachtungen außer acht gelassen. Die Terminologie des Gesetzgebers ist uneinheitlich. Sowohl der Begriff „Kraftfahrversicherung" wie auch „Kraftfahrtversicherung" und „Kraftfahrzeugversicherung" werden in den verschiedenen Vorschriften für die oben genannten Versicherungszweige gebraucht.

1 Paragraph 1 Pflichtversicherungsgesetz.

2 Die Haftung des Halters beziehungsweise Fahrers wird durch die Paragraphen 823, 831 BGB und die Paragraphen 7 und 18 StVG (Verschuldens- und Gefährdungshaftung) begründet. Vergleiche M. Bachmann, Die Risikoprämie in der Kraftfahrzeug-Haftpflichtversicherung. — Ermittlung unter Berücksichtigung des veränderten Schadensverlaufs. (Beiträge zu wirtschaftswissenschaftlichen Problemen der Versicherung. Band 4. Herausgeber H. L. Müller-Lutz). Karlsruhe 1968, S. 3, Fußnote 3.

3 Dazu zählen gemäß Paragraph 2 Pflichtversicherungsgesetz zum Beispiel die Bundesrepublik Deutschland, die Länder und die Gemeinden mit mehr als 100 000 Einwohnern.

Für die nicht von der Ausnahmeregelung des Paragraphen 2 des Pflichtversicherungsgesetzes betroffenen Fahrzeughalter besteht die gesetzliche Pflicht, eine Haftpflichtversicherung abzuschließen. Die Höhe der Versicherungssumme ist durch gesetzlich festgelegte Mindestversicherungssummen nach unten begrenzt[5]. Dem einzelnen Fahrzeughalter steht es also frei, sich höher versichern zu lassen.

Der Schutz der Verkehrsopfer wäre unvollkommen, wenn nicht auch die Ansprüche gegen ausländische Kraftfahrzeughalter gesichert wären. Durch das Gesetz über die Haftpflichtversicherung für ausländische Kraftfahrzeuge und Kraftfahrzeuganhänger vom 24. Juli 1956 wurde auch für Fahrzeuge, die im Inland keinen regelmäßigen Standort haben, die Versicherungspflicht eingeführt[6]. Der Versicherungsschutz für die ausländischen Fahrzeuge muß durch einen im Inland tätigen Versicherer gewährleistet sein. Ein Vertrag mit einer Gesellschaft außerhalb des Geltungsbereichs des Pflichtversicherungsgesetzes ist nur dann gültig, wenn die Ansprüche der Verkehrsopfer durch einen inländischen Versicherer oder Versicherungsverband garantiert werden. Dies ist regelmäßig dann der Fall, wenn der Versicherte im Besitz der sogenannten Grünen Karte ist[7].

Während der Gesetzgeber dem Fahrzeughalter den Abschluß einer Versicherung gegen Schäden vorschreibt, die mit seinem Fahrzeug anderen zugefügt werden, steht ihm der Abschluß eines Versicherungsvertrages für eigene Schäden frei. Die Fahrzeug-, Unfall- und Gepäckversicherung ist von der Versicherungspflicht nicht betroffen.

---

[4] Paragraph 2 Pflichtversicherungsgesetz befreit zum Beispiel die Halter von Kraftfahrzeugen, die aufgrund ihrer Bauart nicht schneller als sechs Kilometer je Stunde fahren können, von der Versicherungspflicht.

[5] Durch die Rechtsverordnung vom 23. Juli 1971 wurde die Mindestversicherungssumme für Personenschäden auf 500 000,— DM, für Sachschäden auf 100 000,— DM und für Vermögensschäden auf 20 000,— DM festgelegt. Vergleiche ebenda, Bundesanzeiger Nr. 141 vom 4. 8. 1971, S. 3.

[6] Vergleiche Gesetz über die Haftpflichtversicherung für ausländische Kraftfahrzeuge und Kraftfahrzeuganhänger vom 24. Juli 1956, in der Fassung vom 26. November 1964 und 5. April 1965. Bundesgesetzblatt I von 1956, S. 667; von 1964, S. 921; von 1965, S. 213.

[7] Siehe dazu auch weiter unten S. 19.

B. Rechte und Pflichten der Versicherer

Als Gegengewicht zu der in Paragraph 1 Pflichtversicherungsgesetz festgelegten Versicherungspflicht des Kraftfahrzeughalters wurde im Paragraphen 5 desselben Gesetzes der Kontrahierungszwang verankert. Damit sind alle Versicherungsunternehmen verpflichtet, „den in Paragraph 1 genannten Personen ... Versicherung gegen Haftpflicht zu gewähren“[8]. Von diesem Vertragszwang sind jene Unternehmen ausgenommen, die sich in ihrem Geschäftsplan eine Beschränkung auf nach sachlichen und örtlichen Kriterien abgegrenzte Risiken festgelegt haben[9]. Der Antrag eines versicherungspflichtigen Kraftfahrzeughalters kann auch dann abgelehnt werden, wenn der Antragsteller sich weigert, einen nach dem geltenden Tarif gerechtfertigten Beitragszuschlag zu zahlen, oder frühere Vertragsbeziehungen schon einmal durch im Gesetz fixierte Tatbestände gestört wurden, so daß dem Versicherer ein weiterer Vertrag nicht zugemutet werden kann.

Die Konsequenzen der Kontrahierungszwanges werden für die Versicherer durch die Möglichkeit abgeschwächt, den Vertrag im Schadenfall kündigen zu können[10].

Um den Schutz der Verkehrsopfer auch dann sicherzustellen, „wenn das Fahrzeug, durch dessen Gebrauch der Schaden verursacht worden ist, nicht ermittelt werden kann“[11], oder wenn ein Versicherungsvertrag gegen Haftpflicht vom Halter, Eigentümer oder Fahrer nicht abgeschlossen wurde[12], hat der Gesetzgeber im Paragraphen 12 des Pflichtversicherungsgesetzes die Bildung eines Entschädigungsfonds vorgesehen. Durch die „Verordnung über den Entschädigungsfonds für Schäden aus Kraftfahrzeugunfällen“[13] wurden die

---

8 Paragraph 5 Absatz 2 Pflichtversicherungsgesetz.

9 Vergleiche Paragraph 5 Absatz 4 Ziffer 1 Pflichtversicherungsgesetz.

10 Vergleiche Allgemeine Versicherungsbedingungen für die Kraftverkehrsversicherung (AKB) Paragraph 4; abgedruckt in: E. R. Prölss, Versicherungsvertragsgesetz. (Beck'sche Kurz-Kommentare Band 14). 18. neubearbeitete Auflage, München 1970, S. 755—843.

11 Paragraph 12 Absatz 1 Ziffer 1 Pflichtversicherungsgesetz.

12 Vergleiche ebenda.

13 Verordnung über den Entschädigungsfonds für Schäden aus Kraftfahrzeugunfällen vom 14. Dezember 1965, Bundesgesetzblatt I, 1965, S. 2093.

Aufgaben dieses Fonds dem Verein „Verkehrsopferhilfe"[14], einem freiwilligen Zusammenschluß der Kraftverkehrsversicherer, übertragen. Damit sind alle Kraftverkehrsversicherer verpflichtet, unter Berücksichtigung ihrer Marktanteile Beiträge zur Deckung der Entschädigungsleistungen und der Verwaltungskosten an den Entschädigungsfonds zu leisten.

Im Falle eines Unfalls mit einem nicht versicherten Fahrzeug erstreckt sich der Entschädigungsanspruch auf Personen- und auch auf Sachschäden. Soweit es sich dagegen um Schäden handelt, die durch einen flüchtigen Fahrer verursacht wurden, steht der Ersatz von Personenschäden im Vordergrund. Schäden am eigenen Fahrzeug werden grundsätzlich nicht ersetzt[15]. „Für sonstige Sachschäden beschränkt sich ... die Leistungspflicht des Entschädigungsfonds auf den Betrag, der eintausend Deutsche Mark übersteigt[16]."

Neben der Gründung des Entschädigungsfonds brachte die neue Fassung des Pflichtversicherungsgesetzes aus dem Jahre 1965 noch eine zweite wichtige Änderung gegenüber dem bis dahin geltenden Recht mit sich[17]. Bislang hatte das Verkehrsopfer lediglich einen Anspruch gegen den Schädiger, der sich seinerseits wiederum an den Versicherer wenden konnte. Durch die Einführung der sogenannten „action directe" im Paragraphen 3 des Pflichtversicherungsgesetzes wird den Geschädigten nun ein „eigener, unmittelbarer, einklagbarer Anspruch gegen den Versicherer"[18] gegeben. Diese Forderung bleibt auch dann — allerdings nur für einen Monat

---

[14] Dieser Verein bestand seit dem 1. Mai 1963.

[15] Paragraph 12 Absatz 2 Pflichtversicherungsgesetz.

[16] Paragraph 12 Absatz 2 Satz 3 Pflichtversicherungsgesetz. Siehe auch die Richtlinien des HUK-Verbandes vom 1. 1. 1957 über die Gewährung von Entschädigungen bei Verkehrsunfällen, in denen der Halter und der Fahrer des schadenstiftenden Fahrzeugs unbekannt bleiben. Abgedruckt in: H. Bormann, P. Cuntz, E.-G. Völker, Die Neuordnung der deutschen Kraftfahrtversicherung. — Kommentar, Handbuch der deutschen Kraftfahrtversicherung, Frankfurt/M. 1961, S. 463. Nach diesen Richtlinien wurden für Sachschäden keine Entschädigungen gewährt.

[17] Die Änderung des Pflichtversicherungsgesetzes war notwendig geworden durch das Europäische Übereinkommen vom 20. 4. 1959 über die obligatorische Haftpflichtversicherung.

[18] H. Feyock, Das neue Pflichtversicherungsrecht. Versicherungswirtschaft, 20. Jahrgang, 1965, S. 318.

— bestehen, wenn das Versicherungsverhältnis durch Verletzung der vertraglichen Verpflichtungen, zum Beispiel Nichtzahlung der Prämien, gestört oder beendet ist.

Die Leistungspflicht der Versicherer wird allerdings durch einige Bestimmungen der AKB[19] eingeschränkt[20]. So sind zum Beispiel Haftpflichtansprüche ausgeschlossen, die aufgrund eines Vertrages oder besonderer Zusagen über den Umfang der gesetzlichen Haftpflicht hinausgehen; ebenso Haftpflichtansprüche des Versicherungsnehmers, Halters oder Eigentümers gegen mitversicherte Personen. In den Fällen eines Risikoausschlusses entfällt natürlich auch der Direktanspruch des Geschädigten[21].

Um die Ansprüche der Versicherungsnehmer und der Verkehrsopfer auch im Falle eines Konkurses befriedigen zu können, haben die Versicherer im Jahre 1968 freiwillig einen Solidarhilfeverein gegründet. Die Mitglieder des Vereins verpflichteten sich, die Leistungen an Verkehrsopfer und Versicherungsnehmer bei Zahlungsunfähigkeit eines Versicherers zu garantieren. Voraussetzung dafür ist lediglich, daß das Unternehmen in der Bundesrepublik Deutschland zugelassen und dem Verein Solidarhilfe beigetreten ist[22]. Im Falle eines Konkurses wollen die Versicherer bis zur endgültigen Abwicklung aller Schäden Mittel in Höhe von 10 Millionen DM jährlich bereitstellen. Auf die Leistungen des Vereins haben die betroffenen Versicherungsnehmer einen Rechtsanspruch, soweit der Schaden 2 000,— DM überschreitet. Der Höchstbetrag der Leistungen wird durch die Deckungssumme des einzelnen Vertrages bestimmt.

Als Voraussetzung für die Existenz dieses Vereins haben die Versicherer den Fortbestand der jetzt gültigen gesetzlichen Regelungen genannt[23]. Deshalb ist zu beachten, daß bei

---

19 Allgemeine Bedingungen für die Kraftverkehrsversicherungen.

20 Paragraph 11 Allgemeine Bedingungen für die Kraftverkehrsversicherungen.

21 H. Feyock, Das neue Pflichtversicherungsrecht, a. a. O., S. 319.

22 Vergleiche „Solidarhilfe der Kraftverkehrs-Versicherer gegründet", Die Versicherungswirtschaft, 23. Jahrgang (1968), S. 1244.

23 Vergleiche ebenda.

einer Aufhebung der Genehmigungspflicht für die Tarife oder bei anderen Änderungen der Marktordnung dieser Verein unter Umständen von den Versicherern wieder aufgelöst wird.

Der Vollständigkeit halber sei noch auf einige Verpflichtungen der Versicherer hingewiesen, die diesen aus internationalen Verträgen und aufgrund staatlicher Verordnungen entstehen.

Im „Londoner Abkommen" über die Grüne Versicherungskarte hat sich der HUK-Verband[24] gegenüber den „Büros" der ausländischen Versicherer verpflichtet, die von inländischen Kraftfahrern im Ausland verursachten Schäden zu ersetzen[25]. Diese Verpflichtung besteht auch in den Fällen, in denen die entstandenen Schäden höher sind als die Deckungssumme des im Inland abgeschlossenen Vertrages. Hierfür haften die im HUK-Verband zusammengeschlossenen Versicherer als Gesamtschuldner[26]. Der Verband befaßt sich außerdem mit der Abwicklung der Schäden, die ausländische Kraftfahrer im Inland verursacht haben. Ein entsprechender Vertrag wurde vom HUK-Verband auch mit der deutschen Versicherungsanstalt in Ostberlin und der Vereinigten Großberliner Versicherungsanstalt geschlossen[27].

Durch die Verordnung des Bundesverkehrsministeriums vom 21. Februar 1957[28] wurden die Versicherer außerdem zur Ausgabe von Mopedkennzeichen an die haftpflichtversicherten Kraftfahrer verpflichtet. Damit werden die Versicherer auch zur Erfüllung hoheitlicher Aufgaben herangezogen.

C. Die Versicherungsaufsicht

I. Die Ziele der Versicherungsaufsicht und ihre Problematik[29]

Die staatliche Aufsicht über das Versicherungswesen — seit 1931 auch über die Bausparkassen — durch eine beson-

---

[24] Verband der Haftpflicht-, Unfall- und Kraftverkehrsversicherer.

[25] E. Meyer, Möglichkeiten einer vollständigen oder teilweisen Aufhebung der Preisvorschriften in der deutschen Kraftverkehrsversicherung. In: Das Marktproblem in der deutschen Kraftverkehrsversicherung, herausgegeben von W. Gerlach mit einem Vorwort von P. Gülker, Berlin 1958, S. 57; im folgenden zitiert als „Möglichkeiten".

[26] Ebenda.

[27] Dieses Sonderregulierungsabkommen ist mit den Ergänzungsabkommen abgedruckt in: Bormann, Cuntz, Völker, a. a. O., S. 456—463.

[28] Verordnung zur Änderung der Straßenverkehrs-Zulassungsordnung und der Gebührenordnung für Maßnahmen im Straßenverkehr vom 21. 2. 1957, Bundesgesetzblatt I, 1957, S. 35.

dere Fachbehörde wurde in Deutschland im Jahre 1901 durch das „Reichsgesetz über die privaten Versicherungsunternehmen" eingeführt[30]. Sie wurde damit begründet, daß eine „gedeihliche und solide Entwicklung des Versicherungswesens"[31] wegen seiner „wirtschaftlichen, sozialen und ethischen Bedeutung"[32] für das Volkswohl notwendig sei. Außerdem macht es die Kompliziertheit der Versicherungstechnik nach Ansicht des Gesetzgebers selbst für „sorgsame und verständige Bürger"[33] unmöglich, zu einer selbständigen Beurteilung der Versicherungsunternehmen zu gelangen. Zu ihrem Schutze muß der Staat deshalb die Versicherungen beaufsichtigen.

Nach dem „Gesetz über die Beaufsichtigung der privaten Versicherungsunternehmen und Bausparkassen"[34] hat das Bundesaufsichtsamt für das Versicherungs- und Bausparwesen deshalb dafür zu sorgen, daß zum einen die „Belange der Versicherten gewahrt" werden und zum anderen die dauernde Erfüllbarkeit ihrer Verträge gesichert ist. Beide

---

[29] Zu den Zielen der Versicherungsaufsicht vergleiche besonders O. E. Starke, Die Entwicklungslinien der materiellen Staatsaufsicht in der ersten Hälfte des 20. Jahrhunderts. In: 50 Jahre materielle Versicherungsaufsicht nach dem Gesetz vom 12. Mai 1901. Mit einem Vorwort des Präsidenten des Bundesaufsichtsamtes für das Versicherungs- und Bausparwesen E. Schmid. Band 3: Versicherungsaufsicht im In- und Ausland; Nachschlageregister über die Veröffentlichungen der Aufsichtsbehörde für das Versicherungswesen in den ersten 50 Jahren. (Schriftenreihe des Instituts für Versicherungswissenschaft an der Universität Köln, Neue Folge Heft 11, Herausgeber W. Rohrbeck. Berlin 1955, S. 11—144; im folgenden zitiert als „Entwicklungslinien", und B. Michaels, Staatsaufsicht über Versicherungsunternehmen und Kreditinstitute. — Vergleichende juristische Überlegungen. Dissertation, Hamburg 1967; besonders S. 43—61.

[30] Reichsgesetz über die privaten Versicherungsunternehmungen vom 12. 5. 1901, Reichsgesetzblatt von 1901 Nr. 18, S. 139.

[31] E. R. Prölss, Versicherungsaufsichtsgesetz. — Bundesaufsichtsgesetze, Kartellrecht der Versicherungswirtschaft (Paragraph 102 GWB) und andere Nebengesetze. (Beck'sche Kurzkommentare Band 15). Sechste, stark erweiterte Auflage, München, S. 11; im folgenden zitiert als „Versicherungsaufsichtsgesetz".

[32] Ebenda.

[33] Ebenda.

[34] Gesetz über die Beaufsichtigung der privaten Versicherungsunternehmungen und Bausparkassen vom 6. Juni 1931, Reichsgesetzblatt I, 1931, S. 315, Berichtigung 1931, S. 750.

Ziele sind im Grunde als eine Einheit anzusehen[35], da die Erfüllung des ersten Zieles auch die des zweiten impliziert. Im Versicherungsaufsichtsgesetz werden jedoch beide Ziele besonders genannt. So darf gemäß Paragraph 8 Absatz 1 Ziffer 2 des Versicherungsaufsichtsgesetzes die Erlaubnis zum Geschäftsbetrieb nur dann versagt werden, wenn „nach dem Geschäftsplan die Belange der Versicherten nicht ausreichend gewahrt oder die Verpflichtungen aus den Versicherungen nicht genügend als dauernd erfüllbar dargetan sind". Beide Ziele werden auch noch in anderen Bestimmungen des Versicherungsaufsichtsgesetzes genannt[36].

Diese vor ungefähr 70 Jahren aufgestellten Ziele, die den Versicherungsschutz der einzelnen Versicherungsnehmer gewährleisten soll, sind in ihrer Gültigkeit heute unbestritten und sollen auch im Rahmen dieser Arbeit nicht in Frage gestellt werden. Vielmehr ist im Laufe der Zeit ihre Bedeutung noch gewachsen, da sich durch die technische Entwicklung und zunehmende Motorisierung die Schadenswahrscheinlichkeit, -häufigkeit und -schwere noch erhöht haben. Dies gilt nicht nur für die Kraftverkehrsversicherung, sondern auch für die meisten anderen Versicherungszweige. In der Kraftverkehrsversicherung kommt allerdings hinzu, daß hier besonders häufig unschuldige Dritte schwer geschädigt werden, so daß hier der Sicherheit der Entschädigungsleistung eine große sozialpolitische Bedeutung zukommt.

Die Aufgabe, „die Belange der Versicherten zu wahren", wird jedoch nicht nur so interpretiert, daß das Aufsichtsamt die Versicherungsnehmer vor Versicherungskonkursen und damit vor zu niedrigen Prämien zu schützen habe, sondern auch der Schutz vor zu hohen Prämien wird als Aufgabe des Aufsichtsamtes angesehen[37]. Da hier im einen Fall der Ver-

---

35 E. R. Prölss, Versicherungsaufsichtsgesetz, Paragraph 8, Anmerkung 11. Anders: O. E. Starke, Entwicklungslinien, a. a. O., S. 60.

36 Vergleiche die Paragraphen 5 Absatz 2, 81 Absatz 2 Satz 1, 81 a Satz 2 Versicherungsaufsichtsgesetz.

37 Vergleiche dazu die Veröffentlichungen des Kaiserlichen Aufsichtsamtes (Reichsaufsichtsamtes) für Privatversicherung von 1938, S. 43 f. Zitiert nach D. Farny, Wirtschaftswissenschaftliches Gutachten über Prämienkartelle von Versicherungsunternehmen, Sonderbeilage der „Versiche-

sicherungsnehmer als Gläubiger der Versicherungsleistung geschützt werden soll, im anderen Fall als Schuldner der Prämie, soll im weiteren Verlauf der Arbeit auch vom Schutz der Gläubiger- und der Schuldnerinteressen gesprochen werden[38].

Es ist leicht einzusehen, daß das Ziel, die Entschädigungsleistungen der Versicherer zu garantieren, im Widerspruch steht mit der Aufgabe des Amtes, den Versicherungsnehmer vor zu hohen Prämien zu schützen. Je höher die Prämien, desto sicherer ist die finanzielle Leistungsfähigkeit des Unternehmens und desto ungefährdeter ist die Versicherungsleistung. Unter dem Gesichtspunkt des Gläubigerschutzes könnte das Aufsichtsamt somit jede Prämiensteigerung zulassen. Eine — allerdings sehr unscharfe — Grenze für die Prämienhöhe wird erst durch die Berücksichtigung der Schuldnerinteressen gezogen, die dann als gefährdet angesehen werden, wenn der Versicherer „mehr an Beiträgen erhebt, als er zur Erfüllung seiner Aufgaben unter Berücksichtigung aller in Frage kommenden Gesichtspunkte verlangen darf"[39]. Je weiter das Aufsichtsamt diese Grenze nach unten verlegt, das heißt, je stärker die Schuldnerinteressen geschützt werden, desto größer wird die Gefahr, daß das Versicherungsunternehmen seinen finanziellen Verpflichtungen nicht mehr nachkommen kann, also die Gläubigerinteressen gefährdet werden. Es ist verständlich, daß das Aufsichtsamt in dieser Situation die Gläubigerinteressen der Versicherungsnehmer

---

rungswirtschaft", Heft 4, 1970, S. 7; im folgenden zitiert als „Prämienkartelle". Vergleiche auch E. Finke und Ch. Pfeiffer, Markt-, Preis- und Wettbewerbsordnung im Aufsichtsrecht und in der Aufsichtspraxis. In: Fünfzig Jahre materielle Versicherungsaufsicht nach dem Gesetz vom 12. Mai 1901. Mit einem Vorwort des Präsidenten des Bundesaufsichtsamtes für das Versicherungs- und Bausparwesen E. Schmid. Band 1: Allgemeine Fragen des Versicherungsrechts und der Versicherungswirtschaft. (Schriftenreihe des Instituts für Versicherungswissenschaft an der Universität Köln, Herausgeber W. Rohrbeck. Neue Folge Heft 9). Berlin 1952, S. 124 f. A. Gleiss und Ch. Hootz, Bereichsausnahme für die Versicherung und Mißbrauchsverbot (§ 102 GWB). — Das Beispiel der Industrie-Feuerversicherung. Neue Juristische Wochenschrift, 19. Jahrgang, 1. Halbband 1966, S. 866. Dort — siehe Fußnote 10 auf S. 866 — finden sich noch weitere Belege für diese Auffassung des Aufsichtsamtes.

[38] Vergleiche auch D. Farny, Prämienkartelle, a. a. O., S. 7 und 8.

[39] E. Finke und Ch. Pfeiffer, a. a. O., S. 125.

stärker berücksichtigt als die Schuldnerinteressen: gerät ein Versicherer in Konkurs, muß es befürchten, dafür verantwortlich gemacht zu werden[40].

Die besondere Betonung des Gläubigerschutzes in der Aufsichtspraxis wird von Farny damit zu rechtfertigen versucht, daß der Wert des Gläubigerinteresses, ausgedrückt in DM, für den einzelnen Versicherungsnehmer weit über seinem Schuldnerinteresse, ebenfalls in DM ausgedrückt, liegt[41]. Die von Farny vorgetragene Argumentation erscheint jedoch nicht geeignet, eine einseitige Betonung der Gläubigerinteressen durch die Aufsicht zu begründen. Es hieße, die Dinge zu sehr vereinfachen, wollte man die Vorrangigkeit des Gläubigerschutzes allein damit begründen, daß es — gemessen an den versicherten Höchstschäden — für den Versicherungsnehmer gleichgültig sein müßte, ob er ein paar Mark mehr oder weniger für seine Prämie bezahlt. Die gesamtwirtschaftlichen Auswirkungen einer Vernachlässigung des Schuldnerinteresses werden bei dieser Betrachtungsweise vollkommen außer acht gelassen[42]. Auf ähnliche Art

---

[40] Gärtner weist darauf hin, daß es immerhin denkbar wäre, in einem Versicherungskonkurs einen Amtshaftungstatbestand zu sehen. Vergleiche R. Gärtner, Substanzerhaltung und Wirtschaftsaufsicht. In: Der Betriebs-Berater vom 30. April 1971, Heft 12, S. 502. Gärtner geht davon aus, daß der Gläubigerschutz interpretiert wird als Aufgabe des Amtes, jeden Versicherungskonkurs zu vermeiden. Zu den weiteren Implikationen dieser Interpretation siehe unten S. 21 ff. In einem Urteil hat der Bundesgerichtshof allerdings festgestellt, daß im Falle eines Konkurses keine Schadenersatzansprüche gegen das Aufsichtsamt geltend gemacht werden können. Urteil vom 24. 1. 1972, Aktenzeichen III ZR 166/69. Zitiert nach W. Theda, Amtspflichtverletzung des Bundesaufsichtsamtes bei Konkurs eines Versicherers? In: „Die Versicherungspraxis", Jahrgang 62 (1972), S. 133 f.

[41] Vergleiche D. Farny, Prämienkartelle, S. 10.
Für die Kraftverkehrshaftpflichtversicherung würde die Rechnung Farnys etwa wie folgt aussehen:

Höchstschaden = Wert des Gläubigerinteresses	1 000 000,— DM
Prämienbetrag = Wert des Schuldnerinteresses	551,— DM*
Saldo Gläubigerinteresse ⁒ Schuldnerinteresse	999 449,— DM

Farny schließt aus dieser Rechnung, daß der Gläubigerschutz grundsätzlich Priorität vor dem Schuldnerschutz genießt.

* Als Beispiel wurde die Prämie der Schadensfreiheitsklasse 1 in der Tarifgruppe G 1 für einen Pkw mit 55 PS gewählt. Dabei handelt es sich um den Tarif der Raiffeisen- und Volksbanken Allgemeine Versicherungs-AG.

[42] Die einseitige Argumentation Farnys wird auch von W. Schultes bemängelt. Vergleiche derselbe, Zur Novellierung des § 102 GWB. Versiche-

und Weise, wenn auch mit wechselnden Bezugsgrößen, wird jedoch auch in anderen Branchen von den jeweiligen Interessenvertretern argumentiert. So schreibt etwa die den Apotheken nahestehende Deutsche Apotheker-Zeitung, daß es für die Bevölkerung schließlich keine Rolle spielt, ob die Preise für Arzneimittel zehn Prozent höher oder niedriger lägen, da die Ausgaben für Arzneimittel gemessen am Sozialprodukt nur sehr gering seien[43]. Eine solche Argumentation geht jedoch am Sinn staatlicher Wirtschaftspolitik vorbei. Die für den einzelnen Käufer in den meisten Fällen wohl zu verschmerzenden Preiserhöhungen haben gesamtwirtschaftlich durchaus ins Gewicht fallende Folgen für die Einkommensverteilung, die Produktionsstruktur und damit auch auf das erreichbare „Wohlfahrtsniveau"[43a], zumal in der gleichen Weise auch von allen anderen Branchen argumentiert werden könnte. Unter gesamtwirtschaftlichem Aspekt ist daher die Priorität des Gläubigerinteresses vor dem Schuldnerinteresse nicht so eindeutig, wie sie von Farny dargestellt wird. Dies wird vor allem dann deutlich, wenn man sich einmal die Implikationen des Gläubigerschutzzieles, so wie es vom Aufsichtsamt ausgelegt wird, vor Augen hält.

Das Ziel, die dauernde Erfüllbarkeit der Versicherungsverträge sicherzustellen und die Belange der Versicherten zu wahren, wird in der Regel in der Weise ausgelegt, daß das Aufsichtsamt die Existenz des einzelnen Versicherungs-

---

rungswirtschaft, 25. Jahrgang (1970), S. 304; im folgenden zitiert als „Novellierung". Dazu die Entgegnung D. Farnys, Zur Frage einer Novellierung des § 102 GWB. — Erwiderung auf eine Stellungnahme aus dem Bundeskartellamt. Versicherungswirtschaft, 25. Jahrgang (1970), S. 541.

[43] Artikel in der Deutschen Apotheker-Zeitung, Großangriff auf Arzneimittelpreise. Ohne Verfasser, Deutsche Apotheker-Zeitung, Stuttgart 1971, 111. Jahrgang, S. 1140: „Der Bevölkerung wäre sicher mehr geholfen, wenn Milch, Butter, Brot und viele andere Dinge einen vernünftigen und stabilen Preis hätten. Bei einem Sozialprodukt von über 400 Milliarden DM spielt es wahrlich keine Rolle, ob für Arzneimittel 6 Milliarden ± 10 % im Jahr ausgegeben werden."

[43a] Vergleiche dazu etwa auch M. Berger, Die Arzneimittelversorgung durch Apotheken. Volkswirtschaftliche Überlegungen zur staatlichen Gesundheitspolitik. Wirtschaftswissenschaftliche Dissertation, Mainz 1972, S. 13. Auch erschienen als Band 33 in der Schriftenreihe des Forschungsinstituts für Wirtschaftspolitik an der Universität Mainz; Herausgeber H. Diederich, W. Hamm und E. Welter. Berlin 1973.

unternehmens zu gewährleisten habe[44]. Eine solche Zielsetzung bringt jedoch für das Aufsichtsamt einige Schwierigkeiten mit sich und hat darüber hinaus schwerwiegende Auswirkungen auf den Wettbewerb auf diesem Markt[45].

Die Auslegung der im Versicherungsaufsichtsgesetz genannten Ziele in der beschriebenen Art und Weise stellt die Aufsicht praktisch vor eine unlösbare Aufgabe. Um die Existenz jeder einzelnen Unternehmung zu sichern, müßte die Aufsichtsbehörde jederzeit über die finanzielle Leistungsfähigkeit der Versicherer unterrichtet sein, um rechtzeitig entsprechende Maßnahmen zur Sanierung treffen zu können. Sie benötigt außerdem entsprechend weitreichende Befugnisse, um die in Krisenfällen geeigneten Maßnahmen treffen zu können. Während das Informationsproblem bisher ungelöst sein dürfte, bietet das Versicherungsaufsichtsgesetz die rechtliche Grundlage für jede notwendige geschäftspolitische Maßnahme[46]. Im Grunde läuft das Ziel der Existenzerhal-

---

[44] Vergleiche etwa die amtliche Begründung zum Versicherungsaufsichtsgesetz, Neudruck 1963, S. 25. Danach hat die Aufsichtsbehörde dafür zu sorgen, daß „der Bestand und die Leistungsfähigkeit der Anstalt erhalten bleibt". Zitiert nach R. Gärtner, a. a. O., S. 500, Fußnote 11. Weiter auch O. E. Starke, Die Anordnungen der Versicherungsaufsichtsbehörden nach den §§ 81, 81 a, 89 VAG. In: 50 Jahre materielle Versicherungsaufsicht nach dem Gesetz vom 12. Mai 1901. — Mit einem Vorwort des Präsidenten des Bundesaufsichtsamtes für das Versicherungs- und Bausparwesen E. Schmid. Band 1: Allgemeine Fragen des Versicherungsrechts und der Versicherungswirtschaft. (Schriftenreihe des Instituts für Versicherungswissenschaft an der Universität Köln. Herausgeber W. Rohrbeck, Neue Folge Heft 9). Berlin 1952, S. 75. Starke spricht von der „Verantwortlichkeit (der Aufsichtsbehörde; der Verfasser) für die finanzielle Leistungsfähigkeit der beaufsichtigten VU" (Versicherungsunternehmen; der Verfasser). Ebenso B. Michaels, a. a. O., S. 60. Michaels schreibt: „Die Belange der Versicherten zu schützen, insbesondere die Erfüllbarkeit der Verträge zu gewährleisten, ist sicherlich nur bei einem funktionierenden Versicherungswesen möglich, aber es kann bei richtiger Betonung der Schutzidee immer nur auf das einzelne Versicherungsunternehmen abgestellt werden."

[45] Vergleiche zu den folgenden Ausführungen besonders R. Gärtner, a. a. O., S. 499—504, und J. Zapf, Freie Marktwirtschaft und materielle Versicherungsaufsicht. Die Versicherungspraxis, Jahrgang 61 (1971), S. 240 bis 242.

[46] Vergleiche vor allem Paragraph 81 Versicherungsaufsichtsgesetz. Kritisch zu diesem Paragraphen M. Bullinger, Staatsaufsicht in der Wirtschaft. Veröffentlichungen der Vereinigung der Deutschen Staatsrechtslehrer, Heft 22, Berlin 1965, S. 271 f.

tung darauf hinaus, daß, solange ein Unternehmen auf einer soliden finanziellen Basis steht, die Geschäftspolitik in den Händen des Managements liegt, im Krisenfall dagegen das Aufsichtsamt die zur Sanierung geeigneten Maßnahmen zu ergreifen hätte. Da es unter den Beamten der Aufsichtsbehörde wahrscheinlich nur sehr wenige unternehmerische Persönlichkeiten mit entsprechender Erfahrung geben dürfte, liegt es auf der Hand, daß der Erfolg einer solchen Arbeitsteilung nur sehr gering sein dürfte.

Die besondere Betonung des Gläubigerschutzzieles hat jedoch auch für den Wettbewerb auf diesem Markt eine erhebliche Bedeutung. In der Literatur wird befürchtet[47], daß es aufgrund fehlender Marktzugangsbeschränkungen und der existenzerhaltenden Aufsichtspraxis langfristig zu einer „Übersetzung" des Marktes kommt. Ist dieser Fall jedoch einmal eingetreten, ließe sich das Ziel der Existenzerhaltung jedes einzelnen Unternehmens nur noch dadurch erreichen, daß der Staat den Wettbewerb einschränkt und dadurch das Prämienniveau „künstlich" hochhält[48].

Von einer Marktübersetzung kann in der Regel dann ausgegangen werden, wenn in der gesamten Branche Überkapazitäten bestehen, das heißt, „wenn die Produktionsanlagen eines wesentlichen Teils der Anbieter eines Gutes über Saison- und Konjunkturschwankungen hinweg bei freier Preisbildung privatwirtschaftlich nicht mehr rentabel genutzt werden können"[49]. In der Versicherungswirtschaft reicht allerdings das Kriterium der Überkapazität nicht aus, um eine Übersetzung des Marktes zu charakterisieren[50]. Hier wäre es durchaus denkbar, daß alle eingesetzten Produk-

---

[47] Vergleiche R. Gärtner, a. a. O., S. 501, und J. Zapf, a. a. O., der sich die Auffassung Gärtners zu eigen macht.

[48] Vergleiche R. Gärtner, a. a. O., S. 501.

[49] K. Schultze-Gisevius, Kapazitätsabbau mit Staatshilfe. — Die Stilllegungsaktion in der Mühlenwirtschaft als Beispiel. (Veröffentlichungen des Forschungsinstituts für Wirtschaftspolitik an der Universität Mainz, Band 26, Herausgeber H. Diederich, O. Gandenberger, W. Hamm, E. Welter). Berlin 1971, S. 18. Vergleiche auch die dort in Fußnote 31 angegebene Literatur.

[50] Zur Problematik der Kapazitätsbestimmung eines Versicherungsunternehmens vergleiche unten S. 54 ff.

tionsfaktoren vollbeschäftigt sind und die Versicherer Prämien erhalten, die sowohl die Verwaltungskosten decken als auch den Schadenswahrscheinlichkeiten der versicherten Risiken entsprechen. Trotzdem könnte es unter Umständen sinnvoll sein, von einer Übersetzung des Marktes zu sprechen. Dies wäre dann der Fall, wenn die durchschnittliche Bestandsgröße dem einzelnen Versicherer keinen Risikoausgleich erlaubt oder ihn wahrscheinlichkeitstheoretisch zweifelhaft erscheinen läßt. Selbstverständlich läßt sich hier keine exakte Größe angeben, von der an ein solides Versicherungsgeschäft unmöglich wird und in Spekulation übergeht. Doch scheint es einleuchtend, daß für das Versicherungsgeschäft ein gewisser Mindestbestand erforderlich ist, damit die Anwendung wahrscheinlichkeitstheoretischer Rechenmethoden möglich wird und ein Risikoausgleich erwartet werden kann. Wird diese Mindestgröße unterschritten, wäre — auch bei ausgelasteten Kapazitäten — von einer Marktübersetzung zu sprechen.

Da sowohl Überkapazitäten als auch die Unterschreitung der Mindestbestandsgröße tendenziell die Gewinnerwartungen von Newcomern sinken lassen, müßte im Grunde davon ausgegangen werden, daß der Zugang neuer Versicherer gebremst wird. Die Befürworter der Übersetzungsthese glauben offenbar, daß dies nicht geschieht. Denkbar wäre etwa, daß die am Markt befindlichen Unternehmer bei sinkenden Gewinnerwartungen vom Aufsichtsamt Maßnahmen verlangen und zugestanden bekommen, die ein Sinken der erwarteten Gewinne verhindern sollen. In Frage kämen hier etwa wettbewerbsbeschränkende Eingriffe der verschiedensten Art, besonders Kartellvereinbarungen zwischen den verschiedenen Anbietern.

Inwieweit die These von der tendenziellen Übersetzung des Versicherungsmarktes praktische Bedeutung hat, kann hier nicht gesagt werden[51]. Festzustellen ist jedoch, daß sich das Aufsichtsamt wegen seiner existenzerhaltenden Funk-

---

[51] J. Zapf sieht den Fall der Übersetzung etwa für den Markt der Glasversicherung als gegeben an. Vergleiche derselbe, a. a. O., S. 241.

tion den Forderungen der Versicherer nach Prämienerhöhungen und nach wettbewerbsbeschränkenden Maßnahmen — soweit diese vom Aufsichtsamt genehmigt werden müssen — nur schlecht verschließen kann. Neben den Nachteilen, die eine solche Haltung des Aufsichtsamtes für die Versicherungsnehmer mit sich bringt, entsteht darüber hinaus auf diese Weise auch die Gefahr einer „Kostenproduktion" der Versicherer und damit — gesamtwirtschaftlich betrachtet — eine Fehlleitung von Produktionsfaktoren.

Zusammenfassend läßt sich daher sagen, daß zwischen dem Ziel des Aufsichtsamtes, Versicherungskonkurse zu vermeiden, um so die Gläubigerinteressen zu schützen, und dem Ziel, die Versicherungsnehmer vor zu hohen Prämien zu bewahren, ein Konflikt besteht[52]. Dieser Widerspruch ist in der Praxis eindeutig zu Lasten des Schuldnerschutzes gelöst worden[53]. Da diese Art der Konfliktlösung schwerwiegende Auswirkungen auf den Wettbewerb hat, wird im weiteren Verlauf dieser Untersuchung Gewicht auf die Frage gelegt werden, welche andere Möglichkeit sich bietet, den Widerspruch zwischen beiden Zielsetzungen zu lösen.

II. Die institutionelle Regelung der Versicherungsaufsicht in der Bundesrepublik Deutschland

1. Die Zuständigkeiten des Bundesaufsichtsamtes

Durch das „Gesetz über die Errichtung eines Bundesaufsichtsamtes für das Versicherungs- und Bausparwesen"[54]

---

[52] Da das Versicherungsaufsichtsgesetz vor allem den Gläubigerschutz betont, der Schutz des Konsumenten vor zu hohen Preisen Ziel des Gesetzes gegen Wettbewerbsbeschränkungen ist, ließe sich auch von einem Konflikt zwischen diesen beiden Gesetzen sprechen. Vergleiche auch D. Farny, Prämienkartelle, a. a. O., S. 11 f.

[53] Dies läßt sich deutlich auch aus der Stellung der Kartellbehörde zum Aufsichtsamt ablesen. Vergleiche dazu auch unten S. 206 ff.

[54] Gesetz über die Errichtung eines Bundesaufsichtsamtes für das Versicherungs- und Bausparwesen vom 31. Juli 1951, Bundesgesetzblatt I, 1954, S. 480, ergänzt durch das Gesetz vom 22. Dezember 1954, Bundesgesetzblatt I, 1954, S. 501; im folgenden als „Bundesaufsichtsgesetz" zitiert.

vom 31. Juli 1951 wurden die Zuständigkeiten von Bund und Ländern in der Frage der Versicherungsaufsicht geregelt[55]. Die Aufsicht des Bundes führt seitdem das Bundesaufsichtsamt für das Versicherungs- und Bausparwesen mit dem Sitz in Berlin durch. Dieses Amt ist eine dem Bundeswirtschaftsministerium nachgeordnete Bundesoberbehörde[56]. Seine Zuständigkeit erstreckt sich auf die privaten Versicherungsunternehmen und Bausparkassen[57] und die öffentlichrechtlichen Wettbewerbs-Versicherungsunternehmen, deren Geschäftsbereich sich über mehr als ein deutsches Land erstreckt[58]. Die Aufsicht über weitere Versicherungsunternehmen kann das Bundesaufsichtsamt auf Antrag der Länder übernehmen. Desgleichen kann die Bundesbehörde die Aufsicht — etwa über private Versicherungsunternehmen mit nur regionaler Bedeutung — den Ländern übertragen.

2. Der Umfang der Aufsicht

a) Die Erlaubnis zum Geschäftsbetrieb

„Versicherungsunternehmen bedürfen zum Geschäftsbetrieb der Erlaubnis der Aufsichtsbehörde[59]." Dem Antrag zur Erlaubniserteilung ist der Geschäftsplan beizufügen. Dieser hat „den Zweck und die Einrichtung der Unternehmung, den räumlichen Geschäftsbezirk und namentlich die Verhältnisse klarzulegen, woraus sich die künftigen Verpflichtungen der Unternehmung als dauernd erfüllbar ergeben"[60]. Die Höhe der Kapitalausstattung ist im Versicherungsaufsichtsgesetz nicht gesetzlich festgelegt. Für die Höhe des Mindestkapitals und eines Organisationsfonds der Aktiengesellschaften sowie

---

[55] Gemäß Artikel 74, Ziffer 11 Grundgesetz zählt das privatrechtliche Versicherungswesen zur konkurrierenden Gesetzgebung.

[56] Erste Durchführungsverordnung zum Bundesaufsichtsgesetz vom 13. Februar 1952, Bundesgesetzblatt I, 1952, S. 94, Paragraph 1.

[57] Vergleiche Paragraph 2 Absatz 1 und 2 Bundesaufsichtsgesetz.

[58] Vergleiche Paragraph 2 Absatz 3 Bundesaufsichtsgesetz.

[59] Paragraph 5 Absatz 1 Versicherungsaufsichtsgesetz.

[60] W. Mahr, Einführung in die Versicherungswirtschaft. — Allgemeine Versicherungslehre. Unveränderter Nachdruck der 1951 erschienenen ersten Auflage, Berlin 1964, S. 392.

für den Gründungsstock der Versicherungsvereine auf Gegenseitigkeit setzt das Bundesaufsichtsamt Erfahrungswerte an[61]. Die Anforderungen des Amtes richten sich nach den jeweiligen Verhältnissen des Einzelfalles[62]. Für Gesellschaften, die mehrere Geschäftszweige betreiben wollen, ist mindestens ein Eigenkapital von 5 Millionen DM erforderlich[63]. Zusätzlich müssen zehn bis zwanzig Prozent des Grundkapitals in einen Organisationsfonds eingezahlt werden. Sie müssen von den Aktionären unter ausdrücklichem Verzicht auf Rückzahlung, Tilgung und Gewinnbeteiligung aufgebracht werden und dienen im wesentlichen dazu, die Kosten der Gründung, der ersten Einrichtung und des Aufbaues eines Außendienstes zu decken[64]. Die Erlaubnis zum Geschäftsbetrieb kann versagt werden, wenn Inhaber und Geschäftsleitung nicht ehrbar sind[65], die fachliche Qualifikation der Bewerber nicht gesichert erscheint[66] oder wenn schon aus dem eingereichten Geschäftsplan hervorgeht, daß „die Belange der Versicherten nicht ausreichend gewahrt sind"[67]. Die 1937 eingeführte Bedürfnisprüfung (Paragraph 8 Absatz 1 Ziffer 3 Versicherungsaufsichtsgesetz) wird nicht mehr vor-

---

61 Vergleiche R. Schmidt, Versicherungsaufsichtsrecht. In: Buchausgabe des Versicherungswirtschaftlichen Studienwerkes „Die Versicherung", herausgegeben von W. Grosse, H. L. Müller-Lutz, R. Schmidt, Band 3: Versicherungsrecht, Wiesbaden 1962—1964, Studienplan D III, S. 45. Kritisch dazu R. Gärtner, a. a. O., S. 503.

62 Vergleiche E. R. Prölss, Versicherungsaufsichtsgesetz, a. a. O., Paragraph 8 Anmerkung 12, S. 181. Berücksichtigt werden nach Prölss die Versicherungszweige, die betrieben werden sollen, die vermutliche Zusammensetzung des Portefeuilles in den ersten Jahren, der Umfang des Geschäftsgebietes, etwa gegebene Anlehnungen an bestehende Unternehmen und Organisationen und die Wettbewerbsverhältnisse.

63 Vergleiche G. Corso, Form und Inhalt der Informationen, die von den Aufsichtsbehörden zur Feststellung der wirtschaftlichen und finanziellen Lage der Nichtlebensversicherungsunternehmen gefordert werden, unter besonderer Berücksichtigung der Vorschriften der Rechnungslegung. In: Bericht. — VII. Konferenz der Europäischen Versicherungsaufsichtsbehörden. Berlin 1970, S. 124. Vergleiche jedoch auch die differenzierten Angaben bei E. R. Prölss, Versicherungsaufsichtsgesetz, a. a. O., Paragraph 8, Anmerkung 12, S. 181.

64 Vergleiche E. R. Prölss, Versicherungsaufsichtsgesetz, a. a. O., Paragraph 8, Anmerkung 12, S. 181.

65 Paragraph 8 Absatz 1 Ziffer 1 Versicherungsaufsichtsgesetz.

66 Siehe Paragraph 8 Absatz 1 Ziffer 1 Versicherungsaufsichtsgesetz

67 Paragraph 8 Absatz 1 Ziffer 2 Versicherungsaufsichtsgesetz.

genommen, da sie gegen das Grundrecht der Gewerbefreiheit des Artikels 12 Grundgesetz verstößt[68, 69].

b) Die Überwachung des laufenden Geschäftsbetriebes

Das in der Bundesrepublik bestehende System der materiellen Staatsaufsicht gibt dem Bundesaufsichtsamt die Möglichkeit, dann, wenn ihm die Interessen der Versicherten gefährdet scheinen, „materiell auf den Betrieb einer Unternehmung Einfluß zu nehmen"[70]. Die laufende Aufsicht des Bundesaufsichtsamtes[71] erstreckt sich unter anderem auf Geschäftsplanänderungen, Rechnungslegung, Kapitalanlage und die zu erstellenden Statistiken.

Der Rechnungsabschluß und der Jahresbericht, der die Geschäftslage und die zukünftige Entwicklung darzustellen hat, sind dem Aufsichtsamt in jedem Jahr einzureichen[72]. Der Abschlußprüfer wird vom Aufsichtsrat des Unternehmens mit Einverständnis der Aufsichtsbehörde bestellt[73]. Eine Überprüfung des Revisionsberichtes durch das Bundesaufsichtsamt ist gemäß Paragraph 83 Absatz 1 Versicherungsaufsichtsgesetz jederzeit möglich. Eine Überprüfung der Geschäftsführung und Vermögenslage soll alle fünf Jahre möglichst unvermutet stattfinden. Allerdings ist dem Bundesaufsichtsamt die Einhaltung dieses Zeitraumes aus Personalmangel nicht möglich.

Werden Liquiditätsschwierigkeiten einer Versicherung bekannt, so kann das Aufsichtsamt die zur Sanierung nötigen

---

[68] Vergleiche R. Schmidt, Versicherungsaufsichtsrecht, a. a. O., S. 41 f.

[69] In ihrem Geschäftsbericht 1954/55 stellt sich das BAV allerdings auf den Standpunkt, „daß eine Bedürfnisprüfung aus grundsätzlichen Erwägungen notwendig" sei, „wenn auch nur im äußersten Fall davon Gebrauch gemacht werden sollte". Geschäftsbericht des Bundesaufsichtsamtes für Versicherungs- und Bausparwesen 1954/55, S. 14. Zitiert nach K. Richter, Das Preisproblem in der deutschen Kraftfahrversicherung. — Eine konkurrenztheoretische Untersuchung. Wirtschafts- und Sozialwissenschaftliche Dissertation, Berlin, München 1961, S. 19.

[70] P. Boss, Systeme der Staatsaufsicht über Versicherungsunternehmen. (Schriftenreihe des Instituts für Versicherungswissenschaft an der Universität Köln, Neue Folge Heft 14). Berlin 1955, S. 57.

[71] Siehe dazu die Paragraphen 54—89 Versicherungsaufsichtsgesetz.

[72] Siehe Paragraph 55 Absatz 1 Versicherungsaufsichtsgesetz.

[73] Siehe Paragraph 58 Absatz 1 und 2 Versicherungsaufsichtsgesetz.

Maßnahmen anordnen. In schweren Fällen kann mit Genehmigung des Bundesaufsichtsamtes der gesamte Versicherungsbestand oder einzelne Zweige auf andere Gesellschaften übertragen werden[74]. Eine Anmeldung des Konkurses kann nur durch das Bundesaufsichtsamt erfolgen[75].

c) Die Genehmigung der Tarife für die Kraftverkehrsversicherungen

Neben den Aufsichtspflichten hat das Bundesaufsichtsamt die Aufgabe, die beantragten Tarife für die Kraftfahrzeughaftpflichtversicherung zu prüfen[76]. Die Genehmigung dieser Tarife ist dann zu erteilen, wenn sie dem allgemeinen Schadens- und Kostenverlauf und dem des beantragenden Versicherungsunternehmens Rechnung tragen und wenn ein „angemessenes Verhältnis von Versicherungsbeitrag und Versicherungsleistung dauernd gewährleistet ist"[77]. Weiter müssen die Tarife das Schutzbedürfnis der Geschädigten und des Versicherten sowie „das Interesse des Versicherungspflichtigen an der Gewährung des Versicherungsschutzes zu einem angemessenen Beitrag"[78] befriedigen. Als letzte Voraussetzung für die Genehmigung der beantragten Tarife ist die Beachtung der vom Bundeswirtschaftsminister erlassenen Vorschriften für die Gestaltung, Berechnung und Anwendung der Tarife im Gesetz genannt[79].

Um die Gefahr auszuschließen, daß die beantragten Prämienerhöhungen vom Aufsichtsamt abgelehnt werden, sind dem eigentlichen Genehmigungsverfahren Verhandlungen

---

[74] Vergleiche Paragraph 14 Absatz 1 Versicherungsaufsichtsgesetz.

[75] Vergleiche Paragraph 88 Absatz 1 Satz 2 Versicherungsaufsichtsgesetz.

[76] Die Genehmigungspflicht der Prämien für die Kraftverkehrs-Haftpflichtversicherung ist in Paragraph 8 Absatz 1 Pflichtversicherungsgesetz festgelegt; die Zuständigkeit der Aufsichtsbehörde in Absatz 2.

[77] Paragraph 8 Absatz 2 Ziffer 1 Pflichtversicherungsgesetz.

[78] Paragraph 8 Absatz 2 Ziffer 2 Pflichtversicherungsgesetz.

[79] Vergleiche Paragraphen 8 Absatz 2 Ziffer 3 und 9 Absatz 1 Ziffer 1—3 Pflichtversicherungsgesetz und die Verordnung über die Tarife in der Kraftfahrtversicherung vom 20. November 1967. Beilage zum Bundesanzeiger Nr. 225 vom 1. Dezember 1967.

zwischen dem Aufsichtsamt und den Versicherern vorgeschaltet. Es dürfte nach den Ausführungen über die Ziele des Aufsichtsamtes einleuchten, daß sich das Amt hier prinzipiell in einer schwachen Stellung befindet und eher bereit sein wird, höhere als niedrigere Prämien zu genehmigen.

D. Das Wettbewerbsrecht der Versicherungswirtschaft

I. Das Gesetz gegen Wettbewerbsbeschränkungen

In einer Generalklausel werden im Paragraphen 1 des Gesetzes gegen Wettbewerbsbeschränkungen (GWB) alle Verträge und Beschlüsse von Unternehmen für unwirksam erklärt, die eine Beeinflussung der Erzeugung und der Marktverhältnisse durch Beschränkungen des Wettbewerbs zum Ziele haben. Die Besonderheiten der Versicherungswirtschaft, insbesondere das Bestehen einer speziellen Versicherungsaufsicht mit weitreichenden Befugnissen, haben den Gesetzgeber jedoch dazu bewogen, die Versicherungswirtschaft von diesem Verbot auszunehmen[80]. Im Paragraphen 102 GWB wird deshalb das Verbot für solche Verträge und Beschlüsse aufgehoben, die nach dem Versicherungsaufsichtsgesetz genehmigungspflichtig sind[81]. Dieses Gesetz gibt dem Aufsichtsamt so weitreichende Befugnisse, die sich auf den gesamten Geschäftsbereich beziehen, daß die Versicherungswirtschaft „für den gesamten Bereich ihrer Aktivität aus der Anwendung des Paragraphen 1 ausgenommen“[82] ist. Die Versicherungswirtschaft unterliegt damit nicht dem „Verbotsprinzip“ des GWB, sondern Paragraph 102 GWB statuiert für die Versicherungsbranche das Mißbrauchsprinzip. Dies bedeutet, daß Kartelle nach einer Meldung bei der Aufsichtsbehörde

---

[80] Vergleiche Ausschußbericht zu Paragraph 76 a GWB, zitiert nach E. R. Prölss, Das Kartellrecht der Versicherungswirtschaft. — Kommentar zu Paragraph 102 des Gesetzes gegen Wettbewerbsbeschränkungen. (Beck'sche Kurz-Kommentare Band 15 a). München und Berlin 1958, Anmerkung 1 zu Paragraph 102; im folgenden zitiert als „Kartellrecht“.

[81] Paragraph 102 GWB hebt auch den Paragraphen 15 GWB auf. Darin werden zum Beispiel vertikale Preisbindungen verboten. Dieser Paragraph hat für die Versicherungswirtschaft jedoch keine große Bedeutung.

[82] E. R. Prölss, Kartellrecht, a. a. O., Anmerkung 3 zu Paragraph 102 GWB. Im Original kursiv.

gestattet sind, soweit kein Mißbrauch der durch die Freistellung vom Verbotsprinzip erlangten Stellung nachgewiesen werden kann. Dieses gilt für alle Bereiche der Betätigung eines Versicherungsunternehmens[83]. Notwendig für die Freistellung vom Verbotsprinzip ist jedoch die Meldung an das Bundesaufsichtsamt.

Von der Meldepflicht ausgenommen, jedoch dem Mißbrauchsprinzip unterworfen, sind Empfehlungen und das Mit- und Rückversicherungsgeschäft.

Über eine Meldung und den Mißbrauch entscheidet das Bundeskartellamt im Einvernehmen mit der Aufsichtsbehörde. Für die Beurteilung eines Mißbrauchs der durch die Freistellung vom Verbotsprinzip erhaltenen Stellung gibt es keine strengen Maßstäbe. Können sich das Kartellamt und das Bundesaufsichtsamt nicht einig werden, entscheidet der Bundeswirtschaftsminister[84].

II. Verbandsrecht und sonstiges Wettbewerbsrecht der Versicherungen

Zum Wettbewerbsrecht der Versicherungswirtschaft gehören auch die vom Gesamtverband der Versicherungswirtschaft e. V. und den angeschlossenen Fachverbänden erarbeiteten „Wettbewerbsrichtlinien der Versicherungswirtschaft"[85]. Im „allgemeinen Teil" dieser Richtlinien sind zum Beispiel Grundsätze für den Abschluß von Vertreterverträgen und für das Verhalten im Wettbewerb aufgestellt worden. Darin werden bestimmte Formen der Werbung und spezielle Verträge verboten.

In einem „besonderen Teil" werden die allgemeinen Richtlinien für die einzelnen Versicherungszweige spezialisiert. Von den Bestimmungen für die Sach-, HUK- und Rechtsschutzversicherung seien im folgenden kurz die wichtigsten

---

83 Derselbe, Anmerkung 4 zu Paragraph 102.

84 Vergleiche Paragraph 102, Absatz 4 GWB.

85 Die Aufstellung solcher Richtlinien ist den Wirtschafts- und Berufsverbänden gemäß Paragraph 28 GWB gestattet. Diese Regeln werden beim Kartellamt in ein Register für Wettbewerbsregeln eingetragen.

genannt: Zunächst ist es untersagt, „in fremde Versicherungsbestände planmäßig oder mit unlauteren Mitteln einzudringen"[86]. Zu den „unlauteren Mitteln" gehören unter anderem die Ausspannung[87] und Kündigungshilfen. Begründet wird dies damit, daß es die Hauptaufgabe der Werbung sei, „den Versicherungsgedanken in Kreise zu tragen, die bisher von ihm noch nicht erfaßt worden sind, nicht aber, Versicherte von ihren bisherigen Versicherern zu lösen und anderen Versicherungsunternehmern zuzuführen"[88].

Weiter sind sogenannte Vorversicherungsverträge verboten. Als solche werden Versicherungsverträge bezeichnet, die erst nach Ablauf eines Jahres in Kraft treten. Der Vollständigkeit halber seien als weitere Rechtsgrundsätze für den Wettbewerb der Kraftverkehrsversicherer die Rechtsprechung in Wettbewerbsprozessen der Versicherungswirtschaft und die Anordnungen des Bundesaufsichtsamtes genannt.

Zweites Kapitel

Das Angebot und die Nachfrage auf dem Markt für Kraftverkehrsversicherungen

A. Das Angebot

I. Die Angebotsstruktur

Auf dem Versicherungsmarkt boten in den letzten Jahren ungefähr 100 Unternehmen Kraftverkehrsversicherungen an[1]. Davon haben allein die 15 größten Versicherungsunter-

---

[86] Wettbewerbsrichtlinien der Versicherungswirtschaft, a. a. O., Ziffer 56.

[87] „Eine Ausspannung liegt vor, wenn ein Versicherungsunternehmen oder der für das Unternehmen Handelnde in der Absicht, eine Versicherung abzuschließen oder zu vermitteln, vorsätzlich jemanden dazu veranlaßt, ein anderwärts bestehendes oder beantragtes Versicherungsverhältnis (Einzel- oder Gruppenversicherung) vorzeitig zu lösen." Wettbewerbsrichtlinien der Versicherungswirtschaft, Ziffer 48 Satz 2.

[88] K. Merz, Aufgaben und Bedeutung der Versicherungsvermittlung. Jahrbuch des Vereins für Versicherungs-Wissenschaft und -Praxis in Hessen, Frankfurt 1955, S. 32.

nehmen[2] rund 60 Prozent der gesamten Prämien der Kraftverkehrsversicherung eingenommen[3]. Ungefähr 16 Prozent beträgt der Marktanteil der größten Unternehmung, während die zweitgrößte nur noch fünf Prozent der Prämien verwaltet[4]. 73 Unternehmen haben jedes für sich einen Marktanteil von weniger als ein Prozent[5]. Von dieser Verteilung der Marktanteile her gesehen, liegt es nahe, von einem Teiloligopol auf diesem Markt zu sprechen.

Allerdings ist zu beachten, daß bei der großen Anzahl der kleinen Unternehmen diese bei gemeinsamer Preisunterbietung auch ihre größeren Konkurrenten zu Reaktionen veranlassen können. Ein Beispiel dafür bieten die Einführung des Beamtentarifes von allen Gesellschaften und die stärkere regionale Gliederung der Tarifstruktur, die zu Beginn des Jahres 1971 wirksam wurde. Jahrelang hatte eine Gruppe von relativ kleinen Versicherern die Nettoprämien der übrigen Versicherer erheblich unterboten und damit ihren Marktanteil gesteigert. Bei diesen Versicherern handelt es sich um Versicherungsvereine auf Gegenseitigkeit und um öffentlich-rechtliche Anstalten. Sie sollen im folgenden als Spezialversicherer bezeichnet werden, weil ihr Geschäftsbereich entweder auf bestimmte Berufsgruppen oder in regionaler Hinsicht beschränkt ist. Ihre Anzahl und Entwicklung kann aus Tabelle 1 entnommen werden. Infolge ihrer Spezialisierung auf bestimmte Risiken und auch deshalb, weil sie in der überwiegenden Mehrzahl lediglich einen nebenberuflichen Vertreterstab beschäftigen, waren sie in der Lage, die durchschnittlichen Prämien zu unterbieten. Auf diese Preispolitik reagierten die Aktiengesellschaften, die

---

1 Diese Zahl und die folgenden beziehen sich auf die dem Bundesaufsichtsamt unterstellten Unternehmen. Siehe dazu die Geschäftsberichte des Bundesaufsichtsamtes für das Versicherungs- und Bausparwesen.

2 Gemessen an der Zahl der Bruttoprämieneinnahmen.

3 Diese Zahlen beziehen sich auf das Jahr 1969. „Die deutsche Versicherungswirtschaft 1969/70", Zeitschrift für Versicherungswesen, Hamburg, 21. Jahrgang (1970), S. 870.

4 Berücksichtigt man außerdem die Kapitalverflechtungen zwischen den Unternehmen, ergibt sich für die größte Versicherungsgruppe ein Marktanteil von über 20 Prozent.

5 Vergleiche „Prämien-Politik in der PKW-Haftpflichtversicherung", Zeitschrift für Versicherungswesen, Hamburg, 22. Jahrgang (1971), S. 16 f.

Tabelle 1

Die Anzahl der Kraftverkehrsversicherer in den Jahren 1963 bis 1969 nach ihrer Rechtsform[a)]

Jahr	Aktiengesellschaft		Versicherungsverein auf Gegenseitigkeit		öffentl.-rechtliche Anstalt		Insgesamt
	Anzahl	Marktanteil	Anzahl	Marktanteil	Anzahl	Marktanteil	
1963	66	80,9	18	15,0	5	4,1	89
1964	68	79,9	18	15,8	5	4,3	91
1965	69	75,5	18	16,6	15	7,9	102
1966	67	74,7	18	17,2	15	8,1	100
1967	68	74,2	18	17,6	15	8,2	101
1968	69	73,4	18	18,3	13	8,3	100
1969	68	72,7	18	18,9	13	8,4	99

a) Zusammengestellt aus den Geschäftsberichten des Bundesaufsichtsamtes für das Versicherungs- und Bausparwesen 1964 bis 1970.

sich in aller Regel nicht spezialisiert haben, mit den genannten Maßnahmen, die den Versicherungsvereinen und den öffentlich-rechtlichen Anstalten ihre Spezialisierungsvorteile nehmen sollten.

Obwohl in diesem Fall die relativ größeren Anbieter — und nicht nur sie — auf die Preispolitik der relativ kleinen reagiert haben, erscheint der Schluß, daß auf dem Markt für Kraftverkehrsversicherungen von einem „Volloligopol" auszugehen sei[6], nicht zulässig. Zwar wird auch im folgenden nicht geleugnet, daß eine gemeinsame Preispolitik — gleichgültig, ob abgesprochen oder nicht — von Anbietern, die zusammen einen relativ großen Marktanteil besitzen, bei den übrigen Anbietern zu Reaktionen führen wird. Solch ein gemeinsames Verhalten von bestimmten Anbietergruppen hat jedoch für die folgenden Betrachtungen so gut wie gar keine Bedeutung. In den folgenden Überlegungen wird vielmehr vor allem auf die Preispolitik einzelner Unternehmer eingegangen, da für eine abgesprochene Preispolitik der Spezialversicherer keine Anzeichen bestehen.

[6] So etwa der HUK-Verband in seiner Denkschrift. Vergleiche ebenda, S. 20.

Aus Tabelle 1 geht hervor, daß der größte Teil der Versicherer die Rechtsform einer Aktiengesellschaft besitzt. Trotzdem erstaunt es, daß sich unter den 15 größten Anbietern keine öffentlich-rechtliche Anstalt befindet und nur drei die Rechtsform eines Versicherungsvereins auf Gegenseitigkeit haben. Die restlichen 12 Anbieter waren Aktiengesellschaften[7].

Zuletzt sei noch ein Wort zur Herkunft der Anbieter gesagt. Seit 1963 bietet sich hier ein unverändertes Bild: Die Zahl der ausländischen Versicherer schwankt zwischen 11 und 13. Sie sind alle zu den Kompositversicherern zu zählen, daß heißt, sie haben sich keine Beschränkungen des Geschäftsbereichs — weder in sachlicher noch in regionaler Hinsicht — auferlegt und betreiben alle Versicherungszweige.

II. Das Angebotsverhalten

1. Die Zielsetzungen der Anbieter

a) Das Ziel der Gewinnmaximierung

Die Diskussion über die Unternehmensziele in der Versicherungswirtschaft nimmt in der versicherungswissenschaftlichen Literatur einen verhältnismäßig breiten Raum ein[8].

---

[7] Vergleiche Zeitschrift für Versicherungswesen, Hamburg, 21. Jahrgang (1970), S. 870 und Nr. 1 (1971), S. 16.

[8] P. Braeß, Über das Wettbewerbssystem der Versicherung. In: Wirtschaft, Gesellschaft und Kultur. — Festgabe für Alfred Müller-Armack, herausgegeben von Franz Greiß und Fritz W. Meyer, Berlin 1961, S. 34; im folgenden zitiert als „Wettbewerbssystem".

D. Farny, Die Versicherungsmärkte. — Eine Studie über die Versicherungsmarkttheorie. (Schriftenreihe des Instituts für Versicherungswissenschaft an der Universität Köln, Neue Folge Heft 17, herausgegeben von P. Braeß. Berlin 1961, S. 95 ff; im folgenden zitiert als „Versicherungsmärkte". Siehe besonders die Literaturangaben auf S. 96.

Derselbe, Gewinn und Sicherheit als Ziele von Versicherungsunternehmen. Zeitschrift für die gesamte Versicherungswissenschaft. Berlin, 56. Jahrgang 1967, S. 49—81.

Derselbe, Unternehmerische Ziel- und Mittelentscheidungen in der Versicherungswirtschaft. Zeitschrift für die gesamte Versicherungswissenschaft, Berlin, 55. Jahrgang 1966, S. 129 ff.

B. Grossfeld, Prämienkartelle in der Versicherungswirtschaft. In: Wettbewerb als Aufgabe. — Nach zehn Jahren Gesetz gegen Wettbewerbs-

Vor allem die Gültigkeit des Prinzips der Gewinnmaximierung, das in der traditionellen Preistheorie in der Regel vorausgesetzt wird, ist für die Versicherungswirtschaft umstritten.

Das Ziel der Gewinnmaximierung läßt sich in der Versicherungswirtschaft und besonders in der Kraftverkehrsversicherung nur unter sehr engen Restriktionen realisieren. Eine erste Beschränkung besteht schon darin, daß das Aufsichtsamt die Geschäftspolitik der Versicherer überwacht, um sicherzustellen, daß die Belange der Versicherten und die Erfüllbarkeit der Verträge gewahrt bleiben[9]. Maßnahmen eines Versicherers, die darauf abzielen, die Gewinnsituation des Unternehmens zu verbessern, also etwa eine stärkere Differenzierung der Tarife oder eine Prämiensenkung, könnten vom Aufsichtsamt unter Umständen mit dem Hinweis abgelehnt werden, dadurch würden die genannten Ziele gefährdet. Nach der „Verordnung über die Tarife in der Kraftfahrtversicherung" soll das Aufsichtsamt weiter dafür sorgen, daß ein „wirksamer Versicherungsschutz zu einem angemessenen Beitrag" gewährleistet ist[10]. Auch diese Zielsetzung des Aufsichtsamtes kann es dem einzelnen Ver-

---

beschränkungen. (Wirtschaftsrecht und Wirtschaftspolitik, in Verbindung mit Kurt Biedenkopf und Erich Hoppmann, herausgegeben von E.-J. Mestmäcker, Band 7). Bad Homburg v. d. H., Berlin, Zürich 1968, S. 115 ff.

M. Grossmann, Sicherheits- und Gewinnstreben in der Versicherungswirtschaft. Zeitschrift für die gesamte Versicherungswissenschaft, Berlin, 56. Jahrgang 1967, S. 83 ff.

R. Krüger-Barvels, Marketing in Versicherungsbetrieb. (Absatzwirtschaft und Konsumforschung. Band 5, herausgegeben von P. Meyer-Dohm). Freiburg im Breisgau 1971, S. 129 ff.

K. Richter, a. a. O., S. 33 und 83 ff.

G. Schmidt, Der optimale Versicherungsbestand. Schriftenreihe des Instituts für Versicherungswissenschaft an der Universität Köln. Neue Folge Heft 24, Berlin 1968, S. 46 ff.

J. Spühler, Zielsetzungen und Zielentscheidung der erwerbswirtschaftlichen Sachversicherung. Wirtschaftswissenschaftliche Dissertation, Zürich 1971.

[9] Vergleiche Paragraph 8 Absatz 1 Ziffer 2 Versicherungsaufsichtsgesetz und Paragraph 81 Absatz 2 Versicherungsaufsichtsgesetz.

[10] Verordnung über die Tarife in der Kraftfahrtversicherung, a. a. O., Paragraph 3 Absatz 1 Satz 2.

sicherer unter Umständen unmöglich machen, sein individuelles Gewinnmaximum zu realisieren.

Weiter bestehen in der Kraftverkehrsversicherung Bestimmungen über die Verwendung des technischen Überschusses, nach denen die Versicherer nur etwa drei Prozent ihrer Gewinne aus dem technischen Überschuß einbehalten dürfen[11]. Der Rest muß an die Versicherten ausgeschüttet werden.

Bei einem großen Teil der am Markt befindlichen Unternehmen, nämlich bei den Versicherungsvereinen auf Gegenseitigkeit und den öffentlich-rechtlichen Versicherungsunternehmen[12], ist weiter schon durch die Satzung ein Gewinnstreben ausgeschlossen[13].

Allein schon aus der Existenz solcher Restriktionen zu schließen, daß das Ziel der Gewinnmaximierung auf dem Versicherungsmarkt nicht zu realisieren sei[14], erscheint jedoch unzulässig. Gewinnmaximierung ist in der Realität immer nur unter der Berücksichtigung bestimmter Nebenbedingungen möglich, seien sie nun juristischer, institutioneller, psychologischer, finanzieller oder sonstiger Natur[15]. Solche Restriktionen schränken zwar das Entscheidungsfeld des Unternehmers ein und wirken sich somit auf die absolute Höhe der Gewinne aus, sie haben jedoch keinen Einfluß auf die Zielsetzung an sich[16].

---

[11] Vergleiche die Verordnung über die Tarife in der Kraftfahrtversicherung, a. a. O., Paragraphen 22 bis 27, hier besonders Paragraph 24. Ähnliche Vorschriften bestehen auch in der Lebens- und Krankenversicherung.

[12] Vergleiche oben S. 37 Tabelle 1.

[13] Siehe auch D. Farny, Versicherungsmärkte, a. a. O., S. 95.

[14] Vergleiche ebenda, S. 97.

[15] Ähnlich J. Bidlingmaier, Unternehmerziele und Unternehmerstrategien. (Studienreihe Betrieb und Markt, Band VIII, Herausgeber K. Ch. Behrens). Wiesbaden 1964, S. 93. Bidlingmaier geht davon aus, daß gewinnmaximales Verhalten nur dann ein realtypisches Ziel umschließt, „wenn es relativ verstanden wird: Der Unternehmer will den unter gegebenen Bedingungen (Hervorhebung durch den Verfasser.) mit jeweils gleichem Kapitaleinsatz erreichbaren, höchstmöglichen Gewinn realisieren." Ebenda.

[16] Aus diesem Grunde erscheint es auch unzulässig, zum Beweis für die Ungültigkeit des Gewinnmaximierungsprinzips in der Versicherungswirtschaft die Ziffern für die Umsatzrentabilität in dieser Branche vorzuweisen.

Von einigen Autoren wird darüber hinaus argumentiert, daß schon von den besonderen produktionstechnischen Gegebenheiten her eine Gewinnmaximierung in der Versicherungswirtschaft nicht möglich sei[17].

Es wäre im Rahmen dieser Arbeit überflüssig, auf diese Argumente genauer einzugehen, würde nicht auf diese Art und Weise versucht, eine Besonderheit der Versicherungswirtschaft zu konstruieren, mit der die mangelnde Funktionsfähigkeit des Wettbewerbsprinzips in dieser Branche begründet werden soll[18].

So schreibt D. Farny in einem Gutachten über die „Zweckmäßigkeit und Funktionsfähigkeit eines Konkurrenzmarktes in der Kraftverkehrsversicherung": „Der Mechanismus eines freien Wettbewerbsmarktes, der auf dem ständigen Realisieren der Gewinnmaxima durch die Anbieter (an der Stelle, wo Grenzkosten und Grenzerlöse gleich sind) basiert, versagt in der K-Versicherung (Kraftverkehrsversicherung; der Verfasser) also, denn die Grenzkosten, die der Versicherer dem Grenzerlös gegenüberstellt, sind einmal unbekannt, zum zweiten unbestimmt und zum dritten nur in einem sehr unwahrscheinlichen Fall gleich dem Grenzerlös[19]."

Schließt ein Versicherer einen neuen Vertrag, so argumentiert Farny, gibt es bezüglich der Schadensgrenzkosten dieses zusätzlichen Vertrages zwei Möglichkeiten[20]: zum einen könnte der Vertrag schadensfrei ablaufen, so daß die effektiven Schadensgrenzkosten gleich Null wären; zum anderen könnte ein Schaden eintreten, der Schadenszahlungen in einer bestimmten Höhe erforderlich macht. Die Schadenskosten eines zusätzlichen Versicherungsvertrages können demnach zwischen Null und irgendeinem endlichen Betrag schwanken. Eine Übereinstimmung mit dem Grenzerlös wäre rein zufällig. Die Bestimmung des gewinnmaximalen Absatzes, bei der Grenzerlös und Grenzkosten des zuletzt abgeschlossenen Vertrags übereinstimmen, ist daher seiner Meinung nach schon rein theoretisch nicht denkbar.

Für Aussagen über die unternehmerischen Zielsetzungen sind diese Zahlen absolut bedeutungslos. Vergleiche D. Farny, Versicherungsmärkte, a. a. O., S. 97 ff.

[17] Siehe P. Braeß, Wettbewerbssystem, a. a. O., S. 33 f; D. Farny, Versicherungsmärkte, S. 100 ff.

[18] Siehe D. Farny, Versicherungsmärkte, a. a. O., S. 100 ff., und derselbe, Zweckmäßigkeit und Funktionsfähigkeit eines Konkurrenzmarktes in der Kraftverkehrsversicherung. Unveröffentlichtes Gutachten, Köln, o. J., S. 23 ff.; im folgenden zitiert als „Konkurrenzmarkt".

[19] D. Farny, Konkurrenzmarkt, a. a. O., S. 26.

[20] Zum ersten Mal wurden die Bedenken gegen die Möglichkeit der Grenzkostenbestimmung von Paul Braeß geäußert. Derselbe, Wettbewerbssystem, a. a. O., S. 34.

Die von Farny angeführte Situation ist allerdings nicht nur für die Versicherung typisch, sondern tritt prinzipiell auch in anderen Wirtschaftsbereichen auf. Sie ist darüber hinaus nicht nur bei den Grenzkosten, sondern auch bei den Grenzerlösen vorzufinden[21]. Als Beispiel für den stochastischen Charakter der Grenzerlöse führt Albach einen Colorfilmfabrikanten an, der damit rechnen muß, daß ein bestimmter Prozentsatz der von ihm hergestellten Filme wegen Produktionsmängel zurückgenommen werden muß[22]. In diesem Fall ist der tatsächliche Grenzerlös eines ganz bestimmten zusätzlich hergestellten Filmes ebensowenig mit Sicherheit bestimmbar wie die Grenzkosten in der Versicherungswirtschaft. Er kann entweder Null betragen für den Fall, daß der Film fehlerhaft war und zurückgegeben wird, oder er kann gleich dem Preis sein.

Auch die Kosten eines zusätzlich hergestellten Stückes lassen sich häufig in der Sachgüterproduktion ebenso wie in der Versicherungswirtschaft nur als eine stochastische Variable angeben. G. Schmidt führt dafür das Beispiel eines Kaltwalzwerkes an, das in unregelmäßigem Abständen in Brand gerät, wobei ein Schaden von 1 000,— DM entsteht[23]. Die Grenzkosten eines zusätzlichen Walzbandes sind also auch in diesem Fall nicht eindeutig bestimmt. Betragen sie normalerweise 100,— DM, so muß der Unternehmer bei Produktion eines zusätzlichen Bandes mit Grenzkosten in Höhe von 100,— DM oder 1 100,— DM rechnen.

Die Bedenken Farnys gegen eine Gewinnmaximierung in der Versicherungswirtschaft lassen sich somit auch auf alle anderen Produktionszweige übertragen. Dies ist im Grunde auch leicht einsichtig. Denn die Ursache für den stochastischen Charakter der Grenzkosten und der Grenzerlöse liegt ja nicht in der besonderen Produktionstechnik der Versicherung, sondern in der für alle Unternehmer gegebenen Bedingung der unvollkommenen Voraussicht. Da sich unternehmerisches Handeln jederzeit unter dieser Bedingung abspielt, können Sachgüterproduzenten wie Versicherer stets nur die Maximierung des Gewinn*erwartungs*wertes als Differenz zwischen den *erwarteten* Erlösen und den *erwarteten* Kosten anstreben.

---

[21] Vergleiche G. Schmidt, a. a. O., S. 51.

[22] Siehe H. Albach, Wirtschaftlichkeitsrechnung bei unsicheren Erwartungen. (Beiträge zur betriebswirtschaftlichen Forschung, Band 7). Köln, Opladen 1959. S. 73 ff.

[23] G. Schmidt, a. a. O., S. 52.

Im Falle der Versicherung sollte die Verwendung von Wahrscheinlichkeitswerten besonders selbstverständlich sein, denn der Sinn der Versicherung liegt ja darin, durch den Zusammenschluß vieler Risiken zu einer Gefahrengemeinschaft einen „zwischenwirtschaftlichen Ausgleich"[24] herbeizuführen. Diesem Ziel würde es jedoch widersprechen, wollte man jedem Vertrag die effektiven Schadenszahlungen als Kosten zurechnen. Grundlage für die Berechnung der Schadensgrenzkosten kann daher allein der Erwartungsschaden für den zusätzlichen Vertrag sein[25].

Der Grund, weshalb der Ansatz von Wahrscheinlichkeitswerten für eine Besonderheit der Versicherungswirtschaft angesehen wird, liegt möglicherweise darin, daß das Versicherungsgeschäft stets unter der Voraussetzung unvollkommener Information über die Zukunft betrachtet wird[26]. In den Modellen der traditionellen Preistheorie wird dagegen in der Regel von der oft kritisierten Annahme der vollkommenen Information ausgegangen[27]. Will man jedoch

---

[24] K. Hax, Wesen, Bedeutung und Gliederung der Versicherung. In: Buchausgabe des Versicherungswirtschaftlichen Studienwerkes „Die Versicherung", herausgegeben von W. Grosse, H. L. Müller-Lutz, R. Schmidt, Band 1: Allgemeine Grundlagen. Wiesbaden 1962 bis 1964, Studienplan B I 1, S. 14.

[25] U. Müller, Zum Kartellproblem in der industriellen Feuerversicherung. „Schmalenbachs Zeitschrift für betriebswirtschaftliche Forschung", Neue Folge Band 17 (1965), S. 301 ff. Ebenso G. Schmidt, a. a. O., S. 54, und J. Spühler, a. a. O., S. 142 f.

[26] Vergleiche G. Schmidt, a. a. O., S. 52 ff. Schmidt stellt dagegen auch für die Versicherung ein Entscheidungsmodell auf, das die Prämisse der vollkommenen Information enthält. Seine Annahme der vollkommenen Information gilt jedoch nur für die Versicherer, nicht für die Versicherten und bezieht sich nur auf den Gesamtschaden, nicht aber auf Höhe und Eintritt der Einzelschäden. Unter dieser Voraussetzung kommt Schmidt zu dem Ergebnis, daß sich auch in der Versicherungswirtschaft das Gewinnstreben als ein Maximumproblem formulieren läßt. Ebenda, S. 55.

Zum Begriff und zur Problematik der Annahme der vollkommenen Information vergleiche auch O. Morgenstern, Vollkommene Voraussicht und wirtschaftliches Gleichgewicht. In: Spieltheorie und Wirtschaftswissenschaft. Wien, München 1963, S. 43 bis 70, und W. Wittmann, Unternehmung und unvollkommene Information. — Unternehmerische Voraussicht — Ungewißheit und Planung. Köln und Opladen 1959, S. 18 ff.

[27] Vor allem die traditionelle Preistheorie geht von der Annahme vollkommener Information aus. Vergleiche E. Heinen, Die Zielfunktion der Unternehmung. In: Zur Theorie der Unternehmung. — Festschrift zum

Vergleiche zwischen verschiedenen Wirtschaftsbereichen anstellen, so muß man für alle die gleichen Prämissen zugrundelegen. Geht man von der realistischen Annahme unvollkommener Information aus, so lassen sich die Grenzkosten und Grenzerlöse in der Versicherungswirtschaft wie in allen anderen Wirtschaftszweigen nur als stochastische Variable auffassen.

In einer späteren Veröffentlichung sieht auch Farny den individuellen Erwartungsschaden des zusätzlichen Vertrages als Schadensgrenzkosten an[28]. Allerdings will er diesen um die durch den zusätzlichen Vertrag bewirkte Änderung der Zufallsstreuung vermehren oder vermindern[29]. Diese Ergänzung der Grenzkostendefinition scheint gerechtfertigt, weil sich durch den zusätzlichen Vertrag der Unternehmensbestand vergrößert und sich somit die Wahrscheinlichkeit verändert, daß der „zwischenwirtschaftliche Risikoausgleich" gelingt. Durch die Berücksichtigung des versicherungstechnischen Risikos im Grenzkostenbegriff erhält dieser jedoch eine unbestimmte Komponente, da das Streuungsmaß ja nichts darüber aussagt, welche Abweichung vom Mittelwert tatsächlich eintritt. Der logische Einwand Farnys gegen die Gewinnmaximierung in der Versicherungswirtschaft bleibt also bestehen.

Ein dem Einfluß eines zusätzlichen Vertrages auf das versicherungstechnische Risiko analoger Tatbestand läßt sich jedoch auch für die Sachgüterproduktion aufzeigen. Dazu sei noch einmal auf das oben angeführte Beispiel eines Kalt-

---

65. Geburtstag von Erich Gutenberg. Herausgegeben von H. Koch, Wiesbaden 1962, S. 15, und W. Wittmann, a. a. O., S. 18.

[28] D. Farny, Produktions- und Kostentheorie der Versicherung. (Veröffentlichungen des Deutschen Vereins für Versicherungswissenschaft, Heft 72). Karlsruhe 1965, S. 153 f.

In seinem Buch „Die Versicherungsmärkte" war Farny noch davon ausgegangen, daß Grenzkosten in der Versicherung überhaupt nicht feststellbar seien. Mit Hilfe der Wahrscheinlichkeitswerte ließen sich seiner Meinung nach nur die Durchschnittskosten, nicht aber die Grenzkosten bestimmen. Siehe ebenda S. 102.

[29] Die Veränderung der Zufallsstreuung soll den Einfluß auf das versicherungstechnische Risiko ausdrücken.

walzwerkes verwiesen[30]. Aufgrund der Erfahrungen in der gesamten Branche sei bekannt, daß die Wahrscheinlichkeit eines Brandes 0,1 betrage. Produziert ein Unternehmer 100 Bänder, so muß er also mit Brandschäden in Höhe von 10 000,— DM rechnen, die er kalkulatorisch auf alle 100 Bänder verteilen wird. Da es sich dabei nur um wahrscheinliche Werte handelt, ist es durchaus möglich, daß die Zahl der Brände und die Höhe der Brandschäden über dem erwarteten Wert liegen. Diese Gefahr, daß der von dem Unternehmer berechnete Wagniszuschlag nicht die effektiv eingetretenen Schäden deckt, ist prinzipiell vergleichbar mit der Möglichkeit in der Versicherung, daß die erwarteten Gesamtschäden von den effektiven Gesamtschäden übertroffen werden. In beiden Fällen wird durch eine zusätzliche produzierte Einheit, sei es nun ein Walzband oder ein Versicherungsvertrag, das Streuungsrisiko der möglichen Schäden beeinflußt.

Die von Farny angeführte stochastische Eigenschaft der Grenzkosten ist — so läßt sich zusammenfassend sagen — grundsätzlich keine Besonderheit der Versicherungswirtschaft, sondern tritt als Folge der unvollkommenen Information auch in allen anderen Wirtschaftsbereichen auf. Sie ist außerdem nicht nur auf die Grenzkosten beschränkt, sondern trifft ebenfalls auf die Grenzerlöse zu. Auch die Rückwirkung einer zusätzlich produzierten Einheit auf die Kosten des Bestandes, die durch die Veränderung der Streuung zum Ausdruck gebracht wird, ist nicht einzigartig. Sie findet in der Sachgüterindustrie überall dort eine Analogie, wo der Unternehmer bei der Produktion den Zufall nicht ausschließen kann,

Dem Argument, daß „der Mechanismus eines freien Wettbewerbs" in der Kraftverkehrsversicherung versagt, weil hier eine Gewinnmaximierung nicht möglich sei, kann somit nicht zugestimmt werden. Da die „Besonderheiten" der Versicherung prinzipiell auch in den Zweigen der Sachgüterproduktion vorzufinden sind, müßte auch hier ein „freier

---

[30] Vergleiche oben S. 42.

Wettbewerb" unmöglich sein. Dies wird jedoch durch die Realität widerlegt.

Mit den vorangegangenen Ausführungen konnte selbstverständlich nichts über die empirische Relevanz der Gewinnmaximierungshypothese in der Versicherungswirtschaft ausgesagt werden. Es ist jedoch nicht einzusehen, weshalb sich die Zielfunktionen der Versicherer und der Sachgüterproduzenten grundlegend unterscheiden sollten. Da alle privaten Unternehmen — soweit sie nicht lediglich Vollkostendeckung anstreben — im System der Marktwirtschaft zumindest langfristig Gewinne erzielen müssen, um bestehen zu können, kann auch für die Versicherer ein Gewinnstreben unterstellt werden. Obwohl diese Zielsetzung für die Versicherungsvereine auf Gegenseitigkeit und die öffentlich-rechtlichen Versicherungen durch die Satzung ausgeschlossen ist, soll auch für diese im folgenden ein Gewinnstreben unterstellt werden, da zwischen ihrem Verhalten und dem der erwerbswirtschaftlich ausgerichteten Versicherungsaktiengesellschaften kein prinzipieller Unterschied zu erkennen ist. Die Praxis zeigt allerdings[31], daß die unternehmerischen Zielvorstellungen keineswegs einwertig sind, sondern in der Regel aus einem Bündel komplexer Zielvorstellungen bestehen, von denen die Gewinnerzielung nur eines von mehreren ist. Neben nicht-monetären Zielen, wie Streben nach Macht, Prestige und so weiter, sind etwa Umsatzausdehnung und Sicherheitsstreben zu nennen. Gerade dem zuletzt genannten Ziel kommt in der Versicherungswirtschaft eine besondere Bedeutung zu.

b) Das Streben nach Sicherheit[32]

Das Sicherheitsstreben der Versicherer ist schon aus der Zahl der abgeschlossenen Rückversicherungsverträge ersicht-

---

[31] Vergleiche E. Heinen, Das Zielsystem der Unternehmung. — Grundlagen betriebswirtschaftlicher Entscheidungen. (Schriftenreihe „Die Betriebswirtschaft in Forschung und Praxis", Band 1, Herausgeber E. Heinen). Wiesbaden 1966, S. 34 ff.

[32] Auf das Sicherheitsstreben als unternehmerisches Ziel wird hier nur verhältnismäßig kurz eingegangen. Ausführlichere Ausführungen finden

lich[33]. Fast jeder Versicherer ist bereit, die Kosten eines solchen Vertrages zu tragen, um auf diese Weise sein versicherungstechnisches Risiko zu vermindern, oder anders ausgedrückt, zugunsten einer höheren Sicherheit eine niedrigere Gewinnerwartung in Kauf zu nehmen. Außer dem Ziel, einen als ausreichend angesehenen Gewinn zu erwirtschaften, strebt der Versicherer also — wie wohl jeder andere Unternehmer auch — eine gewisse Sicherheit für sein Unternehmen an. Beide Zielsetzungen stehen kurzfristig im Widerspruch zueinander, da eine größere Sicherheit in der Regel mit einer geringeren Gewinnerwartung verbunden ist[34]. Welchen Grad an Sicherheit der einzelne Unternehmer anstrebt, hängt vor allem von seiner Risikobereitschaft ab und ist daher subjektiv bestimmt[35].

In welcher Weise kann nun der Versicherer die Sicherheit seines Unternehmens erhöhen beziehungsweise das Unternehmerrisiko vermindern? Maßnahmen der Risikopolitik können grundsätzlich an zwei Punkten ansetzen[36]: Zum einen

---

sich bei J. Spühler, a. a. O., S. 120 ff.; G. Schmidt, a. a. O., S. 56 ff.; D. Farny, Unternehmerische Ziel- und Mittelentscheidungen, a. a. O., S. 145 ff.

33 Vergleiche G. Schmidt, a. a. O., S. 55.

34 Vergleiche etwa W. Wittmann, a. a. O., S. 36 f., und D. Farny, Produktions- und Kostentheorie, a. a. O., S. 85 ff.

35 Farny schreibt dazu: „... über die erforderliche Sicherheit ... wird auf Grund subjektiver Vorstellungen disponiert. Das bedeutet unterschiedliche Zielfunktionen bei den einzelnen Versicherern und rückt von vornherein das Problem des einzelwirtschaftlichen Gleichgewichts in die Nähe sehr subjektiver und daher auch labiler Vorstellungen." (D. Farny, Zum Kartellproblem in der industriellen Feuerversicherung. — Stellungnahme zu dem Besprechungsaufsatz von U. Müller, Zum Kartellproblem in der industriellen Feuerversicherung. „Schmalenbachs Zeitschrift für betriebswirtschaftliche Forschung", Köln und Opladen, 17. Jg. [1965], S. 629). Obwohl Farny an der zitierten Stelle den Schluß von den labilen einzelwirtschaftlichen Vorstellungen des Gleichgewichts auf die Funktionsfähigkeit des Wettbewerbs nicht zieht, sei hier jedoch darauf hingewiesen, daß ein solches Argument schon durch die Realität widerlegt wird. Unsicherheit über die zukünftigen Datenkonstellationen ist keine Besonderheit der Versicherungswirtschaft, sondern eine für alle Unternehmer zutreffende Erscheinung. Somit ließe sich dieses Argument auch auf alle anderen Wirtschaftsbereiche übertragen.

36 Vergleiche F. Fuß, Risikogerechte Eigenkapitalausstattung und Solvabilitätssystem der Schadenversicherungsdirektive. — Eine betriebswirt-

können sie der Verminderung des Risikos dienen, zum anderen dem Schutz vor den Folgen des Schadeneintritts.

Der ersten Gruppe wären etwa alle Maßnahmen zuzurechnen, die der Informationsverbesserung dienen. Weiter kann der Versicherer mit seiner Annahmepolitik, der Gestaltung der Versicherungsverträge, durch Spartenkombination und Rückversicherungsverträge das versicherungstechnische Risiko vermindern[37].

Besondere Bedeutung kommt, wie oben angedeutet, dem Abschluß von Rückversicherungsverträgen zu. Rückversicherungsverträge werden in der Kraftverkehrsversicherung vor allem in der Form von Quoten- oder Schadenexcedentverträgen abgeschlossen. Beim Quotenvertrag überläßt der Erstversicherer dem Rückversicherer einen bestimmten Prozentsatz der Bruttoprämieneinnahmen. In Höhe dieses Prozentsatzes beteiligt sich der Rückversicherer dann an den Gesamtschäden. Im Falle eines Schadenexcedentvertrages verpflichtet sich der Rückversicherer dagegen, alle Schäden zu regulieren, die eine bestimmte Höhe überschreiten.

Alle im vorangegangenen genannten Maßnahmen können zwar zur Minderung des Leistungsrisikos[38] eines Versicherers beitragen, sie können es jedoch nie ganz beseitigen[39]. Deshalb muß ein Versicherer auch für den Fall Sorge tragen, daß sich das noch verbleibende Risiko realisiert. Eine mögliche Form der Vorsorge wäre die Bereitstellung von finanziellen Sicherungsmitteln. „Sicherungsmittel sind Vermögens-

---

schaftliche Untersuchung. (Veröffentlichungen des Instituts für Versicherungswissenschaft der Universität Mannheim, Heft 3). Karlsruhe 1971, S. 34 f.

[37] Ebenda, S. 35 ff.

[38] Zum Begriff des „Leistungsrisikos" vergleiche U. Müller-Manzke, Grundlagen der Preisbildung in der Industrieversicherung. (Frankfurter Wirtschafts- und Sozialwissenschaftliche Studien, Heft 20). Berlin 1969, S. 31 ff.; im folgenden zitiert als „Grundlagen".

[39] Theoretisch wäre es zwar denkbar, daß ein Versicherer das Risiko voll auf den Rückversicherer überwälzt. In diesem Fall würde er allerdings seine Eigenschaft als Versicherer verlieren und sich als einfacher Vermittler von Versicherungsleistungen betätigen.

werte, die in einer Unternehmung zum Ausgleich der Wirkungen ungünstiger Planabweichungen dienen können[40]." Sicherungsmittel in diesem Sinne sind das Grundkapital (bei Versicherungsaktiengesellschaften), die offenen und stillen Reserven und die Rückstellungen[41].

c) Das Umsatzstreben

Auch das Streben nach einer Erhöhung des Umsatzes wird häufig als Zielsetzung der Versicherer genannt[42, 43]. Der Grund für die Verwendung des Umsatzes als unternehmerisches Entscheidungskriterium wird vor allem in der größeren Praktikabilität dieser Größe gegenüber dem Gewinn gesehen[44]. Während der Umsatz relativ leicht feststellbar ist — in der Versicherungswirtschaft kann er jederzeit an den Prämieneinnahmen, der Zahl der abgeschlossenen Verträge oder der Versicherungssumme abgelesen werden — ist die Gewinnermittlung ungleich schwieriger und bleibt nicht zuletzt abhängig von subjektiven Bewertungen. Außerdem stellt der Umsatz für viele Unternehmer einen Indikator dar, an dem sich die Marktstellung seines Unternehmens leicht ablesen läßt.

Trotzdem soll im Rahmen dieser Arbeit dem Umsatzstreben weniger Beachtung geschenkt werden als dem Gewinn- und Sicherheitsstreben. In einer Marktwirtschaft kann sich ein Unternehmer auf lange Sicht nicht ausschließlich am Umsatz orientieren und Gewinn und Sicherheit vernachlässigen[45]. In der Tat lassen sich in der Versicherungswirt-

---

40 F. Fuß, a. a. O., S. 43.

41 Vergleiche dazu unten S. 99 ff.

42 Vergleiche etwa R. Krüger-Barvels, a. a. O., S. 132; G. Schmidt, a. a. O., S. 48 und auch D. Farny, P. Braeß, Die Gestaltung des Wettbewerbs auf dem Kraftverkehrsversicherungsmarkt. — Wirtschaftswissenschaftliches Gutachten. Köln, Mannheim, 1972; im folgenden zitiert als „Gestaltung".

43 Zu den verschiedenen Ausprägungen des Umsatzstrebens siehe E. Heinen, Zielsystem, a. a. O., S. 64 ff., und die dort angegebene Literatur.

44 Vergleiche ebenda S. 66.

45 Zur Bedeutung des Umsatzstrebens und zum Verhältnis zwischen Umsatz- und Gewinnstreben vergleiche W. J. Baumol, Business Behavior, Value And Growth. Revised Edition, New York, Chicago, San Francisco, Atlanta 1967, S. 45 ff.

schaft — und auch auf anderen Märkten — keine Fälle von rücksichtsloser Expansionspolitik feststellen. Es kann also davon ausgegangen werden, daß selbst ein Versicherer, für den der Umsatz im Vordergrund seiner Überlegungen steht, nach einem gewissen Mindestgewinn und einer gewissen Mindestsicherheit strebt. Es ist sogar denkbar, daß die Unternehmer glauben, hohe Umsätze würden auf lange Sicht auch hohe Gewinne mit sich bringen[46]. In diesem Fall wäre das Umsatzstreben nicht mehr als Ziel anzusehen, sondern lediglich als *Mittel,* das zum Zweck der Gewinnerzielung eingesetzt wird. Auch in bezug auf das Sicherheitsstreben läßt sich das Umsatzstreben als Mittel einsetzen, da mit zunehmendem Bestand das Zufallsrisiko abnimmt[47]. Die Überlegungen darüber, welche Stellung das Umsatzstreben im unternehmerischen Zielsystem einnimmt, brauchen jedoch nicht weiter vertieft zu werden. Für die folgenden Überlegungen genügt die Annahme, daß die Versicherer Gewinne erzielen wollen und dabei ein durch ihre Risikobereitschaft bestimmtes Maß an Sicherheit anstreben.

2. Die Kapazität eines Versicherungsunternehmens

a) Kurzfristige Kapazitätsgrenzen

Eine Betrachtung der Kapazitätsgrenzen eines Versicherungsunternehmens erscheint deshalb angebracht, weil in diesem Punkt für eine Reihe von Autoren einer der gewichtigsten Unterschiede zwischen der Versicherungswirtschaft und der Sachgüterproduktion zu sehen ist[48]. Anders als in der Sachgüterproduktion — so argumentiert man — kann in der

---

[46] So auch G. Schmidt, a. a. O., S. 48.

[47] Vergleiche G. Schmidt, a. a. O., S. 34 ff. und R. Krüger-Barvels, a. a. O., S. 132.

[48] E. Meyer, Marktprobleme der Versicherungswirtschaft. — Vortrag, gehalten in der Österreichischen Gesellschaft für Versicherungsfachwissen am 2. Mai 1967. Abgedruckt in: Die Versicherungsrundschau, 22. Jahrgang (1967), S. 344. Im folgenden zitiert als „Marktprobleme".

Gleicher Meinung sind zum Beispiel auch P. Braeß, Wettbewerbssystem, a. a. O., S. 34; D. Farny, Produktions- und Kostentheorie, a. a. O., S. 178 ff. und B. Grossfeld, a. a. O., S. 117.

Versicherungswirtschaft gar nicht von einer bestimmten Kapazität gesprochen werden, da sich das Geschäftsvolumen mit vergleichsweise geringen Investitionen schnell erweitern läßt. „Im Gegensatz zu den Märkten der produzierenden Wirtschaft stehen sich auf dem Versicherungsmarkt ein stets begrenzter Bedarf (begrenzt durch die Zahl der Risiken), der zudem oft ausgeschöpft ist (wie zum Beispiel in den Pflichtversicherungszweigen), und eine *praktisch unbegrenzte* Kapazität gegenüber[49]." In dieser Situation würde ein freier Wettbewerb, das heißt ein Wettbewerb ohne staatlich genehmigte Prämien, einen „unwiderstehlichen Preisdruck" ausüben und über kurz oder lang zu Unterkostenprämien führen. Auch Versicherungskonkurse könnten kein Gleichgewicht zwischen Angebot und Nachfrage herstellen, da die Kapazität der am Markt verbleibenden Unternehmen die Nachfrage immer noch übersteigen würde[50].

Die Frage, inwieweit in der Realität für ein Versicherungsunternehmen Kapazitätsbeschränkungen wirksam werden können, soll im folgenden zunächst unter dem Aspekt kurzfristiger Betriebsgrößenvariationen untersucht werden. Auf die Expansionsgrenzen im Fall einer langfristigen Betrachtung soll im folgenden Abschnitt eingegangen werden.

Die Differenzierung zwischen kurz- und langfristigen Kapazitätserweiterungen ist keine Unterscheidung, die sich durch eine Kalenderzeit genau abgrenzen ließe. Beide Begriffe stellen vielmehr auf die Intensität ab, mit der betriebliche Veränderungen vorgenommen werden[51]. Von einer kurzfristigen Veränderung soll im weiteren Verlauf der Arbeit dann gesprochen werden, wenn sich der Unternehmer nur mit einem Teil der von ihm eingesetzten Produktionsfaktoren an die veränderte Nachfrage anpassen kann. Langfristig dagegen kann er alle Faktoren variieren[52].

---

49 E. Meyer, Marktprobleme, a. a. O., S. 344; Hervorhebung vom Verfasser.

50 E. Meyer, Marktprobleme, a. a. O., S. 345.

51 Vergleiche E. Gutenberg, Grundlagen der Betriebswirtschaftslehre. Erster Band: Die Produktion. 12. Auflage, Berlin, Heidelberg, New York, 1966, S. 409; im folgenden zitiert als „Produktion".

52 Diese Unterscheidung entspricht der von Marshall getroffenen Differenzierung zwischen der „long-" und der „short-period". Vergleiche der-

Unter der Kapazität eines Betriebes wird in aller Regel sein quantitatives Leistungsvermögen je Zeiteinheit verstanden[53, 54]. Da es eine objektive, für alle Betriebe geltende Meßmethode zur Feststellung der Kapazität nicht gibt[55], ist man in der Praxis auf verschiedene Hilfsgrößen angewiesen. Dies gilt auch für die Versicherungswirtschaft, in der man üblicherweise zwischen einer Stückzahl- und einer Summenkapazität unterscheidet[56]. Die Stückzahlkapazität bezeichnet „die höchstmögliche Anzahl von Versicherungen und die ihr entsprechende Menge Versicherungsschutz ..., die bei gegebener Vertragsgröße produziert werden kann"[57]. Unter der Summenkapazität wird die größte Produktionsmenge verstanden, „die ein Versicherer bei gleichbleibender Produktionsmittelausstattung durch Erhöhung der Versicherungssumme, Gefahrenerhöhungen und -erweiterungen und so weiter, aber bei konstanter Anzahl der Verträge herstellen kann"[58].

Die Stückzahlkapazität einer Versicherung wird begrenzt durch das Leistungspotential der vorhandenen Betriebsmit-

---

selbe, Principles of Economics. Ninth (variorium) edition with annotations by C. W. Guillebaud, Vol. I: Text. London 1961, S. 363 ff., besonders S. 376 f.

[53] Vergleiche etwa H. Diederich, Allgemeine Betriebswirtschaftslehre I. (Schaeffers Grundriß des Rechts und der Wirtschaft, Abteilung III: Wirtschaftswissenschaften, Band 83/1). Zweite Auflage, Mainz 1971, S. 111.

[54] Die Unterscheidung zwischen Veränderungen der Kapazität und Veränderungen des Auslastungsgrades der Kapazität, also des Beschäftigungsgrades soll hier nicht getroffen werden, da es in der Realität sehr schwer, wenn nicht sogar unmöglich, sein dürfte, beides voneinander zu trennen. Vergleiche auch E. Gutenberg, Produktion, a. a. O., S. 409 f., besonders Fußnote 1 auf S. 410; D. Farny, Produktions- und Kostentheorie, a. a. O., S. 178; K. Hax, Unternehmensgröße und Konzentration in der Versicherungswirtschaft. In: Grundprobleme des Versicherungsrechts. — Festgabe für Hans Möller zum 65. Geburtstag. Herausgeber R. Schmidt und K. Sieg, Karlsruhe 1972, S. 267; im folgenden zitiert als „Unternehmensgröße".

[55] Vergleiche H. Koch, Artikel „Betriebsgröße" in Handwörterbuch der Sozialwissenschaften. Stuttgart, Tübingen und Göttingen, 1959, Band 2, S. 83 f.

[56] Diese Unterscheidung wurde in der Versicherungswirtschaft zum ersten Mal von D. Farny gemacht. Vergleiche derselbe, Versicherungsmärkte, a. a. O., S. 90 f.

[57] D. Farny, Produktions- und Kostentheorie, a. a. O., S. 180.

[58] D. Farny, Versicherungsmärkte, a. a. O., S. 90.

tel[59] und Arbeitskräfte. Sieht man einmal von dem unwahrscheinlichen Fall ab, daß die Büroeinrichtung und Hilfsmittel wie Bleistifte, Papier und so weiter zum Engpaßfaktor im Betrieb werden könnten, so stellt von den Betriebsmitteln vor allem die Größe des zur Verfügung stehenden Büroraums und die Speicherkapazität der Datenverarbeitungsanlage[60] eine ernsthafte Grenze für eine Erweiterung der Kapazität dar[61]. Alle anderen Betriebsmittel sind verhältnismäßig gut teilbar und leicht zu beschaffen.

Auch der Faktor Arbeit kann unter Umständen zum Engpaßfaktor werden und eine Ausdehnung des Geschäftes behindern. Ein großer Teil der in der Versicherungswirtschaft Beschäftigten sind Fachkräfte mit speziellen Vorkenntnissen und daher in der Regel nur in sehr begrenztem Umfang verfügbar. Dies gilt zum einen für die Versicherungsvertreter, zum anderen aber auch für die Angestellten im Innendienst. An die Person des Vertreters sind nach Ansicht Möllers besondere soziale und psychologische Anforderungen zu stellen[62], so daß hier stets nur ein begrenztes Reservoir zur

---

59 Unter Betriebsmitteln wird nach Gutenberg „die gesamte technische Apparatur verstanden . ., deren sich ein Unternehmer bedient, um Sachgüter herzustellen oder Dienstleistungen bereitzustellen". E. Gutenberg, Produktion, a. a. O., S. 70.

60 Ein Computer dürfte heute bei jedem Kraftverkehrsversicherer vorhanden sein, da sich ohne ihn die Umstellung der Tarife gar nicht bewältigen ließe. So auch K. Hax, Unternehmensgröße, a. a. O., S. 275.

61 Der These Farnys, der Stückzahlkapazität seien keine ernsthaften Grenzen gesetzt, weil die Faktoren unter anderem gut teilbar sind und daher keine Gefahr bestehe, „daß die Kosten der kapazitätserweiternden Produktionsfaktoren nicht genutzte Leerkosten bleiben", kann daher nicht uneingeschränkt zugestimmt werden. (Vergleiche derselbe, Produktions- und Kostentheorie, S. 181) Eine Erweiterung der Büroräume durch Miete zusätzlicher Räume ist zwar denkbar, doch in der Regel nur bis zu einem gewissen Grade möglich. Die damit verbundene Zersplitterung der Verwaltung und die geringe Effizienz ihrer Organisation wird von einen Punkt an größere Investitionen für Verwaltungsneubauten erforderlich machen.

62 Vergleiche H. Möller, Das Konkurrenzsystem im Versicherungswesen. Jahrbücher für Nationalökonomie und Statistik, Jena, Band 159 (1944), S. 21. Im folgenden zitiert als „Konkurrenzsystem". Ebenso K. Merz, der von „erheblichen Anforderungen an die geistigen, körperlichen und charakterlichen Qualitäten des Versicherungsvermittlers" spricht. Derselbe, a. a. O., S. 34.

Verfügung steht[63]. Die gleichen Schwierigkeiten tauchen auf bei der Anstellung von Personal für den Innendienst, wo besondere Anforderungen an die verwaltungstechnischen und vor allem juristischen Kenntnisse gestellt werden[64, 65].

Eine weitere Beschränkung für Kapazitätserweiterungen, und zwar sowohl für die Summen- als auch für die Stückzahlkapazität der Versicherer, bilden die bei einer Bestandsausdehnung erforderlichen zusätzlichen Reserven[66]. Schwierigkeiten bei der Beschaffung des Sicherheitskapitals, die zum Beispiel auf die schlechte Ertragslage des Unternehmens oder auf eine Verengung des Kapitalmarktes beruhen können, führen unter Umständen dazu, daß eine weitere Ausdehnung der Kapazität unmöglich wird[67]. Solange es jedoch keine festen Relationen zwischen den Prämieneinnahmen und dem Eigenkapital oder einer anderen Größe gibt, die von den Versicherern eingehalten werden müssen, hat diese Beschränkung allerdings nur eine begrenzte Bedeutung. Einmal gilt sie nur für den soliden Unternehmer; zum anderen läßt

---

[63] K. Merz spricht von einem „chronischen Mangel an Nachwuchskräften". Derselbe, a. a. O., S. 35.

[64] Vergleiche auch H. Heinrichs, Warum ein Zwangskartell der Kraftfahrversicherung in sozialer Marktwirtschaft?, Dissertation Köln 1955, S. 94; im folgenden zitiert als „Zwangskartell".

[65] Die These Farnys, daß die Stückkapazität jederzeit schnell erweitert werden kann, weil „die Produktionsmittel ... durchweg leicht und zu konstanten Faktorpreisen zu beschaffen" sind, erscheint deshalb ein wenig zu optimistisch. Derselbe, Produktions- und Kostentheorie, a. a. O., S. 182. Gleicher Meinung ist auch E. Günther, der eine Kapazitätsbegrenzung auch in der beschränkten Ausdehnungsmöglichkeit der Rückversicherung sieht. Vergleiche E. Piepenbring, Die Einordnung der Versicherungswirtschaft in das System des Gesetzes gegen Wettbewerbsbeschränkungen. Die Versicherungswirtschaft, 24. Jahrgang (1969), S. 997.

[66] Vergleiche auch D. Farny, Produktions- und Kostentheorie, a. a. O., S. 181 f.; K. Hax, Unternehmensgröße, a. a. O., S. 267; A. Kann, Einige Betrachtungen zum Kapazitätsproblem, Zeitschrift für Versicherungswesen, Hamburg, 21. Jahrgang (1970), S. 741 ff.; H. Tamm, Betrachtungen zur Preisbildung in der Privatversicherung. Zeitschrift für die gesamte Versicherungswissenschaft, Berlin, Band 32 (1932), S. 212.

[67] Obwohl auch Farny diese Schwierigkeiten einer Kapazitätserweiterung sieht, (vergleiche derselbe, Produktions- und Kostentheorie, a. a. O., S. 181 f.) geht er dennoch davon aus, daß die Summenkapazität „nahezu unbegrenzt" ist und sich die Stückzahlkapazität „mit geringer Mühe" vergrößern läßt, weil unter anderem „die Bremswirkung der Kapazitätsbeschaffung fehlt".

sich die nötige Höhe der Reserven nur subjektiv bestimmen, so daß dem einzelnen Unternehmer immer noch ein großer Spielraum für ein Urteil darüber zur Verfügung steht, ob der Bestand bei gegebenen Reserven ausgedehnt werden darf oder nicht[68, 69]. Kapazitätsbeschränkungen — sowohl kurzfristig wie auch langfristig — können weiter auch durch die Qualität des dispositiven Faktors gegeben sein[70]. Mangelnde Phantasie, fehlender Unternehmergeist und unzureichende Energie können unter Umständen genauso der unternehmerischen Expansion Grenzen setzen wie etwa fehlendes Personal.

Trotz dieser im vorangegangenen genannten Kapazitätsbeschränkungen muß jedoch zugegeben werden, daß im Verhältnis zur Sachgüterproduktion das Angebot einer Versicherungsunternehmung relativ flexibel ist. Dies ist deshalb der Fall, weil eine Versicherung im Vergleich zur Sachgüterproduktion relativ wenige Betriebsmittel benötigt und von materiellen Rohstoffen, Halbfabrikaten und sonstigen Vorleistungen unabhängig ist. Da sie Dienstleistungen produziert, können auch fehlende Lagerkapazitäten kein Grund für eine Expansionseinschränkung sein.

Zusammenfassend läßt sich sagen, daß bei kurzfristiger Betrachtung für den Versicherer Expansionsgrenzen aufge-

---

68 Als nach dem Konkurs der englischen Versicherungsgesellschaft Vehicle & General Insurance Co. Ltd. die Versicherungsnehmer sich neu versichern lassen mußten, stellte H. J. Rudolph fest: „Einige der kleinen Gesellschaften sind nicht .. in der Lage, alle Antragsteller anzunehmen, weil ihre Reserven für einen solch plötzlichen Geschäftszuwachs nicht ausreichen." Frankfurter Allgemeine Zeitung Nr. 53 vom 4. März 1971.

69 Eine kapazitätsbeschränkende Wirkung könnte unter Umständen auch von der EWG-Koordinationsrichtlinie ausgehen, die eine Bindung der Reservenhöhe an das Prämienaufkommen vorsieht. Vorschlag für eine Richtlinie des Rates zur Koordinierung der die Aufnahme und Ausübung der Direktversicherung (außer Lebensversicherung) betreffenden Rechts- und Verwaltungsvorschriften = Entwurf für einen Bericht der Gruppe Wirtschaftsfragen (Niederlassung und Dienstleistungen) an den Ausschuß der Ständigen Vertreter. Europäische Gemeinschaften, der Rat, Brüssel, Drucksache Nr. 764/71 (E. S. 45), Artikel 16; im folgenden weiter als „EWG-Koordinationsrichtlinie" bezeichnet. Vergleiche dazu vor allem unten S. 128 ff.

70 A. Fougner, The Capacity Problem. In: Readings in Property and Casuality Insurance. Herausgeber H. Wayne Snider. Homewood, Illinois 1959, S. 185.

zeigt werden konnten. Diese lagen unter anderem in der Ausstattung mit Personal, in der Kapazität der Datenverarbeitungsanlage, den finanziellen Reserven und den intellektuellen Fähigkeiten des Managements. Gegenüber der Sachgüterproduktion weist die Versicherungswirtschaft jedoch eine relativ große Flexibilität auf.

b) Zur optimalen Betriebsgröße einer Versicherungsunternehmung

Die im vorangegangenen Abschnitt behandelten Kapazitätsgrenzen bezogen sich auf eine kurzfristige Anpassungsperiode. Es ging also lediglich um den vermehrten Einsatz des einen oder anderen Faktors, während alle übrigen Faktoren als gegeben angesehen wurden. Als im großen und ganzen unverändert wurde auch die Qualität der Faktoren und ihre Kombination angesehen. Langfristig steht dem Unternehmer dagegen die Möglichkeit offen, die Einsätze aller Faktoren zu variieren, und zwar sowohl in quantitativer als auch in qualitativer Hinsicht. Die Frage nach dem langfristig günstigsten Einsatz der Produktionsfaktoren wird in der Literatur als Frage nach der optimalen Betriebsgröße behandelt. Sie ist in bezug auf die Versicherungswirtschaft von besonderer Bedeutung als hier — wie bereits erwähnt — die Auffassung vertreten wird, einer Kapazitätserweiterung seien praktisch keine Grenzen gesetzt[71]. Ein Versicherungsunternehmer kann also danach bei der langfristigen Planung seiner Kapazität von konstanten oder sogar sinkenden Stückkosten ausgehen. Eine Kostenprogression würde allenfalls bei Betriebsgrößen auftreten, die für die Praxis nicht mehr relevant sind[72]. Im folgenden soll nun untersucht werden, ob es auf dem Versicherungsmarkt tatsächlich keine Grenzen für eine langfristige Expansion gibt und daher eine ständige Tendenz zur Erweiterung der Kapazitäten oder zur Konzentration besteht, so daß ein funktionierender Wett-

---

[71] Vergleiche etwa D. Farny, Produktions- und Kostentheorie, a. a. O., S. 235 ff. Vergleiche auch oben S. 55.

[72] Vergleiche D. Farny, Produktions- und Kostentheorie, a. a. O., S. 240 und 243.

bewerb auf diesem Markt ohne besondere staatliche Kontrolle nicht möglich ist.

Die Untersuchungen der optimalen Betriebsgröße orientieren sich in aller Regel an den Kosten einer Betriebsgrößenvariation[73]. Farny etwa definiert sie als diejenige Betriebsgröße, „bei der eine Versicherung unter der Bedingung konstanter Faktorpreise, -qualitäten und Bestandszusammensetzung mit den geringstmöglichen Kosten überhaupt produziert werden kann"[74].

Was die Schadenskosten der Versicherung angeht, so kann die These von dem Zusammenhang zwischen Betriebsgröße und Kostenentwicklung im großen und ganzen bejaht werden. Da sie von der Größe des Versicherungsbestandes unabhängig sind, ist von ihrer Konstanz bei Betriebsgrößenvariationen auszugehen. Allenfalls kann der mit zunehmendem Bestand fallende Sicherheitszuschlag eine leichte Senkung der Schadenskosten pro Vertrag bewirken. Steigende Schadenskosten könnten jedoch durch die Zunahme des Kumulations- und Katastrophenrisikos bewirkt werden. Allerdings hängt die Zunahme dieser Risiken von der räumlichen Ausdehnung des Geschäftsbereichs ab. Von Bedeutung ist sie eigentlich nur für jene Versicherer, deren Geschäftsbereich regional begrenzt ist, also für die öffentlich-rechtlichen Anstalten[75]. Im großen und ganzen scheint die mit einer Bestandserweiterung verbundene Erhöhung des versicherungstechnischen Risikos so gering zu sein, daß sie in den meisten Fällen außer acht gelassen werden kann[76].

Nun ist allerdings die von Farny getroffene Annahme einer konstanten Bestandsstruktur nicht sehr wahrscheinlich. Vielmehr wird mit einer Vergrößerung des Unternehmens häufig auch eine Veränderung der Bestandsstruktur verbunden sein[77]. Dies ist besonders dann zu erwarten, wenn sich das

---

73 Vergleiche ebenda, S. 235 ff.

74 Ebenda, S. 235.

75 Selbstverständlich erhöht sich das Kumulations- und Katastrophenrisiko auch dann, wenn ein Versicherer die Geschäftserweiterung freiwillig auf eine bestimmte Region beschränkt.

76 Vergleiche D. Farny, Produktions- und Kostentheorie, a. a. O., S. 237 f.

77 Vergleiche dazu K. Hax, Unternehmensgröße, a. a. O., S. 272 ff.

Unternehmen vorher auf bestimmte Risiken beschränkt hatte und im Zuge seiner Expansionsbestrebung seinen Geschäftsbereich auch auf die Versicherung anderer Risiken erweitert. In diesem Fall kann auch für den ursprünglichen Bestand eine Erhöhung der Risikoprämie notwendig werden, wenn es dem Versicherer nicht gelingt, die schlechteren Risiken entsprechend ihrem individuellen Risiko zu tarifieren. Inwieweit eine solche Kostensteigerung in der Kraftverkehrsversicherung jedoch von Bedeutung ist, kann hier nicht weiter untersucht werden. Vermutlich wird sie jedoch wegen der relativ starken Tarifdifferenzierung ziemlich gering sein, so daß trotz dieser in einzelnen Fällen möglichen Kostensteigerung im großen und ganzen von konstanten oder leicht sinkenden Schadenskosten ausgegangen werden kann.

Während das Problem der Schadenskosten für die Versicherung spezifisch ist, kann man bei den Betriebskosten weitgehend auf die bisher in der Literatur für Industrieunternehmen angestellten Überlegungen zurückgreifen[78]. Die Frage der Kostenentwicklung ist hier wie dort umstritten. Während etwa E. Gutenberg von ständig sinkenden Gesamtkosten ausgeht[79], erwartet H. Koch von einer gewissen Betriebsgröße an progressiv steigende Kosten[80].

Kostenvorteile von Betriebsgrößenerweiterungen liegen unter anderem im möglichen Einsatz technisch leistungsfähigerer Maschinen, der verstärkten innerbetrieblichen Spezialisierung und der Abnahme der produktionsabhängigen Kosten pro Stück[81].

---

[78] So auch K. Hax, Unternehmensgröße, a. a. O., S. 274.

[79] Vergleiche E. Gutenberg, Produktion, a. a. O., S. 409 ff., besonders S. 423; W. Kilger, Produktions- und Kostentheorie. (Die Wirtschaftswissenschaften). Wiesbaden 1958, S. 113; K. Hax, Betriebswirtschaftliche Probleme der Konzentration. In: Die Konzentration in der Wirtschaft. Schriften des Vereins für Socialpolitik. Neue Folge Band 22, Berlin 1961, S. 92; im folgenden zitiert als „Betriebswirtschaftliche Probleme".

[80] Vergleiche H. Koch, a. a. O., S. 88; H. von Stackelberg, Grundlagen der theoretischen Volkswirtschaftslehre. Bern 1948, S. 60 ff.; E. H. Chamberlin, The Theory of Monopolistic Competition. 6. Auflage, Cambridge 1950, S. 247.

[81] Vergleiche dazu auch W. Wittmann, Konzentrationsprobleme in der Betriebssphäre. In: Die Konzentration in der Wirtschaft. Schriften des Vereins für Socialpolitik. Neue Folge Band 22, Berlin 1961, S. 286 ff.

Der Großbetrieb übt außerdem schon allein durch sein soziales, psychologisches und ökonomisches Gewicht einen großen Einfluß aus und kann dadurch Kostenvorteile geltend machen. Vor allem bei der Kapitalbeschaffung ist er der kleineren Unternehmung überlegen. Aber auch die Beschaffung von Arbeitskräften fällt ihm leichter, da Großunternehmen auf die Arbeitsuchenden häufig eine größere Anziehungskraft ausüben als ihre kleineren Konkurrenten.

Auch Farny, der sich in einer empirischen Untersuchung über die Lebens- und Krankenversicherung mit dem Zusammenhang zwischen Betriebsgröße und Kosten befaßt hat, kommt zu dem Ergebnis, daß mit zunehmender Betriebsgröße die Verwaltungskosten sinken[82]. Allerdings sind diese Kostenersparnisse so gering, daß sie seiner Meinung nach ohne Einfluß auf die Prämien bleiben werden.

Die Kostenprogression wird vor allem auf die immer komplizierter werdende Organisation des Großbetriebes zurückgeführt, durch die vor allem die Koordination der Entscheidungen immer schwieriger wird[83]. Neben den Kosten für den Einsatz der elementaren und dispositiven Faktoren muß mit steigender Produktion jedoch auch häufig der Einsatz des absatzpolitischen Instrumentariums zunehmen. Besonders die Werbungskosten werden sich nach Ansicht einiger Autoren progressiv entwickeln, da sich der Marktwiderstand mit zunehmender Sättigung verstärken wird.

Speziell in der Versicherungswirtschaft müssen vor allem die Anstrengungen des Außendienstes verstärkt werden. Je höher der bereits vorhandene Bestand, desto größer werden

---

[82] Vergleiche D. Farny, Die Betriebsgrößenfrage in der Versicherungswirtschaft. Zeitschrift für die gesamte Versicherungswissenschaft, Karlsruhe, Berlin, Band 49 (1960), S. 194.

[83] Siehe etwa H. Koch, a. a. O., S. 88. Speziell für die Versicherungswirtschaft M. Grossmann, Ausdehnung des Geschäftsbereiches und Betriebsgröße in der Versicherung. Zeitschrift für die gesamte Versicherungswissenschaft, Karlsruhe, Berlin, Band 49 (1960), S. 7; M. Gürtler, Betriebswirtschaftliche Probleme des Versicherungswesens. (Die Wirtschaftswissenschaften. Reihe A, Nr. 42, Herausgeber E. Gutenberg). Wiesbaden 1959, S. 194; H. Heinrichs, Liberalisierte Kraftverkehrsversicherung, S. 110 f. W. Rohrbeck, Wesen, Gehalt und Reform der deutschen Privatversicherung. Berlin, München 1949, S. 126.

die Schwierigkeiten für die Vertreter, neue Abschlüsse zu tätigen[84, 85]. Unter diesen Umständen sind jedoch Provisionserhöhungen oder/und Prämiensenkungen unumgänglich, wenn der Versicherer seinen Außendienst nicht verlieren will[86].

Eine endgültige Entscheidung über den Kostenverlauf im Falle einer Betriebsgrößenerweiterung braucht und kann im Rahmen dieser Arbeit nicht getroffen werden. Die Frage der optimalen Betriebsgröße ist für die Versicherungswirtschaft noch genauso ungelöst wie für die Sachgüterproduktion. Die anfangs vorgetragene These, nach der sich eine überproportionale Kostenentwicklung im Falle einer Betriebsgrößenerweiterung erst für empirisch unrealistische Betriebsgrößen zeigt, wird auch in bezug auf die Sachgüterindustrie von zahlreichen Autoren vertreten. Die oben gestellte Frage, ob wegen der Kostenvorteile einer Betriebsgrößenerweiterung nicht ein ständiges Überangebot oder eine Monopolisierung des Angebots zu erwarten wäre, ist daher kein versicherungsspezifisches, sondern ein allgemein wettbewerbspolitisches Problem. Im Rahmen dieser Untersuchung braucht sie daher nicht weiter untersucht zu werden.

3. Die Ermittlung der Prämie

a) Unsicherheiten in der Kalkulation und ihr Einfluß auf das unternehmerische Verhalten

Ein Preiswettbewerb in der Versicherungswirtschaft ohne staatlich genehmigte Prämien wird von einigen Autoren

---

84 H. Möller, Konkurrenzsystem, a. a. O., S. 22 f.

85 Für die Kraftfahrzeughaftpflichtversicherung trifft das allerdings nicht zu, da hier durch die Pflichtversicherung ein gesetzlich hervorgerufener Bedarf besteht; wohl aber für die Kraftfahrzeug-Unfall- und Kaskoversicherung.

86 Allerdings sind die Erweiterung der Außenorganisation und der verstärkte Einsatz des absatzpolitischen Instrumentariums nicht die einzigen Mittel eines Versicherers, sein Geschäft auszudehnen. Farny weist darauf hin, daß die kostensteigernden Effekte entfallen würden, wenn der Versicherer versuchen würde, durch das Angebot eines völlig neuen Tarifes neue Kunden anzuziehen. Vergleiche D. Farny, Produktions- und Kostentheorie, a. a. O., S. 241 f.

wegen der in dieser Branche bestehenden Unsicherheiten bei der Prämienkalkulation für unmöglich gehalten. Zurückgeführt wird diese Unsicherheit vor allem auf zwei Faktoren: zum einen auf die zeitliche Differenz zwischen der Berechnung der Prämie und dem Eintritt des Schadensfalls, zum anderen auf die besonderen Risiken der Versicherungskalkulation.

Da die Versicherungsprämie stets zu Beginn der Versicherungsperiode gezahlt wird, besteht für den Versicherer die Gefahr, daß sich bei Schadenseintritt die Schadenskosten geändert haben und sich die berechnete Prämie als unzureichend erweist. Einem Warenproduzenten dagegen — so argumentiert etwa der HUK-Verband[87] — könne dies nicht passieren, da dieser nach der Produktion und vor dem Verkauf seiner Waren eine Nachkalkulation durchführe, um auf diese Weise den Absatzpreis festzulegen. Dieser „Mechanismus der Vor- und Nachkalkulation“[88] versage jedoch auf dem Versicherungsmarkt.

Der Versuch, in diesem Punkte eine Besonderheit der Versicherungswirtschaft aufzuzeigen, die den Konkurrenzmechanismus stört, überzeugt jedoch nicht. Die Vorstellung, daß ein Sachgüterproduzent nach Beendigung der Produktion eine Nachkalkulation durchführe und mit ihrer Hilfe den Verkaufspreis feststellt, dürfte wohl nur unter sehr engen Prämissen der Wirklichkeit entsprechen. Selbst ein Monopolist, der keine Rücksicht auf die Preise seiner Konkurrenten nehmen muß, kann seinen Angebotspreis nicht ohne Beachtung der Nachfrageverhältnisse festlegen. Auch bei allen anderen Marktformen müssen sich die Anbieter mit ihren Preisen nach den Marktverhältnissen richten. Stellt ein Unternehmer bei einer Nachkalkulation fest, daß sein Selbstkostenpreis über dem Marktpreis liegt, so nützt ihm dies wenig, wenn er die bereits produzierten Güter nicht auf Lager behalten will.

Nachkalkulationen zur Bestimmung des Angebotspreises sind auch in der Sachgüterproduktion dann unmöglich, wenn

---

[87] Vergleiche die Denkschrift, a. a. O., S. 22.

[88] Vergleiche ebenda.

schon bei Vertragsabschluß ein Festpreis vereinbart wird, wie dies bei Einzelfertigungen häufig der Fall ist. Während der Produktionszeit etwa auftretende Preissteigerungen werden zwar häufig in Gleitklauseln berücksichtigt, doch hängt es von der Marktstellung beider Vertragspartner ab, inwieweit dieses Risiko auf den Käufer oder den Verkäufer überwälzt werden kann. Häufig muß auch in der Sachgüterproduktion der Produzent das Risiko eventueller Preissteigerungen zum Teil selber tragen, weil die volle Überwälzung auf die Nachfrager nicht gelungen ist.

Aus der fehlenden Möglichkeit einer Nachkalkulation kann somit für sich gesehen noch keine Besonderheit der Versicherungswirtschaft abgeleitet werden, da sich ähnliche Verhältnisse auch in der Sachgüterproduktion aufzeigen lassen.

Ernst zu nehmender erscheinen dagegen die Argumente, die die Unsicherheit der Versicherungskalkulation mit den besonderen Risiken dieses Geschäftes begründen. Der Versicherungsunternehmer kennt zwar zu jedem Zeitpunkt die genaue Zahl der von ihm eingegangenen Garantieversprechen, der Umfang der daraus tatsächlich entstehenden Zahlungsverpflichtungen beruht jedoch lediglich auf Schätzungen[89]. Deshalb läßt sich auch die Risikoprämie, die die durchschnittlichen Schadenaufwendungen decken soll, nur innerhalb mehr oder weniger großer Fehlergrenzen bestimmen. Abweichungen der geschätzten Aufwendungen von den tatsächlichen können auf verschiedenen Ursachen beruhen[90]. Sie können erstens rein zufällig sein. Das Zufallsrisiko ist von allen Störfaktoren noch am unproblematischsten. Zum einen bezieht es sich auf eine gegebene Gefahrenlage und kann statistisch quantifiziert werden, so daß sich der Unternehmer durch entsprechende Maßnahmen vor seinen Folgen schützen kann; zum anderen sind seine Determinanten bekannt und vom Versicherer im Rahmen seiner Geschäftspolitik beeinflußbar. Als Beispiele für Einflußgrößen des Zufallsrisikos

---

[89] W. Mahr, a. a. O., S. 111.

[90] Die folgende Differenzierung geht auf D. Farny zurück. Vergleiche derselbe, Produktions- und Kostentheorie, a. a. O., S. 21 ff.

seien hier nur die Bestandsgröße und die Streuung der einzelnen Schadeneintrittswahrscheinlichkeiten um ihren Mittelwert genannt. Schwierigkeiten bereitet es vor allem, das Änderungsrisiko mit in die Kalkulation einzubeziehen. Es besteht darin, daß sich „die Eigenschaften der versicherten Objekte bzw. der Grad ihrer Abhängigkeit von den sie umgebenden Einflüssen sowie der Umfang des versicherten Schadens verändern"[91]. Die Entwicklung und der Einfluß der Faktoren, die die Schadenhäufigkeit und die Schadenshöhe bestimmen, lassen sich wegen der vielfältigen Abhängigkeiten nur sehr schlecht im voraus bestimmen. Zu berücksichtigen sind etwa die Veränderung der Verkehrsdichte, die Entwicklung der Unfallhäufigkeit, die Kraftfahrzeugproduktionstechnik, die Verkehrsgesetzgebung, die sonstige Gesetzgebung (Rentengesetze) und die Rechtsprechung[92]. Prognosen über diese Faktoren können deshalb immer nur Anhaltspunkte für die Berechnung des künftigen Schadenbedarfs liefern. „Daraus folgt, daß der Zuschlag für eine Veränderung der Gefahrenlage vom Versicherer im voraus mit Sicherheit nicht bestimmt werden kann[93]."

Als dritte Einflußgröße sei noch das Irrtumsrisiko genannt. Es besteht in der Gefahr, daß bei der Berechnung der Prämien von falschen Werten ausgegangen wurde, also etwa die Vergangenheitswerte der Statistik nicht von den Auswirkungen des Zufallsrisikos bereinigt wurden. Für die Kraftverkehrsversicherung dürfte dieses Risiko jedoch eine recht geringe Bedeutung haben.

Als Folge der mangelhaften Prognostizierbarkeit des zukünftigen Schadensbedarfs befürchten einige Autoren[94] ein Absinken des Prämienniveaus unter die tatsächlichen Schadenskosten, denn der Ermessungsspielraum in der Kalkulation erlaube dem Versicherer ein Nachgeben auf die Preis-

---

91 M. Bachmann, a. a. O., S. 70.

92 Vergleiche K. Richter, a. a. O., S. 39.

93 M. Bachmann, a. a. O., S. 110.

94 Vergleiche P. Braeß und D. Farny, Gestaltung, a. a. O., S. 92, und die Denkschrift, a. a. O., S. 23 f. Weitere Gründe, die nach Ansicht dieser Autoren ein Absinken des Prämienniveaus unter den Schadensbedarf befürchten lassen, siehe ebenda.

forderungen der Konkurrenten, ohne daß er sich dabei der genauen Grenzen bewußt sei. Stelle er fest, daß einer seiner Konkurrenten mit ungefähr gleichem Bestand niedrigere Prämien verlangt, so sei er aus Unsicherheit über die eigene Kalkulation leicht geneigt, seine Vorstellungen über die erforderliche Prämie zu revidieren. Dabei bestehe die Gefahr, daß er den zukünftigen Schadensverlauf zu optimistisch einschätze und die Risikoprämie die Schadenaufwendungen nicht mehr decke.

Um diese Gefahr einer falschen Prämienkalkulation, auf die im zweiten Teil noch ausführlich eingegangen werden wird[95], für die Versicherten und die Verkehrsopfer zu beseitigen, hat das Bundeswirtschaftsministerium Kalkulationsvorschriften und Grundsätze erlassen, auf die im folgenden Abschnitt eingegangen werden soll.

b) Die staatlichen Kalkulationsvorschriften

Für die Gestaltung und Berechnung der Kfz.-Tarife hat das Bundeswirtschaftsministerium im Jahre 1967 eine Verordnung herausgegeben[96, 97]. Darin wird als allgemeiner Grundsatz festgestellt, daß die Prämie ein angemessenes Verhältnis von Versicherungsbeitrag und Versicherungsleistung dauernd gewährleisten muß. Dazu ist sowohl der Schaden- und Kostenverlauf des *einzelnen* Versicherungsunternehmens als auch die Entwicklung von Schäden und Kosten bei *allen*

---

95 Vergleiche unten S. 80 ff.

96 Verordnung über die Tarife in der Kraftfahrtversicherung, a. a. O., geändert durch die Verordnung zur Änderung der Verordnung über die Tarife in der Kraftfahrtversicherung vom 6. Dezember 1968, Bundesanzeiger 231 vom 11. Dezember 1968; durch die zweite Verordnung zur Änderung der Verordnung über die Tarife in der Kraftfahrtversicherung vom 17. Dezember 1969, Bundesanzeiger 237 vom 20. Dezember 1969, und durch die dritte Verordnung zur Änderung der Verordnung über die Tarife in der Kraftfahrtversicherung vom 15. Dezember 1970, Bundesanzeiger 236 vom 28. Dezember 1970.

97 Die Bestimmungen dieser Verordnung gehen zurück auf die Bekanntmachung des Bundesministers für Wirtschaft über die Verwendung eines Formblattes für Anträge auf Genehmigung von Tarifen der einzelnen Versicherungsunternehmen in der Kraftfahrtversicherung vom 30. Juni 1961, Bundesanzeiger Nr. 137 vom 20. Juli 1961.

Versicherungsunternehmen zu berücksichtigen[98]. Die Verordnung schreibt weiter vor, daß der Tarif dem Schutzbedürfnis der Geschädigten, dem Interesse des Versicherungsnehmers an einem „wirksamen Versicherungsschutz zu einem angemessenen Beitrag und der Gefahrengemeinschaft aller Versicherungsnehmer Rechnung tragen" muß[99].

Im vorangegangenen Abschnitt war gezeigt worden, daß die Gefahren für einen wirksamen Versicherungsschutz in zu niedrig angesetzten Prämien liegen. Die Verordnung hat deshalb vor allem den Zweck, eine Untergrenze für die Bestimmung der Prämie zu setzen[100]. Grundlage für die Berechnung der Risiko- oder Nettoprämie[101] bildet der Schadenbedarf, der im Durchschnitt auf alle Versicherten in einer Risikogruppe entfällt. Lediglich die Unternehmen, bei denen der unternehmenseigene Schadenbedarf fünf Jahre lang geringer war als der allgemeine Schadenbedarf, können den eigenen Bedarf zugrunde legen[102]. Versicherer, die in den letzten fünf Jahren einen höheren als den allgemeinen Schadenbedarf aufweisen, dürfen den niedrigen allgemeinen Bedarf nur dann zugrunde legen, wenn sie auf andere Art und Weise einen Ausgleich von Schadenaufwendungen und Prämieneinnahmen erzielen können. Möglich wäre dies etwa durch höhere Zuschläge für den zukünftigen Schadenverlauf oder durch eine Erhöhung des Zuschlages für den Bonus[103].

Die zukünftige Schadenentwicklung müssen die Versicherer durch einen besonderen Zuschlag oder Abschlag in ihrer Kalkulation berücksichtigen[104]. Über die Höhe ist in der Verordnung lediglich gesagt, daß er „angemessen" zu sein

98 Verordnung über die Tarife in der Kraftfahrtversicherung Paragraph 9 Absatz 1.

99 Ebenda.

100 So auch M. Bachmann, a. a. O., S. 58.

101 Als Risiko- oder Nettoprämie wird „der den Schadensaufwendungen gleichkommende Teil der Prämieneinnahmen" verstanden. W. Mahr, a. a. O., S. 136.

102 Verordnung über die Tarife in der Kraftfahrtversicherung, Paragraph 11 Absatz 4.

103 M. Bachmann, a. a. O., S. 58.

104 Verordnung über die Tarife in der Kraftfahrtversicherung, Paragraph 12.

und der Entwicklung des Schadenbedarfs in der Vergangenheit Rechnung zu tragen hat. Die Entwicklung des Schadenbedarfs hat jedoch gezeigt, daß die aus der Vergangenheit extrapolierten Werte der tatsächlichen Schadenentwicklung nicht immer gerecht werden.

Die statistischen Unterlagen für die Berechnung der Risikoprämie werden den Unternehmen vom Verband der Haftpflicht-, Unfall- und Kraftverkehrsversicherer zur Verfügung gestellt. Da der Bestand der kleineren Unternehmen oft nicht ausreicht, um einen versicherungstechnischen Ausgleich zu erzielen, sind diese Unternehmen auf die Gesamtstatistik des Verbandes als ihre wichtigste Kalkulationsgrundlage angewiesen. Sie wird jährlich „auf Veranlassung und unter Aufsicht des Bundesministeriums für Wirtschaft"[105] zusammengestellt. Gemäß Paragraph 11 Absatz 2 der Verordnung über die Tarife in der Kraftfahrtversicherung muß diese Gesamtstatistik auch von den Unternehmen herangezogen werden, die über eine eigene Unternehmensstatistik verfügen.

Zur Berechnung der Bruttoprämie sieht die Verordnung weitere Zuschläge vor. Die Kosten, die durch den Abschluß eines Versicherungsvertrages und seine Bearbeitung entstehen, müssen durch einen sogenannten Verwaltungskostenzuschlag berücksichtigt werden[106]. Im Genehmigungsantrag sind diese Verwaltungskosten aufgeschlüsselt in Provisionen, Schadenbearbeitungskosten und sonstige Verwaltungskosten[107]. Die Verwaltungskosten in der Kraftverkehrsversiche-

---

105 M. Bachmann, a. a. O., S. 8.

106 Über den Begriff der Verwaltungskosten ist in der Literatur mehrfach diskutiert worden. So ist zum Beispiel nach Bodes dieser Begriff zu eng, da durch diesen Zuschlag nicht nur die Kosten der Abteilung Verwaltung gedeckt werden sollen, sondern auch die überwiegend im Produktionsbereich der Versicherung anfallenden Kosten ,wie etwa die Kosten des Versicherungsaußendienstes und der Schadenabteilung. L. Bodes, Verhältnis der Schäden und Verwaltungskosten zu den Beitragseinnahmen in der Schaden- und Unfallversicherung. „Versicherungswissenschaftliches Archiv", Berlin 1959, S. 21 f. Im folgenden soll jedoch an der Terminologie des Gesetzgebers festgehalten und weiter von Verwaltungskosten gesprochen werden.

107 Vergleiche die Verordnung über die Tarife in der Kraftfahrtversicherung, Anlage 3 (Paragraph 18 Absatz 3) unter B. III, 2.

rung betrugen in den Jahren 1966 bis 1970 durchschnittlich 23 Prozent der verdienten Beiträge für eigene Rechnung[108, 109].

Weitere Zuschläge auf die Risikoprämie können für Aufwendungen auf Grund von Gemeinschaftsaufgaben[110, 111] und für einen Gewinn in angemessener Höhe erhoben werden[112].

Abschließend kann also gesagt werden, daß der Gesetzgeber die Gefahr zu niedriger Prämien dadurch beseitigen wollte, daß er als Untergrenze für die Risikoprämie den allgemeinen Schadenbedarf und in gewissen Sonderfällen den unternehmenseigenen Bedarf gesetzt hat. Dies wäre dann ein sicherer Schutz vor zu niedrigen Prämien, wenn der Schadenbedarf im Zeitablauf konstant bliebe, was jedoch nicht der Fall ist. Die Berücksichtigung der zukünftigen Steigerung durch Zuschläge auf den Schadenbedarf der Vergangenheit führt dazu, daß ein wichtiger Bestandteil der Prämie nur subjektiv determinierbar ist. Die Gefahr nicht kostendeckender Prämien ist damit durch die Verordnung keineswegs beseitigt. Die obligatorische Anwendung der Gesamtstatistik führt ohne Zweifel dazu, daß die Prognosen über die Entwicklung des Schadenbedarfs eine größere Treffsicherheit erlangen[113]. Doch selbst eine noch so große Basis der Prognoserechnung kann nicht verhindern, daß die Schätzungen des zukünftigen Schadenbedarfs subjektiv determiniert bleiben. Dies wird besonders bei den Verhandlungen

---

108 Vergleiche L. Bodes, Geschäftsergebnisse 1966—1970 der privaten deutschen Versicherungsunternehmen in der Feuer-, Einbruch-, Leitungswasser-, Glas-, Sturm-, Maschinen-, Unfall-, Haftpflicht- und Kraftverkehrsversicherung, 16. Jahrgang, Köln 1971, S. 157. Allerdings lagen einige Versicherer erheblich unter diesem Durchschnittssatz.

109 Unter den verdienten Beiträgen für eigene Rechnung versteht man die gesamten Prämieneinnahmen, vermindert um die Rückversicherungsbeiträge, abzüglich der Beiträge für das folgende Geschäftsjahr, zuzüglich des Beitragsübertrages aus dem Vorjahr.

110 Vergleiche Verordnung für die Tarife in der Kraftfahrtversicherung, Paragraph 14.

111 Zu den Gemeinschaftsaufgaben siehe oben S. 16 ff.

112 Vergleiche die Verordnung für die Tarife in der Kraftfahrtversicherung, Paragraph 15.

113 Der HUK-Verband ist der Meinung, daß dadurch die Ungewißheit über den zukünftigen Schadensbedarf weitgehend beseitigt werden kann. Vergleiche Denkschrift, a. a. O., S. 23.

zwischen den Versicherern und dem Aufsichtsamt im Rahmen des Genehmigungsverfahrens deutlich. Hier ist die Steigerungsrate des Schadenbedarfs Verhandlungsobjekt beider Parteien. Ohne Zweifel werden dabei die Forderungen der einen und der anderen Seite auch von taktischen und politischen Argumenten beeinflußt. Die Analyse der Ziele des Aufsichtsamtes hatte außerdem gezeigt, daß das Amt im Rahmen dieser Verhandlungen prinzipiell eine schwache Stellung hat, da es fürchten muß, im Falle von nicht genehmigten Prämienerhöhungen für einen eventuellen Konkurs verantwortlich gemacht zu werden. Die staatlichen Kalkulationsvorschriften haben also die Gefahr beseitigt, daß einzelne Versicherer sich aus Unsicherheit über die mindestens erforderliche Prämie durch ihre Konkurrenten zu Prämiensenkungen verleiten lassen. Allerdings wird die Verantwortlichkeit des einzelnen Unternehmers für die von ihm geforderte Prämie durch die gemeinsame Festlegung innerhalb des Verbandes und die Notwendigkeit der staatlichen Zustimmung weitgehend beseitigt.

B. Die Nachfrage

I. Die Struktur der Nachfrage

Die Gesamtnachfrage nach Kraftverkehrsversicherungen verteilt sich auf eine große Anzahl von Marktteilnehmern. Einen Überblick darüber gibt die Tabelle 2[114]:

Diese Zahlen geben die Anzahl der tatsächlichen Nachfrager nach Kraftverkehrsversicherungen allerdings nur unvollkommen wieder. Einmal sind einige Kraftfahrzeughalter und bestimmte Kraftfahrzeuge nicht versicherungspflichtig[115]. Zum anderen sind zahlreiche Nachfrager Halter von mehreren Fahrzeugen. Deshalb dürfte vor allem der in den Spalten 2 und 4 angeführte Bestand über der Zahl der Nachfrager liegen. Aus diesem Grund läßt sich die Struktur dieser Marktseite nicht ohne weiteres und in vollem Umfange als

---

114 Zusammengestellt aus den Statistischen Jahrbüchern 1964—1971, herausgegeben vom Statistischen Bundesamt, Wiesbaden, 1964—1971.

115 Siehe dazu oben S. 14.

Tabelle 2

Die Entwicklung des Kraftfahrzeugbestandes in den Jahren 1963—1971 in 1 000 DM[a)]

Jahr	Unternehmer, Selbständige und Organisationen ohne Erwerbscharakter	Arbeitnehmer und Nichterwerbspersonen	Gebietskörperschaften und Sozialversicherung	Insgesamt
1	2	3	4	5
1963	4 728	5 683	75	10 486
1964	5 026	6 279	84	11 284
1965	5 129	6 946	93	12 168
1966	5 345	7 704	98	13 147
1967	5 424	8 214	106	13 744
1968	5 520	8 759	113	14 392
1969	5 689	9 536	118	15 343
1970	5 946	10 711	126	16 783
1971	6 120	11 772	135	18 027

a) Einschließlich der vorübergehend abgemeldeten Fahrzeuge.

atomistisch charakterisieren. Kunden mit einem großen Wagenpark haben gegenüber den Versicherern eine stärkere Stellung als Nachfrager mit nur einem einzigen Kraftfahrzeug. Auf die Verhandlungsmacht dieser Großkunden geht zum Beispiel der besonders günstige Tarif für Eigentümer von mehr als 30 Fahrzeugen zurück. Bei der Einführung dieses Tarifes genügte schon allein das Eigentum an einer bestimmten Anzahl von Fahrzeugen, um diesen Tarif in Anspruch nehmen zu können. Die Prämienermäßigung wurde also auch dann gewährt, wenn sie nicht mit Kostenersparnissen begründet werden konnte. Heute findet der Flottentarif allerdings nur dann Anwendung, wenn alle Wagen bei demselben Unternehmer versichert sind. Zwar lassen sich in diesem Fall Prämienermäßigungen auf Kostenersparnisse zurückführen, doch ist es fraglich, ob nicht auch weiter die Stellung der Nachfrager einen Einfluß auf die Prämienhöhe behalten hat[116]. Die Bedeutung der Kraftfahrzeughalter mit großem

---

116 In einer Erläuterung zum neuen Tarif für 1971 schreibt die HUK-Coburg: „Schon früher einmal gab es einen Mengenrabatt für Versicherungsnehmer, auf deren Namen mehr als 30 Fahrzeuge zugelassen waren. Der Nachlaß ist seinerzeit abgeschafft worden, weil der Schadenverlauf

Wagenpark für den Versicherer liegt nämlich nicht nur in der möglichen Bestandserweiterung. Bei den Großkunden handelt es sich in der Regel um Unternehmen, die auch Nachfrage nach anderen Versicherungsverträgen entfalten, etwa nach Feuer-, Einbruch-, Diebstahl-, Haftpflicht-, Unfall- und Betriebsunterbrechungsversicherungen. Von den Versicherern und besonders den Vertretern wird gerade die Kraftverkehrsversicherung als ein „Schlüsselgeschäft" für die Akquisition in diesen Sparten angesehen[117]. Da die Zahl der abzuschließenden Verträge und der auftretenden Schäden in der Kraftverkehrsversicherung relativ groß ist, bietet gerade dieses Geschäft eine besonders gute Gelegenheit, den Kontakt mit dem Kunden herzustellen, zu pflegen und dabei auch Geschäftsbeziehungen in anderen Zweigen anzuknüpfen.

Versicherungsschutzverbände, Automobilclubs und andere Vereinigungen von Autofahrern üben durch ihre Stellungnahmen zu Maßnahmen der Versicherer und durch die Information ihrer Mitglieder ebenfalls Einfluß auf die Prämienbildung aus. Besondere Tarife für die Mitglieder solcher Vereinigungen, wie dies vor der Einführung des Einheitstarifes der Fall war, gibt es heute jedoch nicht.

Zusammenfassend läßt sich sagen, daß die Versicherer ihre Leistungen einer sehr großen Anzahl von Nachfragern anbieten. Auf Grund ihrer Bedeutung für die Akquisitionspolitik haben Verträge mit Unternehmen, die Halter eines großen Wagenparks sind, jedoch ein besonderes Gewicht für den Versicherer, so daß er gegenüber diesen Kunden im Falle einer freien Prämienbildung möglicherweise zu Preissenkungen zu bewegen wäre.

---

bei Fahrzeugflotten nicht besser war. Aus Wettbewerbsgründen wird er wieder eingeführt. *Angeblich* lassen sich Fahrzeugflotten billiger verwalten." Hausmitteilungen 1971, herausgegeben von der Haftpflicht-Unterstützungskasse kraftfahrender Beamter Deutschlands a. G., S. 19. Hervorhebung vom Verfasser.

117 Vergleiche W. Gerlach, Entwicklung der deutschen Kraftverkehrsversicherung. In: Das Marktproblem in der deutschen Kraftverkehrsversicherung, herausgegeben von W. Gerlach, mit einem Vorwort von P. Gülker, Berlin 1958, S. 22, und die „Denkschrift", a. a. O., S. 13. Der HUK-Verband spricht von der Kraftverkehrsversicherung als einem „unentbehrlichen ‚Türöffner'".

II. Die Markttransparenz der Nachfrager

Durch die Aufstellung der Allgemeinen Bedingungen für die Kraftverkehrsversicherung sind die Leistungen der Versicherer weitgehend vereinheitlicht, so daß von einem homogenen Gut gesprochen werden kann, wenn man Qualitätsunterschiede, die durch Kulanz, Service und andere Faktoren entstehen, außer acht läßt. Dagegen sind Vergleiche der Nachfrager über die Prämien verschiedener Versicherer bedeutend schwieriger.

Hinderlich bei diesem Versuch ist unter anderem die Vielzahl der Unternehmen[118, 119]. Deshalb besteht die Gefahr, daß im Kalkül der Versicherungsnehmer das Angebot kleiner und relativ unbekannter Unternehmen unberücksichtigt bleibt, obwohl sie in der Prämiengestaltung günstiger liegen als ihre größeren Kokurrenten.

Ein weiterer Grund für die mangelnde Markttransparenz ist die starke Differenzierung der Tarife. Allein für Personenkraftwagen werden zur Zeit 864 Tarifvariationen angeboten, wenn man die verschiedenen PS-Klassen, den Wohnort des Fahrers, seine Beamteneigenschaft und die verschiedenen Schadensklassen berücksichtigt. Differenziert man weiter nach den üblichen Deckungsmöglichkeiten von 250 000 DM bis zwei Millionen DM, so ergeben sich sogar 4 320 Tarifvariationen im Pkw-Bereich[120].

Selbstverständlich braucht der einzelne Versicherungsnehmer nicht alle 4 300 Tarifpositionen durchzulesen und zu

---

118 Zur Zeit bieten etwa 100 Versicherungsunternehmen ihre Leistungen an. Siehe dazu auch oben S. 37.

119 Der Ansicht des HUK-Verbandes, daß die Frage der Markttransparenz mit der Anzahl der Anbieter überhaupt nichts zu tun habe, kann nicht zugestimmt werden. (Vergleiche Denkschrift, a. a. O., S. 27). Versteht man unter Markttransparenz der Käufer die Kenntnis der geforderten Preise, wie dies in der Literatur üblich ist, so ist selbstverständlich auch die Zahl der Anbieter ein Faktor, der die Markttransparenz beeinflußt. Zum Begriff der Markttransparenz vergleiche etwa F. Machlup, Wettbewerb im Verkauf. — Modellanalyse des Anbieterverhaltens, Göttingen 1966, S. 114 und 115 f.

120 Vergleiche „Kfz-Haftpflichtprämien 1971 — Dem Einheitstarif sehr nahe". Artikel ohne Verfasser, „Zeitschrift für das Versicherungswesen", Hamburg, 22. Jahrgang (1971), S. 14.

vergleichen; ihn interessiert ja nur ein einziger Tarif. Trotzdem beeinflußt die Zahl der Klassifizierungsmerkmale auch die Markttransparenz, denn je mehr Eigenschaften der Versicherungsnehmer berücksichtigen muß, desto schwieriger wird selbstverständlich für ihn die Suche nach „seinem" Tarif.

Ein weiteres Hindernis, das Prämienvergleiche erschwert, besteht darin, daß die Prämien zunächst nur als Bruttoprämien angegeben werden können, da die Rückvergütungen aus technischem Überschuß erst am Ende des Jahres feststehen und deshalb die tatsächlich zu zahlende Prämie frühestens zu diesem Zeitpunkt berechnet werden kann.

Die bisher genannten Faktoren lassen auf eine relativ geringe Markttransparenz der Nachfrager in bezug auf die Prämien schließen. Diese Aussage behält auch dann noch ihre Gültigkeit, wenn man das große Interesse der Kraftfahrer an der Prämiengestaltung mit in Betracht zieht. Durch die Veröffentlichungen in den Zeitungen, im Rundfunk und im Fernsehen wird zwar der Informationsstand der Kraftfahrer erhöht, doch haben diese Berichte meist nur begrenzten Aussagewert. Wegen der großen Anzahl der Tarifpositionen müssen sich diese Veröffentlichungen notwendigerweise auf Durchschnittsziffern oder Tarifausschnitte beschränken. Das gleiche gilt für die Veröffentlichungen der verschiedenen Kraftfahrzeugvereinigungen. Prämienvergleiche werden außerdem in aller Regel nur dann veröffentlicht, wenn die Prämien durch eine Erhöhung wieder ins Bewußtsein der Autofahrer gerufen werden. In der Zeit zwischen den Erhöhungen dagegen ist der Versicherungsnehmer bei Prämienvergleichen auf seine eigenen Recherchen angewiesen. Entsprechend der Unregelmäßigkeit der Information dürfte auch die Markttransparenz der Nachfrager schwanken. Zumindest in den Zeiten zwischen den Prämienerhöhungen kann daher aus den genannten Gründen von einer relativ geringen Markttransparenz der Nachfrager ausgegangen werden[121].

---

[121] Von einer geringen Markttransparenz der Versicherngsnehmer spricht auch etwa die Arbeitsgemeinschaft von Versicherungsnehmern für Fragen der Kraftfahrtversicherung. Vergleiche das Schreiben an den

III. Präferenzen der Nachfrager

Die Wettbewerbsintensität auf einem Markt hängt in starkem Maße davon ab, ob die Nachfrager sich bei ihren Käufen auch von Präferenzen beeinflussen lassen. Die Präferenzen der Nachfrager können sachlicher, persönlicher, räumlicher oder zeitlicher Art sein.

Sachliche Präferenzen liegen dann vor, wenn die Entscheidung zum Abschluß des Versicherungsvertrages etwa auf die Qualität dieses Schutzes zurückzuführen wäre. Entscheidungen, die durch sachliche Präferenzen beeinflußt werden, dürften auf diesem Markt relativ selten sein, da durch die Aufstellung der Allgemeinen Bedingungen für die Kraftverkehrsversicherung die Leistungen der Versicherungen eine relativ große Homogenität besitzen. Präferenzen könnten allerdings in der Kraftfahrzeugversicherung insofern ausschlaggebend für den Abschluß eines Vertrages sein, als der Versicherte besonderen Wert auf Service und Kulanz legt. Dies dürfte lediglich für die Fahrzeugversicherung von Bedeutung sein.

Die Existenz persönlicher Präferenzen ergibt sich notwendigerweise aus der Beschaffenheit des gehandelten Gutes. Die Abstraktheit der Ware Versicherungsschutz macht es zusammen mit der Kompliziertheit des Versicherungsbetriebes für den einzelnen Kraftfahrer unmöglich, sich ein fundiertes Urteil über die Qualität der gekauften Leistung zu bilden. Um so mehr Wert wird er deshalb auf subjektivere Kriterien legen, etwa auf die äußere Erscheinung des Vertreters, den Ruf der Gesellschaft, Ratschläge Bekannter oder

---

Bundesminister für Wirtschaft und Finanzen vom 22. November 1971, S. 2. Ebenso die Arbeitsgemeinschaft der Verbraucher. Vergleiche Verbraucherpolitische Korrespondenz, Nr. 4 (1972), S. 6.

Von einer guten Markttransparenz geht dagegen der HUK-Verband aus. Vergleiche die Denkschrift, a. a. O., S. 26 ff. Seine Feststellung, „daß im Vergleich zu allen anderen Zweigen der Versicherungswirtschaft in der Kraftverkehrsversicherung die beste und vollkommenste Markttransparenz gegeben ist", bleibt allerdings so lange nichtssagend, wie keine Aussagen über die Markttransparenz in den übrigen Versicherungszweigen gemacht werden. Vergleiche ebenda, S. 28.

anderes[122]. Besonders bei Verträgen, die mit einem Kraftfahrzeughändler abgeschlossen werden, der noch nebenberuflich als Versicherungsvertreter tätig ist, dürften diese Präferenzen ausschlaggebend sein.

Zeitliche Präferenzen sind auf dem Versicherungsmarkt ziemlich unbedeutend und brauchen nicht weiter behandelt zu werden. Sie spielen nur dann eine Rolle, wenn es um den besonders eiligen Abschluß eines Versicherungsvertrages geht, etwa beim Grenzübertritt.

Räumliche Präferenzen wären dann gegeben, wenn der Kraftfahrzeughalter den Vertrag mit einer Versicherung nur wegen einer günstigen räumlichen Lage des Versicherers abschließen würde. Da sich für den Nachfrager jedoch keine nennenswerten Vorteile mit der räumlichen Nähe einer Versicherungsgesellschaft verbinden, kann davon ausgegangen werden, daß auch die räumlichen Präferenzen für die Entscheidungen der Nachfrager keine große Rolle spielen.

IV. Die Elastizität der Gesamtnachfrage

Die Entscheidung über die Nachfrage nach Versicherungsschutz gegen Haftpflicht ist untrennbar mit der Nachfrage nach Kraftfahrzeugen verbunden. Reaktionen der Nachfrager auf Prämienänderungen *aller* Versicherungsunternehmen wären deshalb nur dann zu erwarten, wenn dadurch die Nachfrage nach Kraftfahrzeugen beeinflußt würde. Damit wäre dann zu rechnen, wenn der Anteil der Versicherungsprämie an den Gesamtkosten bedeutend wäre und Prämienerhöhungen zu spürbaren Verteuerungen der Unterhaltskosten für einen Wagen führen würden. Nach Berechnungen des ADAC aus dem Jahre 1968 liegt der Anteil der Haft-

[122] Siehe auch P. Braeß, Angebot und Nachfrage in der Versicherung. — Ein theoretischer Beitrag zur Frage der Versicherungspreisbildung. Wirtschaft und Recht der Versicherung. Beiheft Nr. 1/1938 zur Zeitschrift „Deutsche öffentlich-rechtliche Versicherung". 37. Jahrgang (1938). S. 48. Derselben Ansicht ist auch H. Heinrichs, Liberalisierte Kraftverkehrsversicherung, S. 109. Anders dagegen die Versicherer in ihrer Denkschrift, die den persönlichen Präferenzen nur eine geringe Bedeutung beimessen. Vergleiche Denkschrift, a. a. O., S. 29 ff.

pflichtversicherungsprämie an den jährlichen Gesamtkosten zum Beispiel für einen VW 1200 bei 4,3 Prozent, für einen VW 1300 bei 4,7 Prozent und bei einem Ford 15 M bei 4,8 Prozent[123]. Berechnet man die Anteile der Kraftfahrzeughaftpflichtversicherung und der Fahrzeugteilversicherung an den jährlichen Gesamtkosten, so ergeben sich 4,8 Prozent, 5,2 Prozent beziehungsweise 5,3 Prozent. Geht man von den jährlichen Kosten von 5 190,— DM für einen Ford 15 M im Jahre 1968 aus[124], dann hätte bei einem Anteil der Versicherungsprämien von 5 Prozent eine Prämienerhöhung von 20 Prozent die Gesamtkosten auf 5 242,— DM erhöht, das bedeutet eine Erhöhung von ungefähr einem Prozent.

Dieser geringe Einfluß von Prämienerhöhungen auf die Gesamtkosten legt den Schluß nahe, daß eine Variation der Prämien in der Kraftverkehrshaftpflichtversicherung keine fühlbare Wirkung auf die Nachfrage nach Pkws hat und damit auch keine Rückwirkungen auf die Gesamtnachfrage nach Haftpflichtversicherungsverträgen[125]. Da die Gesamtnachfrage in bezug auf die Prämie damit als sehr unelastisch angesehen werden kann, ist dem einzelnen Versicherungsunternehmer eine Vergrößerung seines Marktanteils nur auf Kosten der anderen Versicherungen möglich, nicht aber dadurch, daß er durch Prämiensenkungen latente Nachfrage weckt.

Auf die Unfall- und Fahrzeugversicherung lassen sich diese Überlegungen nicht ohne weiteres übertragen, da für diese Versicherungszweige kein Versicherungszwang besteht. Lediglich bei Autokäufen, die von Geldinstituten finanziert werden, muß der Käufer zur Kreditsicherung in der Regel einen Versicherungsvertrag über eine Fahrzeugversicherung vorweisen. Nur für diesen Teil der Kraftfahrzeughalter besteht eine Art Quasi-Pflichtversicherung, der innerhalb der Gesamt-

---

123 ADAC-Motorwelt, April 1968. Nach „Zeitschrift für Versicherungswesen", Hamburg, 19. Jahrgang (1968), S. 537. Bei dieser Berechnung wurden 15 000 km jährliche Fahrleistung und die Tarifprämie M abzüglich 32,3 Prozent Schadensfreiheitsrabatt zugrundegelegt.

124 „Zeitschrift für Versicherungswesen", Hamburg, 19. Jahrgang (1968), S. 537.

125 Zu dem gleichen Ergebnis kommt auf Grund ähnlicher Berechnungen K. Richter, a. a. O., S. 22—27, hier besonders S. 26.

nachfrage nach Fahrzeugversicherungen ein stabilisierendes Element darstellt. Trotz dieses prämienunabhängigen Teils der Nachfrage wird die Gesamtnachfrage nach Fahrzeugversicherungen elastischer sein als die nach Haftpflichtversicherungen, und zwar wird sie um so stärker auf Prämienänderungen reagieren, je weniger dringlich der Bedarf nach einem Vertragsabschluß empfunden wird. Deshalb läßt sich auch vermuten, daß die Nachfrage nach Vollkaskoversicherungen stärker auf Prämienänderungen reagieren wird als die nach Teilkaskoversicherungen.

Im vorangegangenen war die Nachfrage nach Haftpflicht- und Fahrzeugversicherungen getrennt behandelt worden. Besonders im Hinblick auf die absatzpolitischen Möglichkeiten des Versicherers ist jedoch die Frage interessant, ob zwischen den verschiedenen Sparten — auch Unfall- und Gepäckversicherung — nicht gewisse Interdependenzen bestehen. Ein Zusammenhang der Nachfrage nach allen Versicherungsarten besteht allein schon dadurch, daß der Anlaß für die Nachfrage in allen Fällen auf das Halten eines Kraftfahrzeugs zurückzuführen ist. Jeder Halter eines Kraftfahrzeugs ist damit ein potentieller Nachfrager nach allen drei Versicherungsarten[126].

Die Elastizität der Nachfrage wird weiter dadurch beeinflußt, daß Verträge in der Haftpflichtversicherung regelmäßig für ein Jahr abgeschlossen werden. Wettbewerbspolitische Maßnahmen der Versicherer könnten sich deshalb immer nur mit einer gewissen zeitlichen Verzögerung durchsetzen.

Drittes Kapitel

Zusammenfassung der Ergebnisse

In den vorangegangenen Kapiteln ging es darum, die bestehende Ordnung des Marktes für Kraftverkehrsversicherungen mit ihren gesetzlichen und institutionellen Regelungen darzustellen und dabei die wettbewerbsrelevanten Daten auf der Nachfrage- und Angebotsseite aufzuzeigen.

---

[126] D. Farny, Konkurrenzmarkt, a. a. O., S. 11.

Der Versicherungsmarkt unterliegt einer staatlichen Kontrolle, die durch das Bundesaufsichtsamt für das Versicherungs- und Bausparwesen durchgeführt wird. Ziel der staatlichen Marktaufsicht ist es, die Interessen der Versicherten und das Versicherungswesen als „Institution zur Sicherung und Finanzierung von Wirtschaften"[1] zu schützen. Bei seiner Aufgabe, den Versicherungsnehmer sowohl vor zu niedrigen als auch vor zu hohen Prämien zu schützen, steht das Aufsichtsamt im ständigen Konflikt, die Erfüllbarkeit der Versicherungsverträge auf Kosten des Schutzes vor zu hohen Prämien sicherzustellen. Das Ziel, die Erfüllbarkeit der Versicherungsverträge sicherzustellen, wird vom Aufsichtsamt und in der Literatur in der Weise ausgelegt, daß das Amt für die Erhaltung jedes einzelnen Unternehmens zu sorgen habe. Diese Interpretation des Zieles, die — wie später zu zeigen sein wird — nicht zwangsläufig ist, wirkt sich auch auf den Wettbewerb auf diesem Markt aus. Denn mit dem Hinweis auf die Verantwortlichkeit des Aufsichtsamtes für die finanzielle Leistungsfähigkeit jedes einzelnen Unternehmens haben die Versicherer ein starkes Argument gegenüber dem Amt für Forderungen nach wettbewerbsbeschränkenden Maßnahmen, wie etwa Preiskartellen, in der Hand.

Neben der allgemeinen Versicherungsaufsicht hat die Aufsichtsbehörde die Aufgabe, die Tarife der Kraftverkehrsversicherung zu genehmigen. Diese Genehmigung ist dann zu erteilen, wenn der Tarif ein „angemessenes Verhältnis von Beitrag und Leistung dauernd gewährleistet", das Schutzbedürfnis des Geschädigten und das Interesse des Versicherten an einem „angemessenen Beitrag" gesichert ist und die Tarife nach den staatlichen Kalkulationsvorschriften berechnet worden sind.

Die Angebotsseite zeichnet sich aus durch die große Anzahl der anbietenden Unternehmen. Betrachtet man die Marktanteile, so lassen sich eindeutig oligopolistische Strukturen feststellen.

Als Gegengewicht zur Versicherungspflicht der Nachfrager wurde für die Anbieter der Kontrahierungszwang eingeführt.

---

[1] D. Farny, Prämienkartelle, a. a. O., S. 6.

Ausnahmen bestehen davon nur für jene Versicherer, die sich in ihrem Geschäftsplan auf ganz bestimmte Risiken beschränkt haben.

Kurzfristig wird die Stückzahlkapazität begrenzt durch die zur Verfügung stehenden Betriebsmittel, also vor allem die Kapazität der elektronischen Datenverarbeitungsanlage. Weiter kann auch die Zahl der verfügbaren Sachbearbeiter eine Ausdehnung der Kapazität begrenzen. Stückzahl- und Summenkapazität werden beeinflußt durch die Höhe des vorhandenen Sicherheitskapitals. Auch die Qualität des dispositiven Faktors kann einer Kapazitätserweiterung im Wege stehen.

Bei der langfristigen Betrachtung der Kapazitätsgrenzen ergeben sich keine Unterschiede zur Sachgüterproduktion. In beiden Wirtschaftsbereichen sind langfristig alle Faktoren als flexibel anzusehen. Die Frage der optimalen Betriebsgröße ist hier wie dort ungelöst.

Für alle Anbieter wird im folgenden Gewinnerzielung bei Beachtung eines bestimmten Sicherheitsniveaus als Unternehmensziel vorausgesetzt.

Der wichtigste Kostenfaktor der Versicherungen, die Schadenszahlungen, ist nur mit Hilfe der Wahrscheinlichkeitsrechnung zu bestimmen und deshalb von vornherein mit einer gewissen Unsicherheit behaftet. Bestimmte Komponenten der zukünftigen Schadenszahlungen lassen sich wahrscheinlichkeitstheoretisch gar nicht berechnen, so daß hier mit subjektiven Sicherheitszuschlägen der künftigen Entwicklung Rechnung getragen werden muß. Um die Gefahr zu niedriger Preise zu mindern, hat das Bundeswirtschaftsministerium Kalkulationsvorschriften erlassen, deren Einhaltung im Genehmigungsverfahren durch das Bundesaufsichtsamt nachgeprüft wird. Die Unsicherheit bei der Berechnung der Prämie beruht jedoch in der Hauptsache auf der Ungewißheit über den künftigen Schadensverlauf. Diese kann nicht durch Kalkulationsvorschriften beseitigt werden, da sie eine unvermeidbare Eigenschaft jeder Prognoserechnung ist.

Die Nachfrage nach Versicherungsschutz gegen Haftpflicht ist für den Halter eines Kraftfahrzeuges durch Gesetz zur Pflicht gemacht und kann nicht getrennt von der Entscheidung über den Kauf eines Wagens getroffen werden. Die Gesamtnachfrage ist deshalb als unelastisch in bezug auf die Prämien anzusehen. Für die Nachfrage nach Fahrzeugversicherungen läßt sich ähnliches vermuten.

Die Marktübersicht der Nachfrager über die Prämien ist wegen der großen Anzahl der Unternehmen, der schlechten Vergleichbarkeit der Prämien infolge ihres Bruttocharakters und der starken Differenzierung der Tarife relativ gering. Die Leistungen der Versicherer sind durch die Allgemeinen Versicherungsbedingungen jedoch bei allen Versicherungen einheitlich.

Die Abstraktheit der Ware Versicherungsschutz und die Unmöglichkeit einer Qualitätskontrolle durch den Nachfrager führen dazu, daß die Kaufentscheidungen stark von persönlichen Präferenzen beeinflußt werden.

ZWEITER TEIL

Für und wider eine Aufhebung der Genehmigungspflicht für die Prämien in der Kraftverkehrsversicherung

Viertes Kapitel

Die Gefahr eines Versicherungskonkurses durch zu niedrige Prämien

A. Verlauf und Voraussetzungen der Untersuchung

Aufgabe der folgenden Überlegungen ist es zu prüfen, ob auf dem Markt für Kraftverkehrsversicherungen derart gravierende Eingriffe des Staates in die Preisbildung notwendig sind, wie dies bei der bisherigen Regelung der Fall ist. Als Gründe gegen eine Aufhebung der Genehmigungspflicht werden vor allem zwei Gefahren einer Prämienfreigabe genannt: Einmal wird befürchtet, daß die Versicherer bei einer Aufhebung der Kalkulationsvorschriften Prämien fordern, die die entstehenden Kosten nicht decken; zum anderen wird die Gefahr zu hoher Prämien genannt, die sich bei einem mangelnden Wettbewerb auf diesem Markt ergeben könnten.

Im folgenden Kapitel soll zunächst auf die Gefahr zu niedriger Prämien eingegangen werden. Die Notwendigkeit einer staatlichen Genehmigungspflicht für die Prämien in der Kraftverkehrsversicherung oder noch umfassenderer Maßnahmen zur Marktregulierung aus diesem Grunde wird in der Literatur immer wieder hervorgehoben[1]. In aller Regel

---

[1] Siehe etwa die Denkschrift, a. a. O., S. 49 ff.

D. Farny, Konkurrenzmarkt, a. a. O., S. 45 ff.

H. Heinrichs, Zwangskartell, a. a. O., S. 156 f.

E. Klingmüller, Gutachten zum Thema „Die Staatsaufsicht in der Kraftfahrtversicherung in vergleichender und wertender Sicht vom volkswirtschaftlichen und rechtlichen Standpunkt". Unveröffentlichtes Gutachten, Köln 1963, S. 23 ff.

W. Mahr, a. a. O., S. 321 f.

E. Meyer, Möglichkeiten, a. a. O., S. 38 ff.

R. Raiser, Fachliche Marktaufsicht für Versicherungen. Der Volkswirt, Beilage zu Nr. 22 vom 31. Mai 1952: Deutsche Wirtschaft im Querschnitt, 15. Folge, Versicherungen, S. 9.

verweisen die Autoren dabei auf die Gefahr der „ruinösen" Konkurrenz.

Die verschiedenen Formen des Wettbewerbs, die in der Literatur als „ruinös" bezeichnet werden, lassen sich im Grunde alle auf zwei Grundtypen reduzieren. Einmal umschreibt der Begriff den oligopolistischen Verdrängungswettbewerb, also einen Marktprozeß, in dem einzelne Unternehmer bewußt auf volle Kostendeckung verzichten, um auf diese Weise eine marktbeherrschende Stellung zu erkämpfen. Ein solcher marktstrategischer Einsatz der Preispolitik liegt den Unternehmen im zweiten Fall fern. Nicht kostendeckende Preise sind hier lediglich Folge einer unternehmerischen Fehlkalkulation. Diese kann dem Unternehmer zum einen bei der Planung seiner Kapazitäten, zum anderen bei der Berechnung seiner Preise unterlaufen. Für beide Fälle soll in den folgenden Abschnitten untersucht werden, inwieweit hier spezielle Gefahren für die Versicherungswirtschaft bestehen.

Auch wenn für die Versicherungswirtschaft eine besondere Konkursgefahr nicht begründet werden kann, lassen sich bei einer Aufhebung der Genehmigungspflicht Zahlungsunfähigkeiten einzelner Versicherer selbstverständlich nicht ausschließen. Versicherungskonkurse und insbesondere Zusammenbrüche von Kraftverkehrsversicherern sind jedoch im Vergleich mit den übrigen Wirtschaftszweigen von besonderer Tragweite. Muß ein Versicherer seine Zahlungen einstellen, so treffen den Versicherungsnehmer, der in der Vergangenheit einen Schaden verursacht hat, unter Umständen damit Zahlungsverpflichtungen, die sein finanzielles Leistungsvermögen bei weitem übersteigen. In diesen Fällen

---

W. Rohrbeck, Der Einfluß volkswirtschaftlicher Entwicklungstendenzen auf die deutsche Versicherungswirtschaft. Deutsche Versicherungszeitschrift 1951, S. 129.

K. W. Rath, Konkurrenzsystem, Organisationsform und Wirtschaftlichkeit im Versicherungswesen. Leipzig 1942, S. 81.

G. Rittig, Die Kartelldiskussion und das Versicherungswesen. In: Aktuelle Probleme der Versicherungswirtschaft vom Standpunkt der Versicherungswissenschaft betrachtet; herausgegeben von W. Rohrbeck, Berlin 1954, S. 149.

würde nicht nur die wirtschaftliche Existenz des Versicherungsnehmers gefährdet, sondern auch die Verkehrsopfer hätten neben ihren physischen und psychischen Schäden noch finanzielle Verluste zu tragen. Eine solche Entwicklung würde jedoch eindeutig den bestehenden gesellschafts- und sozialpolitischen Zielvorstellungen widersprechen. Eine Änderung der Marktordnung kommt daher nur dann in Frage, wenn dadurch die Sicherstellung der Versicherungsnehmer und der Verkehrsopfer nicht gefährdet würde. Aus diesem Grund wird im fünften Kapitel ein Sicherungssystem vorgeschlagen, durch das eine Gefährdung der Ansprüche dieser beiden Gruppen auch im Falle eines Konkurses ausgeschlossen werden kann.

Für die folgenden Ausführungen wird auch weiterhin vorausgesetzt, daß lediglich die Genehmigungspflicht für die Prämien in der Kraftverkehrsversicherung und die damit verbundenen Bestimmungen aufgehoben werden, die allgemeine Versicherungsaufsicht jedoch bestehen bleibt.

B. Die Gefahr eines Versicherungskonkurses durch Verkäufe zu Unterkostenprämien

I. Unterkostenprämien als Mittel eines oligopolistischen Verdrängungswettbewerbs

„Ruinöse" Konkurrenz im Sinne eines marktstrategischen Prozesses ist dadurch gekennzeichnet, daß ein Unternehmer oder auch eine Gruppe von Unternehmern versucht, unliebsame Konkurrenten vom Markt zu verdrängen oder zu unterwerfen[2]. Ziel dieser Strategie ist es letzten Endes, durch die Ausschaltung von Konkurrenten eine autonome, das heißt von anderen Anbietern unabhängige Preispolitik betreiben zu können. Zur Erreichung dieses Zieles stehen dem Unternehmer eine Reihe von Maßnahmen zur Verfügung, von denen hier vor allem die Preisunterbietung interessiert[3].

---

[2] Vergleiche etwa H. Arndt, Mikroökonomische Theorie, Band 2: Marktprozesse. Tübingen 1966, S. 10 und W. Fellner, Competition Among Few. — Oligopoly And Similar Market Structures. New York 1960, S. 177.

[3] Andere Mittel wären etwa der heimliche Ankauf von Sperrminoritäten bei Aktiengesellschaften, die Veranlassung befreundeter Banken zum

Gegenseitige Preisunterbietungen sind für die Nachfrager des betreffenden Gutes zwar von Vorteil, jedoch ist dieser Gewinn mit Sicherheit nur kurzfristiger Natur. Soll sich der Preiskampf für den Anbieter gelohnt haben, so wird er nach Verdrängung beziehungsweise Unterwerfung seiner Konkurrenten den Preis über das ursprüngliche Niveau hinaus anheben. Auf lange Sicht ist also ein Verdrängungswettbewerb für die Nachfrager von Nachteil[4].

Da im Laufe eines solchen Verdrängungskampfes nicht unbedingt die leistungsschwachen Unternehmen aus dem Markt ausscheiden, sondern die finanziellen Reserven, die Kreditmöglichkeiten, die Höhe der kurzfristig nicht zu Ausgaben führenden Kosten und andere Faktoren das Ergebnis dieses Machtkampfes bestimmen, versagt bei dieser Politik die Ordnungsfunktion des Wettbewerbs[5]. In diesem Wettbewerb hängt der Einsatz der Faktoren also nicht von ihrer Produktivität ab, sondern von der ökonomischen Macht des Unternehmers. Im Endergebnis führt daher der oligopolistische Verdrängungskampf zu einer Verschwendung volkswirtschaftlich knapper Faktoren.

Wie groß ist nun die Gefahr, daß auf dem Versicherungsmarkt bei Aufhebung der Genehmigungspflicht für die Tarife in der Kraftverkehrsversicherung ein Verdrängungswettbewerb stattfindet? Zunächst einmal zeigen die Erfahrungen auf anderen Märkten, daß oligopolistische Verdrängungskämpfe in der Realität sehr selten sind[6]. Tolksdorf berichtet

---

Rückruf von Krediten oder die Androhung kostspieliger Zivilprozesse. Vergleiche H. Arndt, a. a. O., S. 11.

[4] Allerdings kann ein Verdrängungskampf auch schon kurzfristig Nachteile für die Konsumenten mit sich bringen. Dies ist etwa dann der Fall, wenn der Anbieter versucht, die Gewinneinbußen, die er beim Kauf des einen Gutes hinnehmen muß, durch Preiserhöhungen bei anderen Gütern zu kompensieren. Spielt sich der Preiskampf lediglich auf einem lokalen Markt ab, müssen unter Umständen die Nachfrager desselben Gutes in anderen Regionen Preiserhöhungen hinnehmen.

[5] Vergleiche E. Kantzenbach, Die Funktionsfähigkeit des Wettbewerbs. (Wirtschaftspolitische Studien. Heft 1, Hrsg. H. Jürgensen). Göttingen 1966, S. 17.

[6] So auch E. Dürr, Die Einfügung der Versicherungswirtschaft in die Wettbewerbsordnung. Wirtschaftspolitische Chronik 1957, Heft 2, S. 30; im folgenden zitiert als „Einfügung"; M. Tolksdorf, Ruinöser Wettbewerb.

in seiner Untersuchung über „ruinösen" Wettbewerb zum Beispiel, daß die letzten bedeutenden Fälle um die Jahrhundertwende stattfanden[7]. Zwar hat Tolksdorf seine Untersuchung auf die USA beschränkt, doch kommt auch etwa Heuß zu dem Schluß, daß es „endlich an der Zeit (wäre), mit dieser Schimäre aufzuräumen ..."[8].

Da die Gefahr eines Machtkampfes trotzdem von einigen Autoren gesehen wird, soll im folgenden geprüft werden, ob für den Versicherungsmarkt ein besonderer Anlaß besteht, mit einem Verdrängungswettbewerb zu rechnen.

Ein Verdrängungswettbewerb würde sich für einen Versicherer nur dann lohnen, wenn er erwarten könnte, auf diese Weise eine marktbeherrschende Stellung zu erreichen oder die übrigen Anbieter in eine Abhängigkeitsposition drängen zu können, die eine Anhebung der Prämien — nach Möglichkeit über das ursprüngliche Niveau hinaus — erlaubt[9]. Solche Hoffnungen dürfte sich ein rational denkender Kraftverkehrsversicherer jedoch kaum machen.

Der Anreiz für einen Verdrängungswettbewerb wird um so größer, je kurzfristiger er zum Ziel führt. Mit einem kurzfristigen Konkurrenzkampf ist jedoch schon deshalb nicht zu rechnen, weil fast alle Kraftverkehrsversicherer Mehrprodukt-Unternehmer sind und deshalb für die meisten Anbieter die Möglichkeit besteht, sich durch eine entsprechende Preisgestaltung für die anderen Güter einen unternehmensinternen Ausgleich zu verschaffen. Um die Aussichten seiner Politik richtig einzuschätzen, müßte der aggressive Oligopolist deshalb auch die Marktstellung seiner Konkurrenten auf den anderen Versicherungsmärkten berücksichtigen. Da ihm außerdem die Höhe der Reserven seiner Konkurrenten nicht

— Ein Beitrag zur Phänomenologie und wettbewerbspolitischen Behandlung einer marktwirtschaftlichen Fehlentwicklung. (Volkswirtschaftliche Schriften, Heft 161, Herausgeber J. Broermann). Berlin 1971, S. 189; im folgenden zitiert als „Ruinöser Wettbewerb".

[7] Vergleiche M. Tolksdorf, Ruinöser Wettbewerb, a. a. O., S. 189.

[8] E. Heuß, Zum heutigen Stand der Wettbewerbstheorie in Deutschland. — Bemerkungen zur Untersuchung von E. Kantzenbach, Die Funktionsfähigkeit des Wettbewerbs. ORDO, Band 18 (1967), S. 413.

[9] Vergleiche etwa auch E. Dürr, Einfügung, a. a. O., S. 31.

genau bekannt ist, wird der Erfolg einer solchen Strategie immer zweifelhaft sein[10].

Hinzu kommt, daß wegen der großen Anzahl der Konkurrenten für einen einzelnen Versicherer kaum die Chance besteht, mit Hilfe von Preisunterbietungen eine marktbeherrschende Stellung zu erreichen[11].

Unternehmen, die Versicherungsschutz zu nicht kostendeckenden Prämien anbieten, werden außerdem nur schwer einen Rückversicherer finden. Dies gilt für die Kraftverkehrsversicherung in noch stärkerem Maße als für die übrigen Versicherungszweige, da hier von fast allen Erstversicherern Quotenverträge abgeschlossen werden[12]. Es ist zu erwarten, daß dann, wenn sich die Prämien des Erstversicherers als unzureichend herausgestellt haben, die Rückversicherer entweder auf eine Erhöhung der Prämien drängen werden oder die Rückversicherung verweigern[13]. Auch ein Verzicht des Erstversicherers auf einen Teil seiner Rückversicherungsprovision wäre natürlich denkbar. In diesem Fall würden sich jedoch die Verluste des Erstversicherers noch erhöhen.

Zudem wird das Verhalten der Versicherer von Kennern des Marktes als traditionell und gruppenbewußt gekennzeichnet[14]. Dieses Solidaritätsbewußtsein mindert ebenfalls die

---

[10] Gerade der Oligopolist strebt jedoch nach „sicheren Gewinnen". Siehe K. W. Rothschild, Price Theory and Oligopoly, Economic Journal, Vol. LVII (1947), S. 308.

[11] Vergleiche K. Richter, a. a. O., S. 79, und E. Dürr, Einfügung, a. a. O., S. 29 f.

[12] Vergleiche H. L. Müller-Lutz, Versicherungslehre. (Dr. Max Gehlens Versicherungslehrwerk in fünf Bänden, Band 1, Herausgeber H. L. Müller-Lutz). 10. erweiterte Auflage 1965, Bad Homburg vor der Höhe, Berlin, Bonn, Zürich, S. 224 und Chr. Pfeiffer, Rückversicherung. In: Buchausgabe des Versicherungswirtschaftlichen Studienwerkes „Die Versicherung". Herausgeber W. Grosse, H. L. Müller-Lutz, R. Schmidt, Band 4: Sachversicherung. Wiesbaden 1962—1964, Studienplan F VII, S. 28 f.

[13] In diesem Zusammenhang ist die Vermutung Pontzens bemerkenswert, daß die europäischen Direktversicherer 1968 nur etwa 75 Prozent der von ihnen gewünschten Rückversicherung unterbringen konnten. Vergleiche Th. C. Pontzen, Retrocession First!, International Insurance Monitor 1968, Nr. 1, S. 13.

[14] Vergleiche D. Farny, Konkurrenzmarkt, a. a. O., S. 48, auch die Auffassung des Bundeskartellamtes; siehe dazu W. Schultes, Novellierung, a. a. O., S. 302, und unten S. 170 und 174.

Wahrscheinlichkeit, daß einer der Versicherer bewußt durch Verlustprämien zum Störenfried und Außenseiter der Gruppe beziehungsweise des Verbandes wird. Unterkostenprämien dürften deshalb kaum von schon am Markt befindlichen Unternehmen zu erwarten sein. Wahrscheinlicher ist dies für Newcomer, denen es primär nicht um die Erreichung einer marktbeherrschenden Stellung geht, sondern die lediglich die rasche Ausdehnung ihres Bestandes zum Ziel haben[15, 16] Neugegründete Unternehmen könnten Unterkostenprämien jedoch nur bei besonders günstigem Schadensverlauf durchhalten, da ihnen keine Reserven aus früheren Jahren zur Verfügung stehen. Beim Eintritt ausländischer Versicherer in den deutschen Markt wäre diese Gefahr schon größer, da diese auf ihre im Heimatland angesammelten finanziellen Reserven zurückgreifen können[17]. Allerdings wird diese Gefahr dadurch stark gemindert, daß der Versicherer Gefahr läuft, seine Prämien auf Anordnung des Bundesaufsichtsamtes erhöhen zu müssen. Denn selbst bei einer Aufhebung der Genehmigungspflicht nach der Verordnung über die Tarife in der Kraftverkehrsversicherung bleibt der Aufsichtsbehörde immer noch das Recht, gemäß Paragraph 81 Absatz 2 des Versicherungsaufsichtsgesetzes einzugreifen, wenn ihr die Belange der Versicherten gefährdet erscheinen.

Ebenso muß ein Versicherer, der eine marktbeherrschende Stellung anstrebt oder schon erreicht hat, damit rechnen, daß er seine erkämpfte Position nicht ausnutzen kann. Zum einen muß er befürchten, mit hohen Prämien potentielle Konkurrenten auf den Markt zu locken, zum anderen läuft er Gefahr, durch seine Preispolitik Maßnahmen der Kartellbehörde und des Aufsichtsamtes auszulösen.

Auf Grund der vorangegangenen Überlegungen lassen sich „ruinöse" Verdrängungskämpfe mit dem Ziel der Markt-

---

Andere Auffassung der HUK-Verband; vergleiche Denkschrift, a. a. O., S. 31.

[15] Vergleiche E. Dürr, Einfügung, a. a. O., S. 32.

[16] Daß die Gefahr der „ruinösen" Konkurrenz vor allem von neugegründeten und ausländischen Unternehmen ausgeht, meint auch E. Meyer, Möglichkeiten, a. a. O., S. 42.

[17] Siehe E. Dürr, Einfügung, a. a. O., S. 33.

beherrschung in der Kraftverkehrsversicherung zwar nicht schlechthin ausschließen, wohl aber erscheint eine solche Entwicklung für den Fall einer Prämienfreigabe wenig plausibel. Gegen dieses Ergebnis können auch nicht die Erfahrungen mit freien Prämien aus Zeiten vor der Einführung des Einheitstarifes ins Feld geführt werden. Denn die Zustände aus der Zeit der Gründerjahre und den zwanziger und dreißiger Jahren lassen sich nicht ohne weiteres auf die heutige Situation übertragen. Sollte es jedoch wider Erwarten trotzdem dazu kommen, ließe sich dieser Prozeß durch Maßnahmen des Aufsichtsamtes leicht beenden.

II. Unterkostenprämien als Folge von Fehlkalkulationen

1. Vorbemerkung

In einer Untersuchung über die Phänomenologie des „ruinösen" Wettbewerbs stellt Tolksdorf dem marktstrategischen Einsatz von Unterkostenprämien den chronischen Preisverfall als „Folge eines nicht gelingenden oder nur stark verzögerten Anpassungsprozesses an sich verändernde Marktlagen" gegenüber[18]. Unmittelbare Ursache für diese Anpassungsprozesse sind vor allem Fehlkalkulationen der Unternehmer bei der Planung ihrer Kapazitäten. Dieser Fall ist für die Versicherungswirtschaft insofern von Interesse, als hier die Behauptung aufgestellt worden ist, das Angebot übersteige jederzeit die Nachfrage, es bestünden also permanente Überkapazitäten[19].

Einen weiteren Grund für das Eintreten „ruinöser" Konkurrenz im Sinne eines ständigen Preisverfalls speziell in der Versicherungswirtschaft sehen die Versicherer in der bei Aufhebung der Genehmigungspflicht zu erwartenden verstärkten Tarifdifferenzierung[20]. Sie fürchten, daß die Anbieter zwar die Prämien für die relativ guten Risiken ermäßigen,

---

[18] M. Tolksdorf, a. a. O., S. 202.

[19] Vergleiche etwa E. Meyer, Möglichkeiten, a. a. O., S. 38 f. Allerdings werden diese Überkapazitäten von den Versicherern nicht als Folge einer Fehlplanung sondern als eine Eigenart der Versicherungswirtschaft angesehen.

[20] Vergleiche die Denkschrift, a. a. O., S. 18 und S. 53 f.

aus Furcht vor Bestandsverlusten jedoch nicht bereit sind, die notwendigen Prämienerhöhungen für die relativ schlechten Risiken vorzunehmen[21].

Beiden Ursachen ist gemeinsam, daß sie jeweils Folge einer unternehmerischen Fehlkalkulation sind. Im ersten Fall handelt es sich um eine falsche Einschätzung der Nachfrageverhältnisse, im anderen Fall um eine falsche Berechnung der Prämien. Inwieweit solche Fehlkalkulationen auf Besonderheiten der Versicherungswirtschaft beruhen und ob sich daraus besondere Konsequenzen für den Wettbewerb auf diesem Markt ergeben, soll in den folgenden Abschnitten geprüft werden.

2. Unterkostenprämien als Folge von Überkapazitäten

Von Überkapazitäten läßt sich jeweils dann sprechen, wenn Faktoren in Verwendungsarten eingesetzt werden, in denen sie „bei freier Preisbildung privatwirtschaftlich nicht mehr rentabel genutzt werden können"[22]. Da der Preisverfall unter diesen Umständen die volkswirtschaftlich durchaus wünschenswerte Folge einer Fehlallokation von Ressourcen ist und nach einer gewissen Anpassungszeit beendet wäre, brauchte dieser Frage im Grunde keine große Beachtung geschenkt zu werden. Vielmehr erscheint hier die Überlegung gerechtfertigt, ob es sinnvoll ist, diesen Vorgang als „ruinösen" Wettbewerb zu bezeichnen, da in diesem Sinne jeder Wettbewerb „ruinös" wirkt[23]. Im Zusammenhang mit der Versicherungswirtschaft ist jedoch unter Umständen eine Besonderheit zu beachten. Anders als in der Sachgüterproduktion — so wird argumentiert — läßt sich ein Mißverhältnis zwischen Angebot und Nachfrage in der Versicherungswirtschaft nicht durch einen Ausscheidungsprozeß beseitigen, da das Überangebot auf diesem Markt immanent ist[24]. Selbst

---

21 Vergleiche ebenda, S. 54.

22 K. Schultze-Gisevius, a. a. O., S. 18.

23 Vergleiche auch F. Machlup, Oligopoly and the Free Society. Il Politico, Band 32 (1967), S. 264.

24 Siehe dazu auch oben S. 50 ff.

wenn nur noch ein Unternehmer Versicherungsleistungen anbietet, übersteigt das Angebot noch immer die Nachfrage, da das Angebot jedes einzelnen Versicherers praktisch unbegrenzt ist[25]. Der Wettbewerb könne hier also nicht zu einer Verbesserung der Faktorallokation führen.

Eine solche Argumentation erscheint jedoch nicht zwingend, da sie auf einer unzulässigen Gleichsetzung von Überkapazitäten und flexiblen Kapazitäten beruht. Die Situation eines Unternehmers, der seine Kapazitäten zu groß geplant hat, dessen Maschinen also unterbeschäftigt oder sogar unbeschäftigt sind, unterscheidet sich von der eines Unternehmers, dessen Kapazitäten voll ausgelastet sind, jedoch leicht zu erweitern wären, beträchtlich[26].

Bestehen Überkapazitäten, so fallen für den Unternehmer — gleichgültig, ob er produziert oder nicht — bestimmte Kosten an. Für ihn würde es sich also lohnen, seinen Preis soweit zu senken, wie die zusätzlichen Erlöse außer den produktionsabhängigen Kosten noch einen Teil der produktionsunabhängigen Kosten decken.

Ganz anders ist jedoch die Entscheidungsalternative, vor der ein Versicherer mit ausgelasteten Kapazitäten steht. Hier geht es nicht darum, mit Hilfe der Preispolitik wenigstens noch einen Teil der produktionsunabhängigen Kosten zu erwirtschaften. Ein solcher Preis*druck* besteht für den Versicherer schon deshalb nicht, weil er für die zusätzliche Produktion noch keine Aufwendungen getätigt hat, die unabhängig davon, ob er produziert oder nicht, anfallen[27]. Zwar wird auch in diesem Falle die oben beschriebene Preispolitik den Gewinn des Versicherers erhöhen; Voraussetzung ist jedoch, daß sich die Prämienzugeständnisse allein

---

25 Vergleiche etwa E. Meyer, Möglichkeiten, a. a. O., S. 39 oder auch B. Grossfeld, Prämienkartelle, a. a. O., S. 114 f.

26 Anderer Ansicht U. Müller, Zum Kartellproblem in der industriellen Feuerversicherung, „Schmalenbachs Zeitschrift für betriebswirtschaftliche Forschung", Neue Folge Band 17 (1965), S. 296 und auch B. Grossfeld, a. a. O., S. 124.

27 Ähnlich argumentiert auch K. Lochmaier. Vergleiche derselbe, Das versicherungstechnische Risiko als Problem der versicherungsbetrieblichen Preispolitik. Versicherungswissenschaftliches Archiv, Berlin 1955, S. 412.

auf die zusätzlichen Verträge beziehen. Eine solche Prämiendifferenzierung dürfte sich in der Praxis jedoch nicht durchführen lassen. Vielmehr ist anzunehmen, daß der Versicherer über kurz oder lang gezwungen wäre, dem bestehenden Bestand die gleichen Prämienermäßigungen einzuräumen wie den zusätzlichen Verträgen. In diesem Fall würde die beschriebene Preispolitik jedoch zu einem Verlust führen. Anders als im Fall von Überkapazitäten stellt sich für den Versicherer mit ausgelasteten Kapazitäten nicht die Frage, ob er seinen Absatz durch Preissenkung vergrößern soll, sondern für ihn steht im Grunde genommen nur eine Angebotsausdehnung zu konstanten Preisen zur Debatte.

Selbstverständlich ist ein Preisverfall, der auf der Unbeweglichkeit beziehungsweise der Unteilbarkeit von Faktoren beruht, auch in der Versicherungswirtschaft denkbar. Wenn sich etwa — wie der HUK-Verband in seiner „Denkschrift" ausführt — „die Masse der deutschen Gesellschaften in einer Größenordnung befindet, bei der sie eine (elektronische Datenverarbeitungs-; der Verfasser) Anlage der dritten Generation noch nicht voll auslastet"[28], sie sich jedoch trotzdem einen Computer dieser Größenordnung anschaffen würde, so ist die oben beschriebene Entwicklung selbstverständlich nicht auszuschließen. Sie ist volkswirtschaftlich sogar wünschenswert.

In der versicherungswirtschaftlichen Literatur wird jedoch gerade die Flexibilität der Versicherungsproduktion immer wieder hervorgehoben, so daß dieser Fall als Ausnahme anzusehen ist. Echte Überkapazitäten in dem Sinne, daß Produktionsfaktoren an bestimmte Einsatzarten *tatsächlich* gebunden sind, jedoch nicht mehr benötigt werden, dürften daher kaum bestehen[29]. Der in der Sachgüterproduktion bei

---

[28] Denkschrift, a. a. O., S. 15.

[29] So auch D. Farny, Produktions- und Kostentheorie, a. a. O., S. 178. Farny schreibt: „Die Kapazität und damit auch die Betriebsgröße eines bestehenden Versicherungsunternehmens sind in der Regel außerordentlich flexibel und können vergleichsweise schnell vergrößert oder verkleinert werden." Und auf S. 180 meint er, nachdem er auf die gute Teilbarkeit der für die Versicherungsproduktion benötigten Faktoren hingewiesen hat: „... es besteht keine Gefahr, daß die Kosten der kapazitätserweiternden

Überkapazitäten bestehende Druck der nicht abbaufähigen Kosten, der den Unternehmer dazu veranlaßt, seine Produktion auch bei einem Überangebot nicht einzuschränken, sondern unter Umständen sogar noch auszudehnen, wird durch die Flexibilität der Produktionsfaktoren allein noch nicht hervorgerufen. Vielmehr erlaubt sie den Versicherern gerade eine rasche Anpassung ihrer Kapazität an die tatsächliche Nachfrage.

Überkapazitäten und flexible Kapazitäten sind daher in ihren Auswirkungen auf den Wettbewerb nicht vollständig gleich. „Ruinöse" Konkurrenz mit chronisch sinkenden Preisen ist — allein aufgrund der Flexibilität der Produktionsfaktoren — nicht zu erwarten; anders, wenn es sich um echte Überkapazitäten handelt. In diesem Fall ist jedoch das Ausscheiden von Faktoren aus den betreffenden Verwendungsarten gesamtwirtschaftlich erwünscht.

3. Unterkostenprämien als Folge einer verstärkten Tarifdifferenzierung

Ein weiterer Grund für das Eintreten „ruinöser" Konkurrenz bei Aufhebung der Genehmigungspflicht liegt nach Ansicht der Versicherer in den dann zu erwartenden Ausspannungsversuchen mit Hilfe von Tarifdifferenzierungen[30, 31]. Diese von den Versicherern sehr nachdrücklich betonte Gefahr besteht im wesentlichen darin, daß einzelne Anbieter versuchen, durch eine Differenzierung der Tarife die Prämien für die „guten" Risiken zu senken, ohne gleichzeitig die notwendige Prämienerhöhung für die relativ „schlechten" Risiken vorzunehmen. Den Grund dafür sehen die Versiche-

---

Produktionsfaktoren nicht genutzte Leerkosten bleiben". Vergleiche auch ebenda, die auf S. 178 angegebene Literatur.

30 Obwohl die hier und auch im folgenden Abschnitt behandelten Gründe für das Eintreten von „ruinöser" Konkurrenz nicht vollständig durch die Einteilung Tolksdorfs gedeckt werden, da sie nicht auf die von ihm genannten „unmittelbar wirkenden Faktoren" zurückzuführen sind, sollen sie doch in diesem Abschnitt behandelt werden, weil es sich hierbei um Entwicklungen handelt, die sich eindeutig von der marktstrategischen Form der „ruinösen" Konkurrenz unterscheiden.

31 Vergleiche die Denkschrift, a. a. O., S. 18 und S. 53 f.

rer darin, daß der Anbieter „möglicherweise über den durchschnittlichen Marktpreis der anderen (gerät), was zur Gegenauslese führt und den Geschäftsverfall beschleunigt"[31a].

Die von den Versicherern geäußerten Bedenken wollen jedoch nicht so recht einleuchten. Im Grunde genommen läuft dieses Argument darauf hinaus, daß es einem einzelnen Anbieter unmöglich sei, ohne staatliche Hilfe Prämienerhöhungen am Markt durchzusetzen, da diese zu einer Abwanderung von Risiken führen.

In der Tat wird ein Versicherer, der im Zuge einer Differenzierung der Tarife im Gegensatz zu einem Konkurrenten eine Erhöhung der Prämien für die schlechteren Risiken auf den bedarfsgerechten Ansatz vornimmt, unter Umständen Bestandsverluste hinnehmen müssen. Von Nachteil wäre dies für ihn allerdings nur dann, wenn er sich eine Umsatzsteigerung um jeden Preis — auch den des Verlustes — zum Ziel gesetzt hat. Ein Unternehmer, der auf Gewinnerzielung bedacht ist — und das soll in dieser Untersuchung vorausgesetzt werden — wird die Abwanderung dieser Risiken jedoch nicht bedauern, da jeder verlorene Vertrag für ihn zur alten Prämie einen Verlust bedeutet hätte. Im Gegenteil ist anzunehmen, daß diese Verluste nun bei den Konkurrenten auftreten und diese ebenfalls zu Erhöhungen der Prämie veranlassen werden. Ein Beispiel für eine solche Entwicklung stellt etwa der Fall der Neckura dar, die durch ihre Preispolitik — Einführung eines Prämienaufschlags im Falle eines Unfalls — die anderen Versicherer ebenfalls zu einer Heraufsetzung der Prämien für bestimmte Risiken veranlaßt hat.

Die Befürchtung der Versicherer, bei einer Aufhebung der Genehmigungspflicht würden die Anbieter lediglich die Prämien für die relativ guten Risiken senken, nicht aber gleichzeitig die für die relativ schlechten erhöhen, kann daher nicht geteilt werden. Es ist vielmehr zu erwarten, daß die Gefahr von Gewinneinbußen und Verlusten die Anbieter dazu veranlassen wird, ihre Prämien auch für die schlechten Risiken so schnell wie möglich auf den bedarfsgerechten

---

[31a] Ebenda, S. 18.

Ansatz anzuheben. Solange nicht geklärt werden kann, weshalb die Versicherer freiwillig bereit sein sollten, Verluste bei den schlechten Risiken hinzunehmen, kann nicht davon ausgegangen werden, daß der zu erwartende Ausspannungswettbewerb „ruinös" wirkt.

Der HUK-Verband versucht seine These von der Unmöglichkeit eines „freien" Preiswettbewerbs in seiner „Denkschrift" mit dem Hinweis auf den Konkurs der englischen Versicherungsgesellschaft Vehicle & General Insurance Co. Ltd. (V & G) im März 1971 zu belegen[32]. Diese Gesellschaft hatte sich durch günstige Prämienangebote für „gute" Risiken relativ schnell einen großen Marktanteil erworben. Ihr Erfolg wurde vor allem dadurch begünstigt, daß durch das bestehende Versicherungskartell die Prämien für die Risiken relativ hochgehalten wurden[33]. Nicht zuletzt der Erfolg der V & G war Schuld daran, daß dieses Kartell zusammenbrach. Dem daraufhin einsetzenden verstärkten Wettbewerb war die V & G dann allerdings nicht mehr gewachsen.

Der Untersuchungsbericht über den Konkurs der V & G kommt zu dem Ergebnis, daß die Hauptursache für den Zusammenbruch der Gesellschaft in der Unfähigkeit der Unternehmensleitung und der darauf zurückzuführenden Schwäche ihrer Finanzstruktur zu suchen ist. „The real cause of the loss was the mismanagement of the company's affairs and the weakness of its financial strukture[34]."

Nicht die Besonderheiten der Versicherungswirtschaft oder die speziellen Verhältnisse im Kraftverkehrsgeschäft werden von dem Ausschuß zur Begründung des Konkurses herangezogen sondern die schlechte Unternehmensführung der V & G. Solche Unternehmen durch staatliche Eingriffe zu erhalten, würde den Grundsätzen einer Marktwirtschaft widersprechen. Will man aus bestimmten Gründen einen Konkurs vermeiden, ohne den marktwirtschaftlichen Aus-

---

32 Vergleiche ebenda, a. a. O., S. 54.

33 Vergleiche „The Financial Times" vom 3. März 1971.

34 Report of the Tribunal on the Vehicle and General Insurance Company. Zitiert nach „Mr. C. W. Jardine ‚negligent'". The Financial Times vom 17. Februar 1972, S. 13.

leseprozeß aufzuheben, müßte Unternehmern, die zur Leitung einer Versicherungsgesellschaft nicht in der Lage sind, schon vor dem Zusammenbruch — eventuell nach einer Bewährungsfrist — die Erlaubnis zum Geschäftsbetrieb entzogen werden. Diese Vorverlegung der marktwirtschaftlichen Sanktion funktionierte in England jedoch nicht, weil die Aufsichtsbehörde versagte. Begründet wird dieses Versagen einmal mit Fahrlässigkeit der zuständigen Beamten. „The basic fact, however", schreibt die Financial Times und zitiert den Untersuchungsbericht, „is that the officers of the DTI (Department of Trade and Industry; der Verfasser) ‚were given a supervisory role over the insurance industry without any training in technical matters in the early years and only a brief training in the later years' ..."[35].

4. Unterkostenprämien als Folge einer unterlassenen Anpassung an ein steigendes Kostenniveau

Eine weitere Gefahr, die die Versicherer in einem Ausspannungswettbewerb sehen, liegt in der Möglichkeit, daß einzelne Unternehmer den bei gesamtwirtschaftlich inflationärer Kosten- und Preisentwicklung steigenden Schadensbedarf nicht in ihren Prämien berücksichtigen. Damit würden die Konkurrenten unter Preisdruck gesetzt und möglicherweise sogar in die Verlustzone gedrängt[36].

Diese von den Versicherern geäußerte Befürchtung läßt sich im Grunde auch auf alle anderen Märkte übertragen und dürfte nicht nur für den Versicherungsmarkt gelten. Auch in der Sachgüterproduktion ist es schwieriger, durch Kostensteigerungen notwendig gewordene Preiserhöhungen durchzusetzen, als infolge von Rationalisierungsmaßnahmen möglich gewordene Preissenkungen vorzunehmen. Auch der Sachgüterproduzent muß befürchten, bei Preiserhöhungen Nachfrager zu verlieren. Trotzdem läßt sich in der Realität

---

[35] The Financial Times vom 17. Februar 1972, S. 16.
[36] Siehe Denkschrift, a. a. O., S. 54.

beobachten, daß auf allen Märkten bei inflatorischer Entwicklung Preiserhöhungen vorgenommen werden. Erzwungen wird diese Erhöhung der Preise durch bereits entstandene oder bei unveränderten Preisen zu erwartende Verluste und die damit verbundene Gefahr eines Konkurses. Es ist nicht einzusehen, weshalb dieser Druck nicht auch in der Versicherungswirtschaft wirken sollte.

Denkbar wäre lediglich, daß Versicherer irrtümlich, also weil sie die Schadensentwicklung falsch eingeschätzt haben, zu niedrige Prämien fordern. Gegen die Gefahr, daß eine unvorhergesehene Steigerung der Schadenskosten den Bestand des Unternehmens gefährdet, kann sich der Unternehmer jedoch auf die verschiedensten Arten schützen. Dies kann einmal ex ante durch die Kalkulation von Sicherheitszuschlägen in die Prämien, durch die Bereitstellung von Sicherheitskapital oder den Abschluß von Rückversicherungsverträgen geschehen. Auch staatliche Vorschriften über die Höhe des Eigenkapitals und seine Anlage könnten diesem Zweck dienen[37].

Eindeutig sind alle Anbieter motiviert, Irrtümer bei der Prämienkalkulation so schnell wie möglich zu korrigieren. Die Zeitspanne hängt zum einen davon ab, wie schnell der Anbieter seinen Irrtum erkennt, zum anderen davon, wie schnell er in der Lage ist, Prämienerhöhungen durchzusetzen. Möglich wäre es etwa, daß Prämienerhöhungen, wie es auch in anderen Versicherungszweigen üblich ist[38], mit Hilfe von Anpassungsklauseln vorgenommen werden[39]. Denkbar wären hier sowohl überbetriebliche als auch betriebsindividuelle Indizes, wobei im Interesse des Wettbewerbs den letzteren der Vorzug zu geben wäre, weil den jeweiligen betrieblichen Gegebenheiten damit stärker Rechnung getragen werden könnte. Nicht auszuschließen wäre auch eine Anpassung der Prämien zu einem bestimmten Stichtag oder beim nächsten

---

[37] Siehe dazu unten S. 102 ff.

[38] Anpassungsklauseln gibt es etwa in der Haftpflicht- und in der Glasversicherung.

[39] Zu den Möglichkeiten der Prämienanpassung siehe P. Braeß und D. Farny, Gestaltung, a. a. O., S. 58 f.

Fälligkeitstermin der Prämie, wobei unter Umständen eine Verkürzung der Vertragslaufzeit vorgenommen wird[40]. Für welche Anpassungsform sich jeder Versicherer entscheidet, hängt nicht zuletzt davon ab, in welcher Weise er sich ex ante gegen Prognosefehler gesichert hat. Anbieter, die von vornherein mit einem hohen Sicherheitszuschlag kalkuliert haben, können mit den Versicherungsnehmern natürlich eine längere Prämienstabilität vereinbaren als Versicherer, die vor allem auf die Flexibilität ihrer Anpassungsmodalitäten bauen und deshalb niedrigere Prämien fordern[41].

Alles in allem gesehen, leuchtet es nicht ein, weshalb der Anpassungszeitraum nicht so kurz gehalten werden kann, daß eine Gefährdung des Unternehmens vermieden wird.

III. Zusammenfassung

In den vorangegangenen Abschnitten ging es vor allem um die Frage, ob bei Aufhebung der Genehmigungspflicht für die Tarife in der Kraftverkehrsversicherung eine besondere Gefahr besteht, daß Versicherungsleistungen zu Unterkostenprämien angeboten werden und dadurch die Entschädigung von Versicherungsnehmern und Verkehrsopfern gefährdet wird. Ein Verkauf zu nicht kostendeckenden Prämien kann selbstverständlich dann nicht mehr vollständig ausgeschlossen werden, wenn jedem Anbieter die Kalkulation seiner Prämien weitgehend selber überlassen bleibt. Verglichen mit anderen Wirtschaftsbereichen kann von einer *besonderen* Gefahr von Unterkostenprämien jedoch nicht gesprochen werden.

Unterkostenprämien können einmal von den Anbietern ganz bewußt zur Erreichung bestimmter Ziele, insbesondere die Verdrängung oder Unterwerfung von Konkurrenten eingesetzt werden. Eine solche Marktstrategie läßt sich zwar

---

40 Auf die theoretisch vorhandene Möglichkeit einer Anpassung aufgrund individueller Verhandlungen soll hier nur hingewiesen werden. Für ein Massengeschäft wie die Kraftverkehrsversicherung kommt sie wohl kaum in Betracht. Sie wäre allenfalls bei Großkunden denkbar.

41 Vergleiche auch P. Braeß und D. Farny, Gestaltung, a. a. O., S. 70.

nicht völlig ausschließen, doch sind die Chancen einer solchen Politik sehr gering. Die große Anzahl der Konkurrenten, der Einfluß der Rückversicherer, die bestehende Versicherungsaufsicht und anderes mehr lassen die Erreichung dieser Ziele unwahrscheinlich erscheinen.

Auch die Befürchtungen, daß es wegen der relativ flexiblen Kapazitäten der Versicherungsunternehmen genau wie im Falle von Überkapazitäten zu einem Preisdruck mit Unterkostenprämien als Folge kommen muß, können nicht geteilt werden. Die gerade in der versicherungswissenschaftlichen Literatur immer wieder hervorgehobene Flexibilität der Produktion erlaubt es den Anbietern, entstandene Überkapazitäten rasch abzubauen. Der im Falle von Überkapazitäten bestehende Druck der Fixkosten, der die Unternehmer zur Produktionsausweitung veranlassen könnte, besteht damit in der Versicherungswirtschaft in aller Regel nicht.

Auch die beiden insbesondere von den Versicherern vorgetragenen Argumente, daß es bei Aufhebung der Genehmigungspflicht infolge von Tarifdifferenzierungen und Kostensteigerungen zu Unterkostenprämien käme, können nicht überzeugen. Die Verluste, mit denen nach Ansicht der Versicherer in diesen Fällen zu rechnen ist, sind im Grunde auf Fehlkalkulationen zurückzuführen. Selbstverständlich sind diese wie in allen Wirtschaftsbereichen auch in der Versicherungswirtschaft nicht völlig auszuschließen. Will man jedoch den Versicherern nicht von vornherein geringere unternehmerische Fähigkeiten zusprechen als anderen Unternehmern, dürfte die Wahrscheinlichkeit von Verlusten in der Versicherungswirtschaft nicht größer sein als in anderen Wirtschaftsbereichen.

Eine Besonderheit der Versicherungswirtschaft ist in diesem Zusammenhang allerdings zu beachten. Gerät ein Versicherungsunternehmen in Konkurs, so ist der Kreis der Betroffenen in aller Regel größer als in der Sachgüterindustrie. Geschädigt würden vor allem die Versicherungsnehmer und auch unbeteiligte Dritte, die Verkehrsopfer. Da die Sicherung der Ansprüche dieser Gruppen ein anerkanntes sozialpolitisches Ziel ist, soll im folgenden nach Maßnahmen gesucht werden, die den Schutz dieser Gruppen sicherstellen, so daß die Versicherer die Folgen ihrer Fehlkalkulation allein zu tragen hätten.

Fünftes Kapitel

Drei Sicherungsstufen zum Schutze der Versicherungsnehmer und der Verkehrsopfer

A. Vorbemerkung

Es ist im vorangegangenen schon mehrfach betont worden, daß eine Änderung der bestehenden Marktordnung nur dann in Frage kommt, wenn die Entschädigung der Versicherungsnehmer und der Verkehrsopfer auch weiterhin vollkommen sichergestellt ist. Die folgenden Ausführungen setzen sich deshalb mit Möglichkeiten auseinander, wie diese beiden Gruppen vor finanziellen Verlusten durch Versicherungskonkurse geschützt werden können. Für diesen Schutz bieten sich grundsätzlich zwei Ansatzpunkte. Zum einen können Maßnahmen getroffen werden, durch die Versicherungskonkurse von vornherein ausgeschaltet werden, zum anderen könnten Vorkehrungen getroffen werden, durch die die Folgen von Versicherungskonkursen neutralisiert würden. Die im folgenden vorgeschlagenen Maßnahmen greifen beide Möglichkeiten auf. Die erste Stufe des insgesamt dreistufigen Sicherungssystems wird von solchen Maßnahmen gebildet, durch die Konkurse nach Möglichkeit vermieden werden sollen. Dies soll jedoch nicht durch derart tiefgreifende staatliche Eingriffe in die unternehmerischen Aktionsparameter geschehen wie bisher, sondern durch standardisierte Sicherheitsvorschriften, das heißt allgemeine Anforderungen an die Reservehaltung der einzelnen Versicherer. Obwohl auf diese Weise schon ein hohes Maß an Sicherheit für die Versicherungsnehmer und die Verkehrsopfer geschaffen werden kann, darf der Eventualfall eines Versicherungskonkurses nicht vollkommen außer Betracht gelassen werden. Für diesen Fall sind die beiden anderen Stufen des Sicherungssystems gedacht. Kommt es zu einem Versicherungskonkurs, so hätten zunächst die Versicherungsnehmer im Rahmen einer für sie tragbaren Selbstbeteiligung die Verkehrsopfer zu entschädigen. Für Schadensforderungen, die über diese Selbstbeteiligung hinausgehen, stünde dann ein von allen Versicherungsnehmern getragener Konkursfonds zur Verfügung. Grundsätzlich ließe sich hier von zwei Sicherheitsstufen sprechen, da zunächst die einzelnen Versicherungsnehmer selber für den Schaden, den sie angerichtet haben, eintreten müssen, im anderen Fall die Entschädigung von der Gesamtheit aller Versicherungsnehmer geleistet wird. Trotzdem sollen im folgenden beide Entschädigungsformen zu einer Sicherungsstufe zusammengefaßt werden, da die Selbstbeteiligung ohne den Konkursfonds nicht oder nur schlecht vorstellbar ist und im Grunde nur eine besondere Ausgestaltung des Fonds darstellt. Nur für den Fall, daß diese zweite Stufe versagen würde, weil der Konkursfonds unzureichend dotiert ist, könnte die dritte Stufe, die staatliche Kreditgarantie, in Anspruch genommen werden.

B. Die Sicherung der Leistungen des einzelnen Versicherers

I. Die Bereitstellung ausreichender Sicherungsmittel

1. Grundsätzliche Schwierigkeiten standardisierter Sicherheitsvorschriften

Die Forderung, zur Sicherstellung der Entschädigungszahlungen von jedem Versicherer die Bereitstellung von Sicherheitsmitteln in bestimmter Höhe zu verlangen, liegt im Grunde recht nahe. Schwierig wird es jedoch, wenn es darum geht zu bestimmen, was als Sicherheitsmittel anzusehen ist, welche Höhe sie haben müssen und wie sie anzulegen sind.

Als Sicherheitsmittel werden im folgenden solche Vermögenswerte angesehen, „die einer Unternehmung zum Ausgleich der Wirkungen ungünstiger Planabweichungen dienen können"[1]. Aus dieser Aufgabe folgt zweierlei: Zum einen können Sicherheitsmittel grundsätzlich nur mit Eigenkapital finanziert werden[2], zum anderen sind sie derart in Vermögenswerten anzulegen, daß sie im Falle eines Verlustes rechtzeitig liquidiert werden können.

Die Finanzierung mit Eigenkapital ist deshalb erforderlich, weil nur so lange, wie den als Sicherheitsmittel anzusehenden Vermögenswerten auf der Passivseite der Bilanz entsprechendes Eigenkapital gegenübersteht, die Rückzahlung des Fremdkapitals nicht gefährdet und damit der gesetzlich vorgesehene Gläubigerschutz nicht verletzt wird[3].

Schwierigkeiten ergeben sich jedoch schon bei der Ermittlung des bilanzmäßig ausgewiesenen Eigenkapitals, da bei Versicherungsunternehmungen einige Besonderheiten beachtet werden müssen. Das Eigenkapital erscheint auf der Passivseite der Bilanz in Form des eingezahlten Aktienkapitals, der gesetzlichen und statutarischen Reserven[4], der freien Rücklagen und des Gewinnvortrages[5]. Bei Versicherungsaktiengesellschaften ist in vielen Fällen das Aktienkapital nicht voll eingezahlt. Es ist daher zu fragen, ob auch der noch ausstehende Anteil dem Eigenkapital zuzurechnen ist. Solange die Zahlungsfähigkeit der Aktionäre sichergestellt ist, dürfte die Eigenkapitaleigenschaft dieses Aktienkapitals außer Zweifel stehen. Schwierigkeiten entstehen allein dadurch, daß Zahlungsausfälle von Aktionären nicht mit Sicherheit ausgeschlossen werden können. Zu den Sicherheitsmitteln kann daher auf jeden Fall nur ein um das Risiko des Zahlungsausfalls wertberichtigter Anteil des nicht eingezahlten Aktienkapitals gezählt werden[6].

Versicherungsvereine auf Gegenseitigkeit haben kein festes Grundkapital. Sie sind verpflichtet, bei der Gründung

---

[1] F. Fuß, a. a. O., S. 43.

[2] Vergleiche ebenda, S. 44.

[3] Vergleiche ebenda, S. 44.

[4] Bei den Versicherungsvereinen auf Gegenseitigkeit zählt dazu auch die Verlustrücklage. Vergleiche Paragraph 37 Versicherungsaufsichtsgesetz.

[5] Vergleiche auch E. R. Prölss, Das Eigenkapital der Versicherungsunternehmen. „Versicherungswissenschaftliches Archiv" 1957, S. 407; im folgenden zitiert als „Eigenkapital".

[6] Im gleichen Sinne auch F. Fuß, a. a. O., S. 51.

des Vereins einen Gründungsstock zu bilden, „der die Kosten der Vereinseinrichtung zu decken sowie als Gewähr- und Betriebsstock zu dienen hat"[7]. Da dieses Kapital einerseits unkündbar ist, andererseits aber nicht zurückgezahlt werden muß, kann es nicht einwandfrei dem Eigenkapital zugerechnet werden[8]. Auf jeden Fall ist dieses Kapital jedoch als Garantiekapital anzusehen, da die Zeichner des Gründungsstocks das volle Risiko des neugegründeten Unternehmens tragen[9]. Zweifellos zum Eigenkapital zu zählen ist allerdings die mit der Tilgung des Gründungsstocks gleichzeitig zu bildende Verlustrücklage[10].

Auch bei den öffentlich-rechtlichen Anstalten gibt es in aller Regel kein festes Grundkapital, das als Sicherheitsmittel im Rahmen der Risikopolitik des Unternehmens eingesetzt werden könnte. Statt dessen besitzen sie jedoch die Haftungsgarantie eines Gewährsträgers, meist einer Gebietskörperschaft. Diese Garantie ist selbstverständlich kein Eigenkapital. Unter dem Aspekt der Risikopolitik ist sie jedoch ebenfalls als Sicherungsmittel anzusehen und daher in ihrer Funktion dem Eigenkapital gleichgestellt[11, 12].

Die Höhe der bilanziellen Eigenkapitalausstattung kann jedoch noch aus anderen Gründen nicht ohne Korrekturen mit der Höhe der Sicherheitsmittel gleichgestellt werden. Zum einen sind die in der Bilanz ausgewiesenen Aktiva und Passiva zum Teil unter- beziehungsweise überbewertet, so

---

[7] Paragraph 22 Absatz 1 Versicherungsaufsichtsgesetz.

[8] Vergleiche auch P. Braeß, Die Bedeutung des Eigenkapitals in der Versicherungswirtschaft. „Zeitschrift für die gesamte Versicherungswissenschaft", Berlin, 53. Jahrgang 1964, S. 4; im folgenden zitiert als „Eigenkapital".

[9] Ebenda, S. 4 f.

[10] Im übrigen bestehen hier wiederum dieselben Schwierigkeiten bei der Bestimmung der Sicherheitsmittel wie beim Grundkapital der Versicherungsaktiengesellschaften, denn auch der Gründungsstock der Versicherungsvereine auf Gegenseitigkeit braucht nicht voll eingezahlt zu werden. Es erscheint daher angebracht, bei der Bestimmung der Sicherheitsmittel das Risiko des Zahlungsausfalls wiederum zu berücksichtigen.

[11] Vergleiche auch F. Fuß, a. a. O., S. 49, und E. R. Prölss, Eigenkapital, a. a. O., S. 408.

[12] Insofern besteht hier eine Ausnahme vom Prinzip der Eigenkapitalfinanzierung der Sicherheitsmittel.

daß stille Reserven gebildet wurden, die ebenfalls unter bestimmten Voraussetzungen zu den Sicherheitsmitteln gezählt werden können. Zum anderen sollen Sicherheitsmittel dann zur Verfügung stehen, wenn unerwartete Planabweichungen auftreten und die zu leistenden Entschädigungen des Versicherers die berechneten Risikoprämien übersteigen. Daraus folgt, daß nur der Teil des Eigenkapitals als Sicherheitsmittel bezeichnet werden kann, der in kurzfristig liquidierbaren oder beleihbaren Vermögenswerten angelegt ist. Vermögenswerte, die sich im Bedarfsfall nicht oder nur schlecht liquidieren lassen, wie etwa die Innen- und Außenorganisation, können nicht zu den Sicherheitsmitteln gezählt werden. Damit ergibt sich die Frage, ob für die Anlage des Eigenkapitals Vorschriften erlassen werden sollten, in denen die zur Bedeckung zugelassenen Werte und eventuell sogar ihre Zusammensetzung enthalten sind. Die Gefahr einer solchen Anlagevorschrift liegt vor allem darin, daß zwar die Sicherheit der einzelnen Anlagen erhöht wird, man der Eigeninitiative und Begabung des Unternehmers bei der Vermögensanlage jedoch zu wenig Raum läßt. Zwischen Sicherheit, Liquidität und Gewinnstreben ist daher ein Kompromiß zu suchen, der auf der einen Seite die Sicherheit der Anlagen garantiert, auf der anderen Seite dem Versicherer auch die Erzielung einer ausreichenden Rendite ermöglicht und darüber hinaus eine rasche Liquidierung erlaubt.

Vergleicht man die Vorschriften verschiedener Länder miteinander, so zeigt sich, daß die Auffassungen in bezug auf die Anlagevorschriften recht unterschiedlich sind. Während etwa in Großbritannien, Irland und Schweden überhaupt keine Anlagevorschriften bestehen[13, 13a], beschränken sich die entsprechenden Bestimmungen des belgischen, französischen und deutschen Aufsichtsrechts auf die Bedeckung der technischen Reserven[14]. Selbstverständlich ist eine solche Be-

---

[13] Vergleiche zum Folgenden auch G. Corso, a. a. O., S. 126—130.

[13a] In Schweden gibt es derartige Vorschriften nur bei Verträgen mit mehr als zehnjähriger Dauer.

[14] Zu den technischen Reserven zählen vor allem die Beitragsüberträge, die Deckungsrückstellungen und die Schadenrückstellungen.

ziehung zwischen einzelnen Posten auf der Aktivseite und einzelnen Posten auf der Passivseite der Bilanz rein theoretisch, da immer nur die gesamte Passivseite durch die gesamten Vermögenswerte auf der Aktivseite bedeckt wird. Anlagevorschriften die sich auf die Bedeckung der technischen Reserven beziehen, bedeuten deshalb nur, daß für Vermögenswerte in Höhe der technischen Reserven die betreffenden Vorschriften erfüllt sein müssen. In anderen Ländern wiederum unterscheiden die Deckungsvorschriften nicht zwischen technischen Reserven und dem Eigenkapital, sondern beziehen sich auf die Gesamtheit der Aktiva[15]. Damit wird indirekt auch das Eigenkapital von den Deckungsvorschriften betroffen[16].

Das Bundesaufsichtsamt für das Versicherungs- und Bausparwesen schreibt den unter seiner Aufsicht stehenden Unternehmen vor[17], daß die Anlage des Vermögens nach den Grundsätzen „einer möglichst großen Sicherheit, Liquidität und Rentabilität unter Berücksichtigung einer angemessenen Mischung und Streuung" zu erfolgen hat[18]. Was die Bedekkung im einzelnen angeht, so unterscheidet es drei Gruppen von Passiva[19]. Für die Deckungsrückstellungen, also die Rückstellungen des Versicherers für Rentenzahlungen, gelten die gesetzlichen Vorschriften der Paragraphen 68 und 69 des Versicherungsaufsichtsgesetzes, in denen die zugelassenen Anlagen aufgeführt und Grundsätze zur Beleihung von Grundstücken enthalten sind. Für das Vermögen „bis zur Höhe sämtlicher im Zusammenhang mit dem Versicherungsverhältnis stehenden Verpflichtungen"[20] hat das Bundesaufsichtsamt in dem Rundschreiben besondere Anlagevorschrif-

---

[15] So etwa in der Schweiz. Vergleiche G. Corso, a. a. O., S. 127.

[16] Nach Prölss bestehen in den meisten nordamerikanischen Staaten auch formelle Deckungsvorschriften für das Eigenkapital. Vergleiche E. R. Prölss, Eigenkapital, a. a. O., S. 414.

[17] Vergleiche das Rundschreiben R 15/58 vom 20. 12. 1958, abgedruckt bei E. R. Prölss, Versicherungsaufsichtsgesetz, a. a. O., Vorbemerkung zu Paragraph 68, S. 617 ff. Die Rechtsnatur dieses Rundschreibens ist zweifelhaft. Vergleiche ebenda, S. 618, Fußnote 1.

[18] Ebenda, S. 618.

[19] Wegen der teilweise unterschiedlichen Regelungen in der Lebens- und Krankenversicherung vergleiche ebenda.

[20] Ebenda.

ten erlassen. Danach sind Vermögenswerte in Höhe der Rückstellungen, Verbindlichkeiten und der passiven Rückstellungen anzulegen, soweit sie durch das Versicherungsgeschäft bedingt sind. Für das restliche Vermögen, also das Eigenkapital und die Rückstellungen, Verbindlichkeiten und passiven Rechnungsabgrenzungsposten, die nicht mit den Versicherungsverhältnissen in Zusammenhang stehen, gibt es keine Anlagevorschriften[21].

Die Frage, ob auch für das Eigenkapital Anlagevorschriften aufgestellt werden sollten, hängt nicht zuletzt davon ab, in welchem Maße die Höhe der technischen Reserven vom Aufsichtsamt kontrolliert wird, wie groß also die Gefahr ist, daß Versicherer das Fehlen ausreichender Sicherheitsmittel durch bewußte Unterbewertung von Verbindlichkeiten oder Überbewertung von Forderungen verschleiern können. Vorschriften über die Anlage des Eigenkapitals wären dann weitgehend überflüssig, wenn sich die Höhe der technischen Reserven etwa mit Hilfe von statistischen Verfahren mit ausreichender Genauigkeit abschätzen ließe. In diesem Fall könnte sich das Aufsichtsamt darauf beschränken, lediglich an die Höhe des Eigenkapitals bestimmte Anforderungen zu stellen und die Anlage in bestimmten Vermögenswerten dem einzelnen Versicherer überlassen[22].

Zu beantworten bliebe dann jedoch immer noch die Frage, wie groß der Bestand an Sicherheitsmitteln sein soll. Will man durch die Anforderungen keine Wettbewerbsverzerrungen zwischen großen und kleinen Versicherern schaffen, so scheidet eine absolute, für alle Unternehmer geltende Größe aus. Auch eine Berücksichtigung des Geschäftsvolumens beseitigt die Schwierigkeiten jedoch nicht. Da die Höhe der Sicherheitsmittel sinnvollerweise dem Verlustrisiko angepaßt wird, müßte dafür ein entsprechender Indikator gefunden werden. Dazu ist das Geschäftsvolumen jedoch nur begrenzt tauglich, was an zwei Beispielen kurz erläutert werden soll.

---

[21] Vergleiche E. R. Prölss, Versicherungsaufsichtsgesetz, a. a. O., S. 618.

[22] Zur Frage der Kontrolle der technischen Reserven vergleiche weiter unten S. 112 ff.

Mißt man die Höhe des Geschäftsvolumens an den Prämieneinnahmen der Versicherer, so werden — unter sonst gleichen Umständen — die Versicherer mit den höheren Prämieneinnahmen höhere Sicherheitsmittel zur Verfügung stellen müssen als jene mit niedrigeren Prämien und daher größerem Verlustrisiko[23]. Dieses Problem taucht auf, gleichgültig ob man die Bruttoprämieneinnahmen zum Maßstab nimmt oder die reine Risikoprämie. Schwierigkeiten ergeben sich auch, wenn man die Schadenszahlungen zum Maßstab für das Geschäftsvolumen nimmt. Bei dieser Berechnung würde etwa die Zusammensetzung des Bestandes vollkommen außer acht gelassen. Bei gleichen Schadenszahlungen hätte unter Umständen — um ein extremes Beispiel zu bilden — ein Versicherer mit nur hundert Versicherten in seinem Bestand dieselben Sicherheitsmittel vorzuweisen wie ein Versicherer mit einem Bestand von 100 000 Versicherungsnehmern[24]. Es ist jedoch offensichtlich, daß das Zufallsrisiko[25] bei dem Versicherer mit dem größeren Bestand bedeutend geringer ist als bei dem kleineren Bestand.

Trotz der genannten Einwände gegen die Maßstäbe scheint jedoch grundsätzlich der Gedanke berechtigt, die Höhe des Garantievermögens in Beziehung zur Höhe des technischen Geschäftes zu setzen, aus dem der Garantiefall entsteht[26].

Schwierigkeiten entstehen weiter, wenn es darum geht, das Verhältnis festzulegen, welches zwischen den Sicherheitsmitteln und dem Geschäftsvolumen bestehen soll. Für die Bestimmung dieses Verhältnisses kann es jedoch keinen objektiven Maßstab geben, denn das Gesamtrisiko des Unternehmens läßt sich nicht objektiv bestimmen. Auch ist der anzustrebende Sicherheitsgrad eine nur subjektiv bestimmbare Größe. Hinzu kommt, daß das Ausmaß der Risikominderung durch den Einsatz der risikopolitischen Instrumente nicht exakt zu bestimmen ist[27].

---

23 Vergleiche P. Braeß, Eigenkapital, a. a. O., S. 14 f. Eine ausführliche Kritik findet sich bei F. Fuß, a. a. O., S. 75 ff.

24 Ausführlich untersucht wird dieser Maßstab bei F. Fuß, a. a. O., S. 82 ff.

25 Vergleiche dazu oben S. 62 f.

26 Vergleiche E. R. Prölss, Eigenkapital, a. a. O., S. 402.

27 Vergleiche F. Fuß, a. a. O., S. 138.

Die Unsicherheit darüber, in welchem Maße durch die geforderte Eigenkapitalausstattung das Risiko des Unternehmens tatsächlich vermindert wird, läßt erwarten, daß jeder Vorschlag in dieser Hinsicht bei den betroffenen Parteien Kritik hervorrufen wird. Dies ist auch bei der im folgenden zu behandelnden Koordinationsrichtlinie der EWG nicht anders gewesen.

2. Der Vorschlag der EWG-Kommission zur Kontrolle der Eigenkapitalausstattung

In einem Vorschlag des EWG-Rates für eine „Richtlinie ... zur Koordination der die Aufnahme und Ausübung der Direktversicherung (außer Lebensversicherung) betreffenden Rechts- und Verwaltungsvorschriften" ist vorgesehen, zum Schutze der Versicherten und der geschädigten Dritten von jedem Versicherer eine bestimmte Eigenkapitalausstattung zu fordern[28, 29]. Im einzelnen soll sich diese zusammensetzen aus:

— dem eingezahlten Grundkapital oder bei Versicherungsvereinen auf Gegenseitigkeit dem eingezahlten Gründungsstock;

— dem nicht eingezahlten Teil des Grundkapitals oder des Gründungsstocks. Soweit der nicht eingezahlte Betrag 50 Prozent des gezeichneten Kapitals übersteigt, wird er jedoch nur zur Hälfte berücksichtigt;

— den gesetzlichen und freien Rücklagen;

— dem Gewinnvortrag;

— den Nachschußforderungen der Versicherungsvereine auf Gegenseitigkeit sowie etwaiger auf dem Gegenseitigkeitsprinzip beruhender Versicherungsgesellschaften mit veränderlichen Beiträgen gegenüber ihren Mitgliedern; diese Forderungen können lediglich bis zu einem Höchstbetrag von 50 Prozent des Unterschiedsbetrages zwischen

---

[28] Vergleiche EWG-Koordinationsrichtlinie, a. a. O., Artikel 16 und 17.

[29] Von den Vorschriften ausgenommen sind bestimmte Versicherungsvereine auf Gegenseitigkeit und einige öffentlich-rechtliche Anstalten. Vergleiche ebenda Artikel 4.

der höchsten einforderbaren Beitragssumme und den tatsächlich eingeforderten Beiträgen berücksichtigt werden;

— auf Antrag und unter Nachweis durch das Unternehmen bei Einverständnis der Aufsichtsbehörden der Mitgliedstaaten, in denen das Unternehmen seine Tätigkeit ausübt: den stillen Reserven, die aus dem wertmäßig zu niedrigen Ansatz von Aktivwerten oder dem überhöhten Ansatz von Verpflichtungen resultieren, soweit diese Reserven nicht Ausnahmecharakter tragen[30, 31].

Um durch die Anforderungen an die Eigenkapitalausstattung keine Wettbewerbsverzerrungen zwischen großen und kleinen Unternehmen hervorzurufen, wird die Höhe des verlangten Eigenkapitals als ein Betrag bestimmt, der sich entweder an den Beiträgen oder den Schadenszahlungen ausrichtet. In der Richtlinie wird dieser Betrag als Beitrags- beziehungsweise Schadensindex bezeichnet[32]. Das vom Unternehmen mindestens aufzuweisende Eigenkapital muß jeweils dem höheren der beiden Indizes entsprechen[33]. Es wird in der Richtlinie als Solvabilitätsspanne bezeichnet[34, 35].

Der Beitragsindex wird ermittelt, indem „die gesamten, zum Soll gestellten Beitragseinnahmen" aus dem direkten

---

30 Vergleiche EWG-Koordinationsrichtlinie, a. a. O., Artikel 16.

31 Nach der Richtlinie darf das Eigenkapital jedoch nicht in immateriellen Werten angelegt sein, um bei der Berechnung der Solvabilitätsspanne berücksichtigt werden zu können. Wie allerdings unterschieden werden kann, ob die immateriellen Werte, zu denen vor allem die Organisation und die Vertragsabschlüsse zählen, mit Eigen- oder mit Fremdkapital finanziert sind, wird in der Richtlinie nicht geklärt. Vergleiche ebenda Artikel 16 Absatz 1 Satz 2.

32 Während der Begriff „Index" in der statistischen Terminologie Relativzahlen bezeichnet, die sich auf einen einheitlichen Ausgangswert beziehen, wird der Ausdruck in der Richtlinie auf eine Größe angewandt, die ohne einen solchen Bezugswert errechnet wurde. Vergleiche auch P. Braess, Betriebswirtschaftliche Aspekte der „Solvabilitäts"-vorschriften. In: Ausblick und Rückblick. — Erich R. Prölss zum 60. Geburtstag, herausgegeben von E. Frey, H. Möller, R. Schmidt, J. Sasse und der Bayerischen Rückversicherung Aktiengesellschaft, München 1967, S. 105, Fußnote 21.

33 Vergleiche EWG-Koordinationsrichtlinie, a. a. O., Artikel 16 Absatz 3.

34 Vergleiche ebenda, Artikel 16.

35 Auch die Bezeichnung Solvabilitäts„spanne" ist unglücklich gewählt. Während der Ausdruck „Spanne" im allgemeinen Sprachgebrauch einen Abstand bezeichnet, bezieht er sich hier auf eine feste Größe. Vergleiche P. Braeß, Betriebswirtschaftliche Aspekte, a. a. O., S. 105, Fußnote 20.

und indirekten Geschäft[36] mit den Nebenleistungen addiert werden. Davon abgezogen werden die stornierten Beiträge und die Steuern und Gebühren, die auf die Gesamtbeitragseinnahmen zu zahlen sind. Der Richtlinie entsprechend ist dieser Betrag in drei Stufen einzuteilen: die erste von 1 bis 10 Millionen Rechnungseinheiten, die zweite von 10 000 001 bis 25 Millionen Rechnungseinheiten, die dritte für den Betrag über 25 Millionen Einheiten. Die Stufen werden mit 18, 12 beziehungsweise 8 Prozent multipliziert und addiert. Die geforderte Eigenkapitalausstattung erhält man, indem der so berechnete Betrag multipliziert wird mit dem Quotienten aus den Eigenschäden nach Abgabe in Rückversicherung und der Gesamtschadenbelastung. Dieser Quotient darf jedoch nicht kleiner als 50 Prozent sein.

Für die Ermittlung des Schadensindexes müssen zunächst die Bruttoschadenaufwendungen der letzten drei Geschäftsjahre berechnet werden[37]. Dazu sind die Bruttoschadenzahlungen der letzten drei Jahre aus dem direkten und indirekten Geschäft um die Schadenrückstellungen des letzten Geschäftsjahres zu erhöhen und um die Schadenrückstellungen der ersten zwei der drei Geschäftsjahre zu vermindern. Von den Bruttoschadenaufwendungen müssen die in den letzten drei Jahren aus Rückgriffen erzielten Einnahmen abgezogen werden. Der dritte Teil des sich damit ergebenden Betrages wird wieder in drei Stufen unterteilt. Die erste reicht von 1 bis 7 Millionen Rechnungseinheiten, die zweite von 7 000 001 bis 17,5 Millionen Rechnungseinheiten, die dritte betrifft den Betrag über 17,5 Millionen Rechnungseinheiten. Diese Beträge werden mit 26, 20 beziehungsweise 10 Prozent multipliziert und miteinander addiert. Der Schadensindex ergibt sich aus der Multiplikation dieser Summe mit dem Quotienten, der sich für das betreffende Unternehmen für das letzte Geschäftsjahr aus den Eigenschäden nach

[36] Die Einnahmen aus dem „indirekten Geschäft" umfassen die in Rückdeckung übernommenen Beiträge.

[37] Für bestimmte Versicherungszweige sind die Schadensaufwendungen der letzten sieben Jahre zu bestimmen. Vergleiche EWG-Koordinationsrichtlinie, a. a. O., Artikel 16 Absatz 2.

Abgabe in Rückversicherung und seiner Gesamtschadensbelastung ergibt. Dieser Quotient darf jedoch nicht niedriger als 50 Prozent sein.

Nach der Koordinationsrichtlinie sind die Versicherer weiter zur Haltung eines Garantiefonds verpflichtet[38]. Dieser Fonds entspricht stets einem Drittel der Solvabilitätsspanne, mindestens jedoch einem in der Richtlinie festgelegten absoluten Betrag, der gleichzusetzen ist mit dem Gründungskapital einer Versicherung. Die Höhe des Garantiefonds bei der Neugründung einer Versicherung richtet sich nach dem von dem Versicherer betriebenen Geschäftszweig. Für die Neugründung einer Kraftverkehrshaftpflicht-Versicherung wären beispielsweise mindestens 400 000 EWG-Rechnungseinheiten vorzuweisen. Umfaßt das Versicherungsgeschäft mehrere Zweige, so wird bei der Berechnung des erforderlichen Eigenkapitals lediglich der Zweig mit dem höchsten Betrag zugrundegelegt.

Neben der Funktion, schon bei der Unternehmensgründung für einen bestimmten Garantiebetrag zu sorgen, soll der Fonds auch während des Bestehens der Unternehmung eine bestimmte Mindestsicherheit garantieren[39]. Seine Höhe hängt deshalb auch vom Geschäftsumfang des Versicherers ab, ist jedoch nach unten durch das Gründungskapital begrenzt. Eine Abhängigkeit des Garantiefonds vom Geschäftsumfang besteht insofern, als der Garantiefonds stets ein Drittel des Beitrags- beziehungsweise des Schadensindexes betragen soll.

Durch die Bildung des Garantiefonds werden dem Unternehmen keine zusätzlichen Sicherheitsmittel zugeführt. Auch bestehen für den Garantiefonds keine besonderen Anlagevorschriften, durch die der Schutz der Versicherungsnehmer verbessert würde[40, 41]. Der Unterschied zwischen der Solva-

---

[38] Vergleiche ebenda Artikel 17. Siehe auch die amtliche Begründung der Richtlinie. EWG-Koordinationsrichtlinie, a. a. O., Anlage S. 9. Hier wird allerdings von einem Mindestgarantiefonds gesprochen.

[39] Vergleiche die „Ausführliche Begründung der Schadenversicherungsdirektive". Zu Artikel 17. Abgedruckt bei F. Fuß, a. a. O., S. 168.

[40] Deshalb erscheint auch die Bezeichnung Garantie„fonds" ein wenig irreführend.

bilitätsspanne und dem Garantiefonds zeigt sich erst in den Maßnahmen, die das Aufsichtsamt ergreift, wenn das Eigenkapital die geforderte Höhe unterschreitet. Für diesen Fall sieht die Richtlinie folgende Maßnahmen des Aufsichtsamtes vor[42]:

Wird der Beitrags- oder Schadensindex unterschritten, so fordert das Aufsichtsamt lediglich einen „Plan zur Wiederherstellung gesunder Finanzverhältnisse" an, der zur Genehmigung vorzulegen ist. Erreicht die Solvabilitätsspanne jedoch auch den vorgeschriebenen Betrag für den Garantiefonds nicht mehr, kann das Aufsichtsamt mit schärferen Maßnahmen vorgehen. Zunächst muß der Versicherer in diesem Fall dem Aufsichtsamt auch einen kurzfristigen Finanzierungsplan zur Genehmigung vorlegen. Darüber hinaus kann die Aufsichtsbehörde die freie Verfügungsgewalt über das Vermögen beschränken oder ganz untersagen. Die Aufsichtsbehörde unterrichtet weiter die Behörden der anderen EWG-Länder, in denen das Unternehmen ebenfalls zugelassen ist. Auf ihren Antrag treffen diese Behörden die gleichen Maßnahmen. Weiter können die Aufsichtsämter alle Maßnahmen ergreifen, „die geeignet sind, die Interessen der Versicherten zu wahren".

Den Vorschriften über die Solvabilitätsspanne liegt der Gedanke zugrunde, daß mit steigendem Eigenkapital auch die in einer Unternehmung vorhandenen Sicherheitsmittel zunehmen. Wie oben gezeigt[43], trifft dies jedoch nur in beschränktem Maße zu. Denn nur solche eigenkapitalfinanzierten Vermögenswerte können danach als Sicherheitsmittel angesehen werden, die sich im Bedarfsfall schnell und ohne Verlust liquidieren lassen oder beleihbar sind[44]. Aus diesem Grunde wird das in immateriellen Werten — vor allem in die Organisation und in Vertragsabschlüsse — investierte

---

41 Auch für den Beitrags- und den Schadensindex gibt es keine Anlagevorschriften.

42 Vergleiche die EWG-Koordinationsrichtlinie, a. a. O., Artikel 20.

43 Vergleiche oben S. 120 ff.

44 Vergleiche F. Fuß, a. a. O., S. 61.

Eigenkapital nicht auf die Solvabilitätsspanne angerechnet[45]. Aber auch derjenige Teil des Eigenkapitals, der in materiellen Vermögenswerten angelegt ist und folglich in die Solvabilitätsspanne einbezogen wird, kann nur insofern zu den Sicherheitsmitteln gezählt werden, wie seine Realisation nicht den Produktionsprozeß der Unternehmung stört[46]. Die Aufrechterhaltung einer bestimmten Solvabilitätsspanne hat daher nichts mit einer Sicherung der Liquidität einer Unternehmung zu tun[47]. Soweit das nach den Anlagevorschriften der Koordinationsrichtlinie erforderliche Eigenkapital in nur schwer realisierbaren oder betriebsnotwendigen Vermögenswerten angelegt ist, wird der Schutz der Versicherungsnehmer und der Verkehrsopfer nicht durch eine Sicherung der Unternehmensexistenz erreicht, sondern lediglich durch eine Vergrößerung des haftenden Kapitals.

Eine ausführliche Kritik der Vorschläge zur Bildung einer Solvabilitätsspanne muß an dieser Stelle unterbleiben, da sie den Rahmen dieser Arbeit überschreiten würde[48]. Trotz möglicher Einwände gegen einzelne Bestimmungen erscheint das dem Vorschlag zugrundeliegende Konzept als ein sinnvoller Schritt zur Verstärkung des Schutzes von Versicherungsnehmer und der Verkehrsopfer.

Der obligatorische Nachweis eines bestimmten Bestandes an Sicherheitsmitteln beziehungsweise Eigenkapital in jeder Phase der Geschäftsführung — und nicht nur bei der Gründung des Unternehmens — muß auf jeden Fall als ein wichtiges Glied in dem gesamten Sicherungssystem angesehen werden. Selbstverständlich ist die Wirksamkeit dieser Maßnahmen in entscheidender Weise davon abhängig, welche Anforderungen an die Eigenkapitalausstattung konkret gestellt werden. Es bleibt allerdings zu bedenken, daß die Sicherung der Unternehmensexistenz nur eines von mehreren

---

45 Vergleiche EWG-Koordinationsrichtlinie, a. a. O., Artikel 16 Absatz 1. Vergleiche auch Fußnote 31 auf S. 107.

46 F. Fuß, a. a. O., S. 61.

47 Der Begriff der Solvabilität bezieht sich allein auf die Eigenkapitalausstattung und ist vom Begriff Solvenz zu unterscheiden.

48 Eine solche Kritik findet sich bei F. Fuß, a. a. O.

Mitteln zum Schutze der Geschädigten ist, um den es ja letzten Endes geht. Zwar erscheint es aus unserer Sicht zweckmäßig, diese erste Stufe des Sicherungssystems schon so zu gestalten, daß eine Inanspruchnahme der zweiten weitgehend überflüssig wird. Da die Höhe des anzustrebenden Sicherheitsgrades jedoch lediglich subjektiv bestimmt werden kann, bleibt die Verteilung der Gewichte innerhalb des Sicherheitssystems letzten Endes eine politische Entscheidung.

II. Die Kontrolle der Geschäftspolitik durch das Bundesaufsichtsamt

Da bei einer Aufhebung des Genehmigungsverfahrens die allgemeine Versicherungsaufsicht bestehen bleiben würde, ist als weiteres Mittel zur Sicherung der Entschädigungsleistungen neben den Vorschriften über die Solvabilitätsspanne auch die Überwachung der Geschäftspolitik durch das Bundesaufsichtsamt zu nennen.

Eine der wichtigsten Aufgaben im Rahmen der allgemeinen Versicherungsaufsicht ist die Kontrolle der technischen Reserven. Von diesen wiederum dürften die Schadenrückstellungen für die Aufsicht die größte Bedeutung haben.

Schadenrückstellungen werden für solche Schäden gebildet, die im laufenden Geschäftsjahr zwar angemeldet, aber erst in den folgenden Jahren abgewickelt werden können. Quantitativ liegen die Schadenrückstellungen bei vielen Kraftverkehrsversicherern in der Haftpflichtsparte über den jährlichen Schadenzahlungen; in der Unfallsparte sind sie sogar doppelt so hoch[49]. Wichtig ist die Kontrolle der Schadenrückstellungen durch das Aufsichtsamt vor allem deshalb, weil gerade dieser Posten für die Versicherer in starkem Maße manipulierbar ist[50]. Durch Unterbewertungen der künftigen Verpflichtungen können selbst größere Verluste

[49] Vergleiche etwa den Geschäftsbericht des Bundesaufsichtsamtes von 1969, Tabellen 79 und 81.

[50] Die Höhe der Deckungsrückstellungen für die Pensionszahlungen und die Beitragsüberträge dürften sich mit einiger Genauigkeit nachprüfen lassen.

eine Zeitlang verschleiert werden. Solange jedoch dem Aufsichtsamt eindeutig Kriterien zur Kontrolle der Rückstellungen fehlen, können Unterbewertungen unter Umständen mehrere Jahre vorgenommen werden und im Zeitpunkt der Aufdeckung bereits ein solches Ausmaß angenommen haben, daß eine Sanierung des Unternehmens unmöglich ist[51]. Immerhin bemüht man sich seit Jahren auf nationaler und internationaler Ebene um praktikable Kriterien für eine Kontrolle der technischen Reserven und insbesondere der Schadensrückstellungen.

Zur Zeit gibt es zwei international diskutierte Vorschläge für eine objektive Bestimmung der Schadenrückstellungen. Ein Gutachten der OECD vom 1. März 1967 kam zu dem Ergebnis, „daß es wahrscheinlich möglich sein werde, die Schadenreserven in der Kraftverkehrsversicherung unter Zugrundelegung der Verhältnisse der einzelnen Versicherungsunternehmen mit einer mathematischen Formel zu berechnen"[52]. Diese von der OECD berechnete Formel wird zur Zeit noch gleichzeitig mit einem Gegenvorschlag der deutschen Versicherer auf ihre Anwendbarkeit geprüft. Auch dieser von den Versicherern gemachte Vorschlag einer „Reserveuhr" würde nach Ansicht eines ihrer Erfinder eine „zuverlässige Grundlage für die Belange der Aufsichtsbehörde bilden"[53]. Schließlich wurde auch im Rahmen der EWG mit einer Studie zur Reservekontrolle der Versicherungsunternehmen begonnen. Von der Konferenz der Versicherungsaufsichtsbehörden wurde außerdem ein ständiger Auschuß des Internationalen versicherungsmathematischen Kongresses ASTIN (Section for Actuarial Studies in Non-Life-Insurance) mit einer Untersuchung über die Reservenkontrolle besonders in der Kraftverkehrsversicherung beauftragt[54]. In einem Zwischenbericht sieht der Ausschuß die Möglichkeit einer objektiven Reservekontrolle recht optimistisch[55].

---

[51] Eine „richtige Bewertung" von Rückstellungen besagt zwar grundsätzlich nichts darüber, daß auch genügend liquide Mittel vorhanden sind, jedoch bestehen für die Schadenrückstellungen — wie oben erwähnt — Anlagevorschriften. Vergleiche das Rundschreiben des Bundesaufsichtsamtes R 15/58.

[52] E. Jacobi, Mathematische oder individuelle Berechnung der Schadenreserven in der Kraftverkehrsversicherung?, „Die Versicherungswirtschaft", Sonderbeilage, Karlsruhe, 23. Jahrgang (1968), S. 1353.

[53] Ebenda, S. 1354. Vergleiche dazu auch unten S. 115 f.

[54] Vergleiche den Bericht über die Sechste Konferenz der europäischen Versicherungsaufsichtsbehörden, London 1966, S. 48 f.

[55] Vergleiche ebenda, S. 51 f.

Allerdings wird die Wirksamkeit der bisher gefundenen Kontrollverfahren sehr unterschiedlich beurteilt. Während sich etwa das Bundesaufsichtsamt noch außerstande sieht, eine wirksame Kontrolle der Schadenrückstellungen vorzunehmen, erklärte zum Beispiel der Vertreter Frankreichs auf der Sechsten Konferenz der europäischen Versicherungsaufsichtsbehörde, daß sich die in seinem Land verwendeten Methoden als zufriedenstellend erwiesen hätten[56]. Auch der Vertreter Italiens führt aus, daß die in Italien praktizierten Verfahren eine ausreichende Kontrolle der Reserven erlaube[57].

Grundsätzlich stehen dem Aufsichtsamt zwei Verfahren zur Kontrolle der Schadenrückstellungen zur Verfügung. Denkbar wäre erstens eine Kontrolle der Reservierungen für jeden einzelnen gemeldeten Schaden. Dieser Weg scheidet allerdings schon wegen des damit verbundenen Arbeitsumfanges aus. Außerdem lassen sich die notwendigen Rückstellungen im Einzelfall nur subjektiv bestimmen, so daß diese Kontrolle wenig Erfolg verspricht[58].

Einfacher und aussichtsreicher erscheint dagegen die pauschale Überprüfung der Rückstellungen mit Hilfe von statistischen Verfahren. Aufstellungen über die Entwicklung der durchschnittlichen Schadenshäufigkeit, der durchschnittlichen Schadenskosten, des Verhältnisses zwischen den jährlich abgewickelten und den schwebenden Schadensfällen und Vergleiche der Rückstellungen von Unternehmen mit ähnlicher Bestandsstruktur müßten schon ex ante einen ungefähren Überblick über das notwendige Ausmaß der Schadenrückstellungen erlauben[59].

---

56 Vergleiche den Bericht über die Sechste Konferenz der europäischen Versicherungsaufsichtsbehörden, a. a. O., S. 56.

57 Vergleiche den Bericht über die Siebente Konferenz der europäischen Versicherungsaufsichtsbehörden, Berlin 1970, S. 158.

58 Allerdings sind stichprobenhafte Überprüfungen denkbar, besonders dann, wenn bei Kontrollen mit Hilfe von statistischen Methoden Zweifel an der richtigen Bewertung der Rückstellungen entstanden sind.

59 Vergleiche etwa den Bericht über die Siebente Konferenz der europäischen Versicherungsaufsichtsbehörden, a. a. O., S. 159 ff. Dort berichtet der Vertreter Italiens über die in seinem Land von den Kraftverkehrsversicherern einzureichenden Statistiken.

Ein Beispiel für eine solche Ex-ante-Kontrolle ist die von den deutschen Versicherern entwickelte „Reserveuhr"[60], die zur Zeit noch einer internationalen Überprüfung unterzogen wird[61]. Bei der „Reserveuhr" wird für jeden Monat ein halbes Jahr später der durchschnittliche Schadenbedarf ermittelt. In dieser monatlich berechneten Durchschnittsziffer sind auch die angemeldeten und innerhalb des halben Jahres nicht abgeschlossenen Schäden enthalten. Da die Schadenhäufigkeit und die Schadenstruktur während des Jahres schwankt, wird weiter ein gleitender Durchschnitt auf der Basis von zwölf Monaten gebildet, um die jahreszeitlich bedingten Unterschiede des Schadenbedarfs ausschalten zu können. Man erhält somit eine Reihe, die die Entwicklung des Durchschnittsbedarfs pro Schadenfall etwa für die Zeiträume Januar 1971 bis Dezember 1971, Februar 1971 bis Januar 1972, März 1971 bis Februar 1972 und so weiter beschreibt. Ermittelt man den Entwicklungstrend dieser Reihe, so ist die Bestimmung der Schadenrückstellungen relativ einfach. Dazu braucht lediglich der durchschnittliche Schadenbedarf unter Berücksichtigung des Trends mit der Zahl der regulierten Schäden multipliziert zu werden. Zieht man von diesem Produkt die im Geschäftsjahr bereits geleisteten Zahlungen ab, so erhält man die erforderliche Schadensreserve.

Da unregelmäßig auftretende Großschäden den Trend der Schadenentwicklung unter Umständen verfälschen können, ließe sich auch eine „kupierte Jahresuhr" aufstellen, bei der für Schäden von einer bestimmten Größenordnung an Einzelreservierungen vorgenommen würden.

Eine erste Ex-post-Kontrolle läßt sich im System der „Reserveuhr" dadurch vornehmen, daß die Daten der Sechs-Monats-Uhr noch einmal auf ihre Richtigkeit überprüft wer-

---

[60] Eine ausführliche Beschreibung der „Reserveuhr" findet sich bei E. Jacobi, Mathematische oder individuelle Berechnung der Schadenreserven in der Kraftverkehrsversicherung? „Die Versicherungswirtschaft", 23. Jahrgang (1968), Sonderbeilage, S. 1353 ff. An diesen Aufsatz lehnen sich auch die folgenden Ausführungen an.

[61] Nach Jacobi hat sich die „Reserveuhr" bei einer Reihe von Kraftverkehrsversicherern seit Jahren bewährt. Vergleiche E. Jacobi, a. a. O., S. 1354.

den, indem zum Vergleich alle Schäden noch einmal zwölf Monate später nach demselben Schema erfaßt werden und mit dem Ergebnis der Sechs-Monate-Uhr verglichen werden. Dabei kann sowohl das Abwicklungsergebnis gegenüber der halbjährlichen Schadenregistrierung als auch eine Kontrolle der Einzelreservierungen ausgeübt werden.

Unabhängig vom System der „Reserveuhr" kann das Aufsichtsamt am Ende eines Geschäftsjahres anhand einer Übersicht über die Abwicklung der Schadenrückstellungen für die einzelnen Schadenjahrgänge feststellen, ob der Versicherer Reservierungen in ausreichender Höhe vorgenommen hat. Ergeben sich für einen oder mehrere Schadenjahrgänge Abwicklungsverluste, das heißt, waren die Schadenrückstellungen niedriger als die tatsächlich gezahlten Entschädigungen, so könnte dies vom Aufsichtsamt zum Anlaß für eine Sonderprüfung genommen werden. Ist zu befürchten, daß auch die Schadenrückstellungen für die folgenden Jahre unterbewertet sind, wäre vom Aufsichtsamt eine Erhöhung anzuordnen. Eine Ausnahme davon könnte lediglich dann zugelassen werden, wenn der Versicherer Abwicklungsgewinne aus den vorangegangenen Jahren nachweisen kann. Allerdings müßte dann sichergestellt werden, daß diese Gewinne mehrere Jahre oder sogar bis zur vollständigen Abwicklung des betreffenden Schadenjahrgangs nicht ausgeschüttet werden können.

Gefährliche Entwicklungen im Geschäftsverlauf lassen sich weiter — nach Ansicht des Aufsichtsamtes[62] — auch durch eine Prüfung der Vermögensanlagen, des Schadenverlaufs und der Schnelligkeit der Schadenregulierung feststellen. Auch eine Zunahme der Schadenquote könnte unter Umständen auf unzureichende Prämien zurückzuführen sein. Unter der Schadenquote wird das Verhältnis der Versicherungsleistungen zur verdienten Prämie des Geschäftsjahres

---

[62] Vergleiche dazu die Ausführungen von G. Fietz auf der Sechsten Konferenz der europäischen Versicherungsaufsichtsbehörde. Bericht über die Sechste Konferenz der europäischen Versicherungsaufsichtsbehörden, a. a. O., S. 34.

verstanden[63]. Da das verdiente Prämienaufkommen eines Jahres nicht nur von der Kalkulation der einzelnen Prämien, sondern auch von der Rückversicherungspolitik abhängt, muß diese bei einer Beurteilung der Schadenquote selbstverständlich auch berücksichtigt werden. Weiter dürfte ein sich verschlechterndes Verhältnis zwischen den abgewickelten Schadensansprüchen und den Schadenreserven die Aufmerksamkeit des Aufsichtsamtes auf die Schnelligkeit der Abwicklung und damit auf die Zahlungsfähigkeit lenken. Ein Ansteigen des Verhältnisses von unabgewickelten Schadensfällen zu Zahlungsleistungen kann ebenfalls als Gefahrensignal gewertet werden, es sei denn, daß die Schadenquote sich mit der Schnelligkeit der Abwicklung zusammen vermindert hat.

Eine weitere Hilfe, Zahlungsschwierigkeiten eines Versicherers möglichst frühzeitig zu erkennen, sind die dem Aufsichtsamt von seiten der Versicherungsnehmer oder der geschädigten Dritten zugehenden Hinweise. Beschwerden über eine schleppende Abwicklung der Schadenszahlungen könnten ein Anzeichen für eine verminderte Zahlungsfähigkeit sein. Ebenso sind Beschwerden der Rückversicherer über mangelnde Reservierungen des Erstversicherers zu bewerten[64]. Treten solche Hinweise in verstärktem Maße auf, so könnte sich das Aufsichtsamt durch eine Sonderprüfung Gewißheit über die Situation des Unternehmens verschaffen und unter Umständen dem Versicherer entsprechende Auflagen erteilen. Immerhin stammten bei den bis zum Jahre 1966 eingetretenen drei Fällen, in denen Versicherer in Schwierigkeiten gerieten, die Hinweise darauf aus privaten Quellen[65].

---

[63] Die verdiente Prämie für eigene Rechnung setzt sich zusammen aus den Bruttoprämieneinnahmen des Jahres zuzüglich des Beitragsübertrages aus dem Vorjahr, abzüglich des Beitragsübertrages auf das nächste Jahr und der Rückversicherungsbeiträge.

[64] Soweit sich der Rückversicherer mit seinen Schadensrückstellungen nach denen des Erstversicherers richtet, wirken sich unzureichende Reservierungen des Erstversicherers auch zu Lasten des Rückversicherers aus.

[65] Vergleiche den Bericht über die Sechste Konferenz der europäischen Versicherungsaufsichtsbehörden, a. a. O., S. 12.

Vom Aufsichtsamt wird allerdings eingewendet, daß es aus personellen Gründen nicht zu intensiven Prüfungen in der Lage sei. Das Versicherungsaufsichtsgesetz gibt dem Amt jedoch die Möglichkeit, zur Prüfung auch freie Wirtschaftsprüfer oder Wirtschaftsprüfungsgesellschaften heranzuziehen[66]. Offenbar macht das Bundesaufsichtsamt davon jedoch nicht in ausreichendem Maße Gebrauch, denn statt der im Gesetz vorgesehenen Höchstzeit von fünf Jahren[67] ist der Turnus für die allgemeine Unternehmensprüfung im Augenblick nach Auskünften des Aufsichtsamtes heute mit der erstaunlichen Zeitspanne von zwanzig bis dreißig Jahren anzusetzen.

Zusammenfassend läßt sich sagen, daß es möglich sein müßte, durch eine stärkere Überwachung des Geschäftsgebarens und insbesondere der technischen Reserven und durch die im vorangegangenen Abschnitt behandelte Solvabilitätsspanne ein Kontrollsystem zu schaffen, das gefährliche Entwicklungen des Geschäftsverlaufs frühzeitig offenbar werden läßt und damit rechtzeitige Maßnahmen zur Sicherung der Entschädigungszahlungen erlaubt. Sollte es trotz dieser Maßnahmen — etwa wegen betrügerischer Geschäftsführung — zur Zahlungsunfähigkeit eines Versicherers kommen, so hätten in diesem Falle die Maßnahmen auf der zweiten Sicherungsstufe für die Entschädigung der Versicherungsnehmer und der Verkehrsopfer zu sorgen.

C. Die Sicherung der Leistungen durch einen gemeinsamen Konkursfonds der Versicherungsnehmer

I. Der Konkursfonds

Die im vorangegangenen aufgeführten Maßnahmen sollten sicherstellen, daß jedes Unternehmen genügend Mittel zur Verfügung hält, um die Ansprüche der Versicherten und der Verkehrsopfer erfüllen zu können. Allen Maßnahmen war gemeinsam, daß die ausreichende Entschädigung der An-

---

[66] Vergleiche Paragraph 84 Absatz 1 Versicherungsaufsichtsgesetz.
[67] Vergleiche ebenda.

sprüche durch die finanzielle Ausstattung und die Beobachtung des Geschäftsgebarens jedes einzelnen Unternehmens garantiert werden sollte. Um jedoch auch dann, wenn ein Versicherer trotz dieser Sicherungen Konkurs erleidet, die Ansprüche der Versicherten und der geschädigten Dritten in jedem Fall erfüllen zu können, müßten zusätzliche finanzielle Mittel zur Verfügung stehen. Als eine dazu geeignete Maßnahme erscheint die Gründung eines obligatorischen Konkursfonds.

Es sei an dieser Stelle jedoch darauf hingewiesen, daß die Inanspruchnahme des Fonds nur für den Konkursfall vorgesehen ist. Ein Konkurs ist jedoch keineswegs die einzige Möglichkeit für einen Unternehmer, aus einem Markt auszuscheiden. Verschlechtern sich die Ertragsaussichten nach Ansicht eines Versicherers derart, daß sich langfristig ein Angebot auf dem betreffenden Markt nicht weiter lohnt, so ist ein freiwilliges Ausscheiden aus dem Markt der normale Weg, sich vor Kapitalverlusten zu schützen. In diesem Fall dürfte sich ohne weiteres eine Bestandsübertragung auf ein anderes Unternehmen vornehmen lassen, so daß die Versicherungsnehmer keinen Verlust erleiden würden. Daß dieser Weg auch beschritten wird und es bei sinkenden Prämien nicht notwendigerweise zum Konkurs kommen muß, sieht man daran, daß „in der Nachinflationszeit in Deutschland weit mehr als 100 junge Versicherungsgesellschaften wieder liquidiert worden" sind[68]. Die Inanspruchnahme des Fonds kommt also immer nur dann in Frage, wenn ein Unternehmer nicht zum freiwilligen Ausscheiden bereit war und die Lage des Unternehmens trotz der genannten Maßnahmen derart schlecht ist, daß auch eine Bestandsübernahme durch Versicherer nicht mehr in Betracht gezogen werden kann. Wie wahrscheinlich der letzte Fall ist, muß hier dahingestellt bleiben.

---

[68] Vergleiche M. Gürtler, Dynamik in der Versicherungswirtschaft. In: Wirtschaft und Recht der Versicherung. — Paul Braeß zum 66. Geburtstag, herausgegeben von D. Farny, Karlsruhe 1969, S. 131. In den USA waren es in den Jahren 1960 bis 1967 sogar über 500 Nichtlebensversicherer, die sich freiwillig zurückgezogen haben.

Der Gedanke, bei einem Konkurs die Ansprüche der Geschädigten durch einen Fonds zu sichern, ist nicht neu und auch keineswegs auf die Versicherungswirtschaft beschränkt[69]. Speziell für diese Branche hat zum Beispiel E. Dürr die Einrichtung eines Fonds empfohlen[70], und für die Kraftverkehrssparte wies zum Beispiel W. Seuß auf die Nützlichkeit eines solchen Garantievermögens hin[71]. In einigen anderen Ländern sind die Ansprüche der Verkehrsopfer bereits auf diese Weise sichergestellt. Beispiele dafür sind die Regelungen in Frankreich[72], Italien[73] und England[74]. Eine Parallele findet

---

[69] So wurde zum Beispiel schon im ersten Jahrzehnt des vorigen Jahrhunderts in Paris ein Garantiefonds für Droschkenkutscher geschaffen. Vergleiche T. Schneider, Der Fonds de Garantie Automobile im Rahmen des Schutzes der Verkehrsopfer. — Internationale Vergleichung und rechtliche Einordnung. Arbeiten zur Rechtsvergleichung. (Schriftenreihe der Gesellschaft für Rechtsvergleichung, Band 32, herausgegeben von E. von Caemmerer). Frankfurt (Main), Berlin 1967, S. 60 f. Auch an der New Yorker Börse wurde zum Schutze der Anleger vor Konkursen von Brokerfirmen ein Garantiefonds gegründet. Vergleiche „Frankfurter Allgemeine Zeitung" Nr. 169 vom 24. Juli 1964, S. 27 und Nr. 129 vom 8. Juni 1970, S. 13.

[70] Vergleiche E. Dürr, Die Liberalisierung des internationalen Versicherungsverkehrs. (Versicherungsforschung, Schriftenreihe für internationalen Gedankenaustausch über sozial- und privatwirtschaftlichen Versicherungsschutz, Heft 1). Berlin 1956, S. 89; im folgenden zitiert als „Liberalisierung". Die Forderung nach einer Umlageeinrichtung der Versicherer wurde auch von B. Grossfeld übernommen. Siehe B. Grossfeld, Prämienkartelle, a. a. O., S. 134.

[71] Vergleiche Wilhelm Seuß, Rückzug vor der Tariffreiheit, a. a. O.

[72] In Frankreich übernimmt der „fonds de garantie" die Verantwortung für die von den Versicherungsgesellschaften im Zustand der Liquidation zu zahlenden Entschädigungen. Vergleiche Sechste Konferenz der europäischen Versicherungsaufsichtsbehörden, a. a. O., S. 289 und T. Schneider, a. a. O., S. 61 ff. Dieser Fonds regelt gleichzeitig auch die Schäden aus Unfällen mit unversicherten oder unerkannt gebliebenen Fahrzeugen.

[73] „Bei dem Nationalen Versicherungsinstitut besteht eine selbständige Verwaltung des ‚Garantiefonds für die Opfer des Straßenverkehrs' für die Wiedergutmachung von Schäden, die von nicht identifizierten, nicht versicherten oder solchen Fahrzeugen oder Wasserfahrzeugen verursacht werden, die durch zum italienischen Bestand gehörende Verträge bei Unternehmen versichert sind, die zum Zeitpunkt des Schadens oder später zahlungsunfähig sind oder sich in Zwangsliquidation befinden." G. Angela, Die Tarifkalkulation in der Kraftfahrthaftpflichtversicherung. In: Bericht. — VII. Konferenz der Europäischen Versicherungsaufsichtsbehörden, a. a. O., S. 84.

[74] In England erhält das Verkehrsopfer „eine Entschädigung von dem gemeinsamen vom Motors Insurer's Bureau verwalteten Fonds, nach Maßgabe des zwischen dem Büro und dem Verkehrsministerium abgeschlosse-

sich auch in den Gemeinschaftseinrichtungen der Kreditwirtschaft zur Einlagensicherung ihrer Kunden. Erwähnt sei hier der „Gemeinschaftsfonds des privaten Bankgewerbes", der „Genossenschaftliche Hilfsfonds des Deutschen Raiffeisenverbandes" und der „Kreditgenossenschaftliche Garantiefonds des Deutschen Genossenschaftsverbandes". Auch im Ausland, zum Beispiel den Vereinigten Staaten, in Indien und in Norwegen wurden derartige Fonds zur Sicherung der Einlagen gegründet[75].

In der Kraftverkehrsversicherung hätte ein solcher Konkursfonds die Aufgabe, die Entschädigungsleistungen an die Verkehrsopfer auch für den Fall sicherzustellen, daß ein Versicherer trotz der im vorangegangenen Abschnitt behandelten Sicherungsmaßnahmen zahlungsunfähig wird.

Die Hauptschwierigkeiten, die bei der Gründung eines solchen Fonds auftreten, betreffen vor allem die Finanzierung. Geklärt werden müssen die Fragen, von wem die Mittel aufzubringen sind, welche Bemessungsgrundlage für die Beiträge gewählt werden soll und welche Höhe der Konkursfonds haben soll. Zu klären ist weiter, wie vermieden werden kann, daß die Versicherungsnehmer sich bei der Wahl ihres Versicherungsunternehmens nur noch um die Höhe der Prämie kümmern, die Qualität des angebotenen Versicherungsschutzes jedoch ganz außer acht lassen. Diese Fragen alle bis ins Letzte zu beantworten, hieße allerdings, den Rahmen dieser Arbeit zu überschreiten. Hier können lediglich einige Gesichtspunkte diskutiert werden, die für die endgültige Entscheidung, die nur eine politische sein kann, von Bedeutung sind.

Bei der Frage nach dem finanziellen Träger des Konkursfonds ließe sich am ehesten an eine Finanzierung durch die Versicherungsnehmer denken. Zwar könnte man dagegen

---

nen Abkommens." Sechste Konferenz der europäischen Versicherungsaufsichtsbehörden, a. a. O., S. 290.

[75] Vergleiche dazu auch V. Szagunn und H. Voigt, Einlagensicherung in der Kreditwirtschaft, Frankfurt 1966 und den „Bericht der Bundesregierung über die Untersuchung der Wettbewerbsverschiebungen im Kreditgewerbe und über eine Einlagensicherung." Bundestagsdrucksache V/3500, S. 138 ff.

einwenden, daß damit diejenigen Versicherungsnehmer, die sich von vornherein einen soliden Versicherer ausgesucht haben und für diese Sicherheit mit höheren Prämien bezahlen, noch zusätzlich für die Sicherheit anderer herangezogen würden, die bei einem in Konkurs geratenen Unternehmen nur niedrige Prämien gezahlt haben. Die Tatsache, daß die Versicherungsnehmer die einzigen Nutznießer des Fonds sind, spricht jedoch trotzdem für eine Finanzierung durch die Versicherten. Dagegen würde es schwierig, einen Beitragszwang der Versicherungsunternehmer zu begründen. Denn auf diese Weise würden vorsichtige Unternehmer, die ihre Prämie so kalkulieren, daß sie auch bei einem unvorhersehbaren Ansteigen der Schäden die Versicherungsverträge erfüllen können, zur Finanzierung der Konkursschäden jener Versicherer herangezogen, die die zukünftige Schadensentwicklung zu optimistisch angesehen haben. Darüber hinaus würde auch eine Beitragszahlung der Versicherer nichts daran ändern, daß die Mittel langfristig von den Versicherungsnehmern aufzubringen wären. Somit geht es bei der Frage, von wem die Beiträge an den Fonds zu zahlen sind, letzten Endes nur darum, wie deutlich diese Finanzierung durch die Versicherten in der Konstruktion des Fonds zum Ausdruck gebracht werden soll. Um an der Traglast der Beiträge keinen Zweifel aufkommen zu lassen, wäre eine klare Trennung zwischen Versicherungsprämie und Beitrag für den Konkursfonds zu befürworten. Denkbar wäre es sogar, den Beitrag von den Versicherungsnehmern zusammen mit der Kraftfahrzeugsteuer zu erheben, um auf diese Weise die Unabhängigkeit des Fonds von den Versicherern zu unterstreichen.

Die Beiträge für den Konkursfonds ließen sich entweder als Prozentsätze der zu zahlenden Prämie bestimmen oder die Versicherungsnehmer könnten verpflichtet werden, für jedes versicherte Kraftfahrzeug einen bestimmten Betrag zu zahlen. Für die zuletzt genannte Möglichkeit spricht schon der geringe zusätzliche Verwaltungsaufwand, den die Erhebung eines für alle Kraftfahrzeughalter gleichen Betrages verursachen würde. In diesem Fall brauchte bei der Zahlung der

Kraftfahrzeugsteuer lediglich allen Kraftfahrzeughaltern ein zusätzlicher Betrag, der für alle derselbe wäre, in Rechnung gestellt zu werden. Ein prozentual an der Versicherungsprämie ausgerichteter Betrag würde dagegen zum einen Kenntnisse des Finanzamtes über die Höhe der von jedem einzelnen Kraftfahrzeughalter zu zahlenden Prämie erfordern und eine individuelle Berechnung jedes einzelnen Beitrages notwendig machen. Es könnte eingewendet werden, daß es trotzdem sinnvoll sei, den Beitrag für den Konkursfonds an der Versicherungsprämie zu bemessen, da auf diese Weise auch das Schadensrisiko des einzelnen Versicherungsnehmers mit berücksichtigt würde. Da der Finanzbedarf des Fonds jedoch schon durch eine einmalige Zahlung der Versicherungsnehmer gedeckt werden könnte, wäre es reine Willkür, die Beiträge nach der zum Zeitpunkt der Beitragserhebung zu zahlenden Prämie zu bemessen. Veränderungen des Schadenrisikos, die im Laufe der Zeit durch Wagen- oder Wohnungswechsel oder durch unfallfreies Fahren bewirkt würden, ließen sich bei einer einmaligen Zahlung nicht berücksichtigen.

Gegen die Erhebung eines prozentual an der Versicherungsprämie ausgerichteten Beitrages zum Konkursfonds spricht weiter, daß damit ausgerechnet diejenigen Versicherungsnehmer in besonderem Maße zur Finanzierung herangezogen würden, die relativ hohe Prämien zahlen. Dagegen würden jene Versicherungsnehmer, die bei einem konkursgefährdeten Unternehmen nur relativ niedrige Prämien zahlen, in geringerem Maße belastet.

Schwierigkeiten bei der Einrichtung eines Konkursfonds liegen weiter in der Bestimmung der notwendigen Höhe des Fonds und in der Anlage der Mittel. Mit einer geringen Belastung der Versicherungsnehmer ließe sich jedoch schon in kurzer Zeit ein Fonds einrichten, der eine relativ hohe Sicherheit bietet. Bei einem Bestand von ungefähr 15 Millionen Kraftfahrzeugen würden dem Fonds schon durch die *einmalige* Erhebung eines Beitrags von 3,— DM für jedes versicherte Kraftfahrzeug 45 Millionen DM zufließen[76]. Derselbe Betrag ließe sich auch durch einen prozentualen Zuschlag auf die Jahresprämie von weniger als einem Prozent aufbringen[77].

Ein Vergleich dieser Summe mit den jährlichen Schadenszahlungen der Versicherer gibt eine Vorstellung von der damit erreichbaren Sicherheit[78]. Tabelle 3 zeigt, daß der weitaus größte Teil der Unternehmer Leistungen jährlich in einer Höhe zahlt, die unter 45 Millionen DM liegen. Dabei ist noch zu berücksichtigen, daß ein geringer Teil der Schadensleistungen, nämlich die Rentenzahlungen, nicht durch den Garantiefonds gedeckt zu werden braucht, da sie durch besondere Deckungsrückstellungen, für die Anlagevorschriften bestehen, gesichert sind. Bei den Versicherungsleistungen blieben allerdings die Schadensrückstellungen für angemeldete, aber noch nicht abgewickelte Schäden unberücksichtigt. Wären die Mittel des Fonds ganz oder teilweise verbraucht, so ließe er sich durch neue Beitragserhebungen in verhältnismäßig kurzer Zeit wieder auffüllen. Den Fonds derart hoch zu dotieren, daß zum Zeitpunkt eines Konkurses bereits auch Mittel in Höhe der Schadensrückstellungen vorhanden wären — also Mittel für Zahlungen, die erst in späteren Jahren zu leisten sind —, erscheint aus Gründen der Rentabilität nicht sinnvoll. Wichtig ist ja lediglich, daß die Entschädigung der Verkehrsopfer auch im Falle eines Konkurses ohne große Verzögerung fortgeführt werden kann. Läßt sich absehen, daß die Mittel des Fonds nicht zur vollständigen Entschädigung aller Verkehrsopfer ausreichen, so ließe er sich durch neue Beitragserhebungen in verhältnismäßig kurzer Zeit wieder auffüllen.

Schon durch einen einmaligen jährlichen Beitrag in der oben genannten Höhe würde immerhin zum Zeitpunkt eines Konkurses ein Betrag für die Entschädigung der Verkehrsopfer zur Verfügung stehen, der fast fünfmal so hoch ist wie

---

[76] Eine eventuelle Selbstbeteiligung der Versicherungsnehmer an den Konkursschäden wurde hier noch nicht mit einbezogen. Vergleiche dazu weiter unten S. 126 ff.

[77] Zugrundegelegt wurden die Zahlen des Jahres 1969. Siehe Tabelle 2 oben S. 69.

[78] Siehe Tabelle 3.

Tabelle 3

Jährliche Schadenszahlungen der Versicherer geordnet nach ihrer Höhe[a)]

Schadenszahlungen der Versicherer im Jahre 1969	Anzahl der Unternehmen	
	alle Kraftverkehrssparten	Haftpflichtsparte
unter 1 Million DM	18	19
über 1 Million DM bis 10 Millionen DM	40	44
über 10 Millionen DM bis 20 Millionen DM	17	14
über 20 Millionen DM bis 30 Millionen DM	6	13
über 30 Millionen DM bis 40 Millionen DM	10	5
über 40 Millionen DM bis 45 Millionen DM	3	4
über 45 Millionen DM bis 50 Millionen DM	3	3
über 50 Millionen DM bis 60 Millionen DM	4	3
über 60 Millionen DM bis 100 Millionen DM	7	3
über 100 Millionen DM[b)]	2	1

a) Zugrundegelegt wurden die gezahlten Leistungen für Versicherungsfälle für eigene Rechnung des Jahres 1969. Vergleiche Geschäftsbericht des Bundesaufsichtsamtes über das Jahr 1969.

b) Die Schadenszahlungen des größten Unternehmens betrugen 1969 insgesamt 425 Millionen DM, in der Haftpflichtsparte ungefähr 350 Millionen DM.

die Summe, die der Verein Solidarhilfe jährlich bereitstellen will. Dieser hat sich bereit erklärt, im Jahr maximal 10 Millionen DM an Entschädigungen zu zahlen. Gegenüber der bisherigen Regelung würde deshalb die Abwicklung der Schäden im Konkursfall wesentlich beschleunigt.

Um die Kosten für die Gründung und die Verwaltung des Konkursfonds so gering wie möglich zu halten, wäre zu prüfen, ob die Aufgaben des Fonds nicht vom „Entschädigungsfonds für Schäden aus Kraftfahrzeugunfällen"[79] übernommen werden könnten. Dieser Fonds wurde durch das Pflichtver-

---

[79] Siehe dazu oben S. 16 f.

sicherungsgesetz im Jahre 1965 eingerichtet[80]. Er hat die Form einer rechtsfähigen Anstalt des öffentlichen Rechts.

Die endgültige Antwort auf die Frage, mit welchen Mitteln der Fonds ausgestattet werden sollte, hängt von sehr vielen Faktoren ab. Sie wird unter anderem davon bestimmt, für wieviele Konkurse der Fonds Mittel bereitstellen soll und in starkem Maße davon, ob für den Fall, daß der Fonds nicht ausreichend dotiert ist oder seine Mittel nicht schnell genug liquidiert werden können, Gelder aus anderen Quellen — zumindest kurzfristig — verfügbar gemacht werden könnten. Schließlich hängt sie auch vom Leistungsumfang des Fonds ab, also davon, ob auch die Versicherungsnehmer in gewissem Maße an den Konkursschäden beteiligt werden sollen.

II. Die Verbindung des Konkursfonds mit einer Schadenbeteiligung der Versicherungsnehmer

Gegen die Gründung eines Konkursfonds wurde bisher eingewandt[81], daß die Versicherungsnehmer sich beim Abschluß von Versicherungsverträgen nur noch um die Höhe der Prämien zu kümmern hätten, die Qualität des angebotenen Versicherungsschutzes jedoch ganz außer acht lassen könnten, da auch bei Zahlungsunfähigkeit einer Versicherungsgesellschaft die Ansprüche der Verkehrsopfer in jedem Fall gedeckt würden. Dies würde die Versicherungsnehmer zum Abschluß mit konkursverdächtigen Prämienunterbietern ermuntern und die Konkursgefahr erhöhen. Im Gegensatz dazu müßte der Käufer eines Sachgutes, der sich beim Kauf eines Gegenstandes für eine schlechte Qualität entscheidet, den Schaden, den er dadurch erleidet, selber tragen.

Eine Risikoverteilung, wie sie auf dem Markt für Sachgüter üblich ist, ließe sich jedoch auch ohne weiteres auf dem Versicherungsmarkt herstellen. Durch die Einführung einer Selbstbeteiligung könnte der Käufer einer Kraftverkehrsversicherung mit annähernd den gleichen (finanziellen)

---

80 Vergleiche Paragraph 13 Absatz 1 Pflichtversicherungsgesetz.

81 Vergleiche etwa die Denkschrift des HUK-Verbandes, a. a. O., S. 65.

Risiken belastet werden, die er auch als Nachfrager von Sachgütern tragen muß. Gegen eine Selbstbeteiligung der Versicherungsnehmer ließe sich zwar das Argument anführen, der einzelne Kraftfahrzeughalter sei gar nicht in der Lage, sich ein Bild über die Solidität seiner Versicherungsgesellschaft zu machen. Dies trifft jedoch analog auch auf viele andere Märkte zu. Wohl kaum ein Käufer eines Teppichs, einer Waschmaschine oder eines Autos dürfte imstande sein, sich ein eigenes Urteil über die Qualität des gekauften Gegenstandes zu bilden.

Die Einführung einer Selbstbeteiligung des Versicherungsnehmers hätte vor allem folgende Vorteile:

Erstens könnte auf diese Weise eine zusätzliche Sicherungsstufe geschaffen[82] und damit der Finanzbedarf des Konkursfonds erheblich vermindert werden.

Zweitens hätte eine Selbstbeteiligung den Vorteil, daß im Falle eines Konkurses vor allem diejenigen Versicherungsnehmer zur Deckung der Schäden herangezogen würden, die in der vorangegangenen Zeit zu niedrige Prämien bezahlt haben.

Drittens könnten die oben angeführten Bedenken ausgeräumt werden, die sich gegen eine völlige Beseitigung des Konkursrisikos für den einzelnen Kraftfahrzeughalter wenden.

Eine Selbstbeteiligung der Versicherungsnehmer ließe sich auf verschiedene Arten durchführen, je nachdem, welcher Personenkreis zur Beteiligung herangezogen wird und wie die Höhe der Selbstbeteiligung bemessen wird.

Denkbar wäre es einmal, nur diejenigen Versicherten zur Entschädigung heranzuziehen, die einen Schaden verursacht haben, der im Zeitpunkt des Konkurses noch nicht abgewikkelt ist. Diese Form der Selbstbeteiligung sieht etwa der „Verein Solidarhilfe“ vor, der zur Zeit die Ansprüche der

---

[82] Da durch die Selbstbeteiligung jedoch wahrscheinlich nie alle Schadensforderungen gedeckt werden können, sie also nur in Verbindung mit dem Konkursfonds in Frage kommt, soll sie im folgenden weiter zur zweiten Sicherungsstufe gerechnet werden.

Verkehrsopfer im Falle eines Konkurses befriedigt. Der Nachteil dieser Regelung liegt auf der Hand: Es ist vom Zufall abhängig, ob sich der einzelne Versicherungsnehmer an der Finanzierung der Ansprüche beteiligen muß oder nicht. Ein Kraftfahrer, dessen Schaden bereits vor dem Konkurs abgewickelt worden ist, wird nicht zur Entschädigung herangezogen, während ein Versicherungsnehmer, der erst kurz vor dem Konkurs einen Schaden gemeldet hat, diesen bis zur Höhe der Selbstbeteiligung mitzufinanzieren hat. Dieser Nachteil würde jedoch dann vermieden, wenn *alle* Versicherungsnehmer des in Konkurs gegangenen Unternehmens, die einen Schaden angezeigt haben, zu einer Selbstbeteiligung verpflichtet würden. Allerdings ist auch diese Lösung nicht ohne Nachteile. Diejenigen Versicherungsnehmer, deren Vertrag zwar schadensfrei geblieben ist, die aber in der dem Konkurs vorangegangenen Zeit zu niedrige, das heißt unter ihrer Schadenswahrscheinlichkeit liegende Prämien gezahlt und damit ebenfalls zu dem Verlust und dem Konkurs beigetragen haben, würden bevorzugt.

Es wäre daher gerechtfertigt, auch diejenigen Versicherungsnehmer im Konkursfall zur Deckung der Schäden heranzuziehen, deren Vertrag schadensfrei geblieben ist. Dies hat gegenüber den zuerst genannten Lösungen außerdem den Vorteil, daß die Selbstbeteiligungen der einzelnen Versicherungsnehmer zur Deckung einer bestimmten Schadenssumme geringer gehalten werden könnten. Bei gleichen Selbstbeteiligungen würde durch die dritte Form die größte Summe aufgebracht und der Kapitalbedarf des Konkursfonds wäre bei dieser Lösung am geringsten. Allerdings könnte auch gegen die Einbeziehung aller Versicherten der in Konkurs geratenen Gesellschaft eingewendet werden, daß dieser Personenkreis noch zu klein gewählt sei. Von den zu niedrigen Prämien der Gesellschaft haben ja nicht nur diejenigen Versicherungsnehmer profitiert, die zum Zeitpunkt des Konkurses bei der Gesellschaft versichert waren, sondern auch jene, die schon vor dem Zusammenbruch gekündigt haben. Es wäre daher nicht ungerechtfertigt, auch die Versicherungsnehmer zur Deckung der Konkursschäden heranzuziehen, die im letzten Geschäftsjahr bei der Unternehmung versichert waren, jedoch vor dem Konkurs gekündigt haben. Eine solche Regelung gilt heute bereits für die Versicherungsvereine auf Gegenseitigkeit, soweit sie die Nachschußpflicht nicht ausgeschlossen haben. Der Paragraph 25 des Versicherungsaufsichtsgesetzes bestimmt in seinem ersten Abschnitt, daß auch die im Laufe eines Jahres ausgeschiedenen Mitglieder zu Nachschüssen oder Umlagen herangezogen werden können.

Auch eine solche Regelung würde noch eine gewisse Willkür mit sich bringen, da auch die Versicherungsnehmer, die zwei oder drei Jahre vor dem Konkurs bei fallierten Unternehmen zu niedrige Prämien gezahlt haben, unter Umständen mit zu dem Konkurs beigetragen haben. Trotzdem erscheint es sinnvoll, den Personenkreis nicht weiter zu vergrößern.

Eine weitere Frage, die im Zusammenhang mit der Selbstbeteiligung der Versicherten zu behandeln wäre, ist die Bemessungsgrundlage und die Höhe der Selbstbeteiligung.

Einmal ist es denkbar, die Selbstbeteiligung als absoluten Betrag festzulegen, der für alle Versicherten, die zur Finanzierung herangezogen werden, derselbe wäre. Dies sehen beispielsweise der „Verein Solidarhilfe" und auch der „Fahrerfluchtfonds" vor. Während vom ersten eine Selbstbeteiligung des Kraftfahrers, der einen Schaden verursacht hat, in Höhe von maximal 2 000,— DM vorgesehen wird, sind es beim „Fahrerfluchtfonds" lediglich 1 000,— DM. Selbstbeteiligungen in dieser Höhe oder auch leicht darüber dürften wohl auch bei einem neu zu gründenden Konkursfonds durchsetzbar sein.

Möglich wäre es auch, die Selbstbeteiligung an die Prämie zu binden und den Versicherungsnehmer in Höhe von maximal einer oder mehreren Jahresprämien zur Finanzierung zu verpflichten. Sicher wären auch noch kompliziertere Formen der Selbstbeteiligung denkbar. Bei der Festlegung der endgültigen Form wird jedoch nicht außer Acht gelassen werden dürfen, welche Lösungsmöglichkeiten mit dem geringeren Verwaltungsaufwand zu realisieren sind, denn schließlich sollte die rasche Entschädigung der Verkehrsopfer im Falle eines Konkurses im Vordergrund stehen.

Berücksichtigt werden müßte bei der Bestimmung der Selbstbeteiligung auch, daß für die Mitglieder von Versicherungsvereinen auf Gegenseitigkeit bereits eine Nachschußpflicht — in der Regel in Höhe einer Jahresprämie — besteht. Für Kraftfahrzeughalter, die sich bei einem Unternehmen dieser Rechtsform versichert haben, wäre daher die Anrechenbarkeit des Nachschußbetrages auf die Selbstbeteiligung vorzusehen.

Kommt es trotz aller Vorsichtsmaßnahmen infolge von Verlusten in der Kraftverkehrsversicherung zu einem Konkurs, so wären zwar die Entschädigungsansprüche der Versicherten aus der Kraftverkehrsversicherung durch den Fonds sichergestellt, die Befriedigung der Ansprüche von Versicherungsnehmern anderer Sachversicherungszweige wären in diesem Fall jedoch allein auf die Konkursmasse angewiesen. Eine solche Begrenzung des Gläubigerschutzes auf bestimmte Versicherungsnehmer erscheint jedoch unbillig und wird von einigen Autoren kritisiert[83]. Im Grunde ist dies jedoch exakt der Zustand, der heute auf dem Sachversicherungsmarkt besteht. Während für die Versicherungsnehmer der Kraftverkehrsversicherung und die Verkehrsopfer der Verein Solidarhilfe die Entschädigung im Konkursfall garantiert, gibt es eine ähnliche Einrichtung für die Versicherungsnehmer der übrigen Sachversicherungszweige nicht. Eine Verbesserung dieses Zustandes wäre dadurch möglich, daß entweder die Einrichtung eines Konkursfonds für alle Sachversicherungszweige vorgesehen wird oder das Kraftverkehrsversicherungsgeschäft von den übrigen Sachversicherungszweigen getrennt wird. Zwar würden bei der zweiten Lösung die Versicherungsnehmer der übrigen Sach-

[83] Vergleiche etwa P. Braeß und D. Farny, Gestaltung, a. a. O., S. 110 und W. Seuß, Freie Kraftfahrt-Versicherungsprämien statt staatlicher Aufsicht. „Frankfurter Allgemeine Zeitung" Nr. 226 vom 30. September 1971, S. 15.

versicherungszweige auch nicht weiter geschützt, doch könnte dadurch die Wahrscheinlichkeit verringert werden, daß durch Verluste in der Kraftverkehrsversicherung auch die Versicherungsnehmer anderer Versicherungszweige geschädigt werden. Eine solche Spartentrennung ist in der Versicherungswirtschaft nicht unbekannt: auch die Lebens-, Kranken-, Kredit- und Rechtsschutzversicherung müssen in von der Sachversicherung getrennten Spezialunternehmen betrieben werden[84]. Mit welcher Strenge diese Trennung im konkreten Fall vollzogen werden sollte, braucht hier nicht weiter erörtert zu werden. Auch die Trennung zwischen Lebensversicherung und Sachversicherung wurde mit dem Ziel vorgenommen, durch Verluste in den Sachversicherungszweigen nicht die Erfüllung der Lebensversicherungsverträge zu gefährden. Will man eine Gefährdung der übrigen Sachversicherungszweige durch die Kraftverkehrsversicherungen vermeiden, läge derselbe Tatbestand vor, der auch analog zu behandeln wäre. Ziel dieser Herauslösung der Kraftverkehrsversicherungen wird daher vor allem eine Trennung des Vermögens sein. Diese hat selbstverständlich nur dann einen Sinn, wenn gleichzeitig auch Verträge der Unternehmen, die dem Sinn der Spartentrennung widersprechen, unterbunden werden. Dagegen wäre es zweckmäßig, eine weitgehende Kooperation zwischen Kraftverkehrsversicherung und den übrigen Sachversicherungszweigen in der Innen- und Außenorganisation auch weiterhin zuzulassen, um die Kostensteigerungen infolge dieser Spartentrennung so gering wie möglich zu halten.

Farny lehnt den Ersatz der Konkursschäden durch einen Konkursfonds als einziges Mittel zur Realisierung des Gläubigerschutzes als untauglich ab[85]. Seiner Meinung nach müßten immer „kollektive Marktmaßnahmen", insbesondere Prämienkartelle, als ergänzende Mittel hinzutreten. Würde ein Versicherer wegen unzureichender Prämien längere Zeit Verlust hinnehmen müssen,

[84] Vergleiche E. Meyer, Die Spartentrennung im Gemeinsamen Markt. In: Versicherungswirtschaft im Gemeinsamen Markt. — Die Niederlassungsfreiheit in der Schadensversicherung. (Schriftenreihe zum Handbuch für Europäische Wirtschaft, Band 31, Herausgeber E. Frey). Baden-Baden 1967, S. 121.

[85] D. Farny, Prämienkartelle, a. a. O., S. 26.

so wären die übrigen Versicherer gezwungen, ihre Prämien zu erhöhen, um im Konkursfall ausreichende Mittel zur Verfügung zu haben. Damit vergrößerten sich jedoch die Prämienunterschiede, und die Versicherungsnehmer würden zu dem Unternehmen mit den unzureichenden Prämien abwandern. Um die dadurch erhöhten potentiellen Konkursschäden decken zu können, müßten die übrigen Versicherer wiederum ihre Prämien erhöhen, was ebenfalls zu Abwanderungen führen würde. Aus diesem circulus vitiosus könnten die Versicherer nur dann ausbrechen, wenn sie sich zu einem gemeinsamen Handeln entschlössen oder andere Marktregulierungsmaßnahmen getroffen würden. Diese Schlußfolgerungen Farnys treffen jedoch auf den oben skizzierten Konkursfonds nicht zu. Prämienerhöhungen, die den oben beschriebenen circulus vitiosus einleiten könnten, brauchten dabei nicht vorgenommen zu werden, da die benötigten Geldmittel bereits vorhanden sind und unabhängig von den Prämien durch Zahlungen der Versicherungsnehmer beschafft wurden[86].

D. Die Sicherung der Leistungen durch den Staat

Zur Sicherung der Entschädigungszahlungen an die Verkehrsopfer war im vorigen Abschnitt[87] die Gründung eines Konkursfonds vorgeschlagen worden, in den alle Versicherungsnehmer einen bestimmten Betrag, der sich am zweckmäßigsten an der Zahl der von ihnen versicherten Kraftfahrzeuge ausrichtet, einzahlen müßten. Die Einrichtung eines solchen Fonds würde zwar eine höhere Sicherheit der Verkehrsopfer gewährleisten als dies zur Zeit durch den Solidarhilfeverein geschieht, doch müßten die Ansprüche der Geschädigten auch bei dieser Sicherungseinrichtung unter Umständen für längere Zeit unbefriedigt bleiben, wenn der Fonds unzureichend dotiert worden wäre. Eine schnelle Entschädigung der Verkehrsopfer könnte jedoch auch in diesem Falle gewährleistet werden, wenn der Staat eine Finanzierungsgarantie in unbeschränkter Höhe übernehmen würde[88].

---

[86] Es mag dahingestellt bleiben, ob es realistisch wäre anzunehmen, die Versicherer würden bei niedrigen Prämien eines ihrer Konkurrenten freiwillig Prämienerhöhungen vornehmen, um später die Konkursforderungen begleichen zu können.

[87] Siehe oben S. 118 ff.

[88] Auf die Möglichkeit, durch eine staatliche Garantie die Sicherheit der Versicherten zu erhöhen, weist auch schon E. Dürr hin. Vergleiche derselbe, Einfügung, a. a. O., S. 45.

Auch eine Staatsgarantie wäre für sich gesehen im Grunde kein Novum, da sie für ähnliche Zwecke schon heute im In- und Ausland angewendet wird. Nichts anderes stellt ja die Garantiehaftung der öffentlichen Hände bei öffentlich-rechtlichen Versicherunganstalten wie auch bei den meisten Sparkassen dar. Auch Staatsgarantien für private Unternehmen sind nicht unbekannt. So hat etwa der Staat Argentinien für die Kunden des Kreditgewerbes eine Entschädigungsgarantie für den Konkursfall übernommen[88a].

Die im vorangegangenen genannten Beispiele unterscheiden sich jedoch in einem wesentlichen Punkt von der hier in Rede stehenden Form der Staatsgarantie. Während in den genannten Fällen der Staat seine Zahlungen à fonds perdu leistet, wären bei der hier vorgesehenen Regelung die vom Staat zur Verfügung gestellten Mittel vom Fonds zurückzuzahlen, sobald die neu eingehenden Beitragszahlungen dazu ausreichen. Somit würde es sich hier lediglich um staatliche Kredite handeln. In der Regel dürfte die Rückzahlung relativ schnell möglich sein, da sich durch eine geringe Belastung des Versicherungsnehmers schon sehr hohe Beträge aufbringen lassen[88b]. Die Rückzahlung der Kredite wäre lediglich dann gefährdet, wenn wegen ständig neuer Konkurse eine Wiederaufstockung des Fonds nicht möglich wäre. Es ist jedoch sehr unwahrscheinlich, daß nach einer Aufhebung der Genehmigungspflicht die Zahl der Konkurse derart stark steigen würde, daß die Rückzahlung der Kredite gefährdet wäre. Die Befürchtung, daß bei einer staatlichen Kreditgarantie die Verluste der Versicherer aus Steuermitteln gedeckt würden, dürfte deshalb unbegründet sein.

Einwände, die sich gegen eine Inanspruchnahme von Steuermitteln im Rahmen der Kreditgarantie richten, würden im übrigen dann an Gewicht verlieren, wenn man die Kreditgarantie als eine staatliche Gegenleistung für die von den Kraftfahrzeughaltern gezahlte Versicherungssteuer inter-

---

[88a] Vergleiche etwa V. Szagunn und H. Voigt, a. a. O., S. 106. Eine ähnliche Regelung gilt im Prinzip auch für Paraguay. Vergleiche ebenda, S. 108.

[88b] Siehe auch oben S. 123 f.

pretieren würde. Bisher wurde die Erhebung dieser Steuer in der Literatur vor allem mit der besonderen Leistungsfähigkeit der Versicherungsnehmer begründet[89]. Zumindest für die Kraftverkehrsversicherung erscheint eine solche Begründung jedoch zweifelhaft. Allein schon die starke Verbreitung des Kraftfahrzeugs in allen Bevölkerungsschichten zeigt, daß nicht schon der Besitz eines Autos und die Fähigkeit einen Versicherungsvertrag abzuschließen, für eine *besondere* Leistungsfähigkeit des Kraftfahrzeughalters spricht.

Weiter wird die Versicherungssteuer in der Literatur damit begründet, daß „durch die Versicherungen Kapital zusammengefaßt wird, das in dieser Zusammenfassung einen größeren wirtschaftlichen Wert hat als die einzelnen kleinen Beträge“[90]. Diese Begründung würde nur dann zutreffen, wenn die Versicherungssteuer von den Versicherungsunternehmern getragen würde. Dies ist jedoch nicht der Fall, vielmehr wird die Versicherungssteuer heute offen auf die Versicherungsnehmer überwälzt, die im übrigen auch die Steuerdestinatare sind.

Zumindest für den Teil der Versicherungssteuer, der von den Kraftfahrzeughaltern gezahlt wird, ließe sich jedoch eine akzeptable Begründung vorweisen, wenn man die Kreditgarantie als ein Äquivalent für die Versicherungssteuer interpretiert. Auf diese Weise ließe sich wahrscheinlich sowohl der Widerstand gegen diese Steuer als auch die Abneigung gegen eine staatliche Kreditgarantie erheblich vermindern.

Abschließend kann also gesagt werden, daß mit einer staatlichen Finanzierungsgarantie in unbeschränkter Höhe zusätzlich zu den Maßnahmen zur Sicherung der Zahlungsfähigkeit des einzelnen Versicherers und dem Konkursfonds eine dritte Barriere geschaffen würde, die im Zusammenhang

---

89 Vergleiche H. Kolms, Artikel „Versicherungssteuer“ in Handwörterbuch der Sozialwissenschaften. Stuttgart, Tübingen und Göttingen, Bd. 11, 1961, S. 237 f. und die dort angegebene Literatur.

90 M. Wunschel und R. Kostboth, Versicherungssteuergesetz. — Erläuterungsbuch (unter Berücksichtigung des Versicherungsrechts). Gesetzestext, Durchführungsbestimmungen. (Guttentag'sche Sammlung Deutscher Reichsgesetze Nr. 208). Berlin und Leipzig 1937, S. 32.

mit den anderen Sicherungsmaßnahmen einen ausreichenden Schutz der Versicherungsnehmer und der Verkehrsopfer gewährleisten dürfte.

Exkurs: Konkursfonds und Kreditgarantie — ein erster Schritt auf dem Wege zum Dirigismus?

Die zuletzt genannten Maßnahmen zum Schutze der Versicherungsnehmer und der Verkehrsopfer — der Konkursfonds und die staatliche Kreditgarantie — werden von einigen Seiten mit dem Argument abgelehnt, dies sei ein erster Schritt auf dem Wege zum Dirigismus. So meint der HUK-Verband, daß durch diese Maßnahmen das Unternehmerrisiko und das Verbraucherrisiko kollektiviert und damit die Grundsätze der freien Marktwirtschaft in ihrem entscheidendsten Punkt aufgehoben würden. In den vorgeschlagenen Maßnahmen sieht er eine Neutralisierung der Verbrauchernachfrage und des Betriebserfolges und verurteilt die Maßnahmen daher als „die schärfste Form der Kollektivierung eines Wirtschaftszweiges nächst der Verstaatlichung"[91]. Auch der Bundesverband bevollmächtigter Generalagenten und Geschäftstellenleiter der Assekuranz e. V. verurteilt die Vorschläge als „staatlichen Dirigismus", „demgegenüber sich das augenblickliche Genehmigungsverfahren als ausgesprochen bescheidenes Minimum ausnimmt"[92].

Diese Argumente erscheinen jedoch bei genauer Betrachtung unverständlich. So verschiedenartig die Definitionen des Begriffes Dirigismus auch sein mögen, Maßnahmen, die den staatlichen Einfluß auf die unternehmerischen Aktionsparameter — hier die Prämie und die Tarifstruktur — beseitigen, dürften wohl kaum darunter zu fassen sein[93]. Von einer

---

[91] Denkschrift, a. a. O., S. 65.

[92] Bundesverband bevollmächtigter Generalagenten und Geschäftsstellenleiter der Assekuranz e. V., Schreiben an den Bundesminister für Wirtschaft und Finanzen vom 30. November 1971, S. 2. Weniger scharf formuliert die Arbeitsgemeinschaft von Versicherungsnehmern für Fragen der Kraftfahrtversicherung. Vergleiche das Schreiben an den Bundesminister für Wirtschaft und Finanzen vom 22. November 1971, S. 2. Vergleiche weiter auch P. Braeß und D. Farny, Gestaltung, a. a. O., S. 105 ff.

[93] Zwar wird mit der Aufhebung der Genehmigungspflicht eine Zwangsabgabe für den Konkursfonds eingeführt, doch dürfte diese Maßnahme im

„Neutralisierung des Betriebserfolges" kann zumindest keine Rede sein. Ziel der vorgeschlagenen Maßnahmen ist es ja gerade, das unternehmerische Risiko der einzelnen Versicherer zu erhöhen, um sie dadurch auch bei einer Freigabe der Prämien zu einer kostengerechten Kalkulation zu zwingen. Kalkuliert ein Versicherer falsch und geht in Konkurs, so verliert er sein eingesetztes Kapital und muß den Markt verlassen.

Von einer „Neutralisierung" oder zumindest von einer Verminderung des unternehmerischen Risikos ließe sich eher im Falle einer Beibehaltung der Genehmigungspflicht sprechen. Greift der Staat direkt in die Preisbildung einer Unternehmung ein, so läßt sich daraus geradezu die Pflicht zur Neutralisierung des Unternehmerrisikos ableiten, die ja auch in der Zielsetzung des Aufsichtsamtes, die Existenz jedes einzelnen Versicherers zu erhalten, zum Ausdruck kommt[94].

Auch der Vorwurf, durch die genannten Maßnahmen werde das Verbraucherrisiko „neutralisiert", geht an der Sache vorbei. Auf dem Sachgütermarkt besteht das Risiko des Käufers darin, daß die erstandene Ware minderwertig oder fehlerhaft ist, so daß ihr Nutzen in der Präferenzskala des Käufers kleiner ist als der Kaufpreis. Ist die gekaufte Sache vollkommen nutzlos oder wird sie gar nicht geliefert, so erleidet er einen Verlust in Höhe des Kaufpreises. Genau dieses Risiko besteht jedoch auch nach Realisierung der vorgeschlagenen Maßnahmen noch auf dem Markt für Kraftverkehrsversicherungen. Im Falle eines Konkurses erleidet der Versicherungsnehmer einen Verlust in Höhe des Prämienanteils für den Rest des Versicherungsjahres. Es ergeht ihm also wie dem Käufer eines Sachgutes, der seine Ware bezahlt hat, aber nicht geliefert bekommt, weil das Unternehmen in Konkurs geraten ist.

Die Gründung eines Konkursfonds würde somit das Verbraucherrisiko, soweit es auch auf anderen Märkten besteht, nicht berühren.

Verhältnis zu den Eingriffen im Rahmen der Genehmigungspflicht unerheblich sein.

[94] Vergleiche dazu oben S. 24 ff.

Auf den Sachgütermärkten besteht für den Käufer in aller Regel lediglich eine Verlustgefahr in Höhe des Kaufpreises. Auf dem Versicherungsmarkt ist die Situation insofern anders, als der Versicherungsnehmer durch den Versicherungsvertrag ja gerade versucht, sich vor Verlusten zu schützen, die höher sind als die Versicherungsprämie. Lediglich dieses Risiko wird durch die vorgeschlagenen Maßnahmen „neutralisiert". Allerdings geschieht dies — für den Fall, daß man eine Selbstbeteiligung vorsieht — auch nur soweit, wie es ihm aus sozialpolitischen Gründen nicht mehr zugemutet werden kann.

Die Freigabe der Prämien und die Einrichtung eines Sicherungssystems in die Nähe der Verstaatlichung zu rücken, erscheint deshalb abwegig. Vielmehr wird durch diese Maßnahmen erst ein Rahmen geschaffen, der Preiswettbewerb, wie er in einer Marktwirtschaft üblich ist, überhaupt erst ermöglicht.

E. Zusammenfassung

In den vorangegangenen Abschnitten wurden Möglichkeiten untersucht, den Schutz der Versicherungsnehmer und der Verkehrsopfer auch im Falle einer Aufhebung der Genehmigungspflicht zu gewährleisten. Dieser Schutz läßt sich mit Hilfe der oben gemachten Vorschläge in drei Stufen erreichen.

Die Maßnahmen der ersten Stufe sind darauf ausgerichtet, die Erfüllbarkeit der Verträge durch die Sicherung der Zahlungsfähigkeit des einzelnen Versicherungsunternehmens zu erreichen. Dies sollte dadurch geschehen, daß — anders als bisher — auch während des Bestehens eines Unternehmens jederzeit bestimmte Anforderungen an die Eigenkapitalausstattung erfüllt sein müssen. Selbstverständlich hängt die Effizienz einer solchen Maßnahme in starkem Maße von der Höhe der gestellten Anforderungen ab. Die endgültige Entscheidung darüber liegt jedoch im politischen Bereich und kann in dieser Arbeit, in der lediglich eine prinzipielle Möglichkeit zur Sicherung der Versicherungsnehmer und der Verkehrsopfer behandelt werden sollte, nicht weiter diskutiert werden. Zu den Maßnahmen der ersten Stufe zählt weiter die Aufsichtstätigkeit des Bundesaufsichtsamtes, die sich vor allem auf eine verstärkte Kontrolle der technischen Reserven zu konzentrieren hätte.

Für den Fall, daß trotz dieser Sicherungen ein Unternehmen zahlungsunfähig wird und eine Übernahme des Bestandes durch andere Versicherer nicht in Frage kommt, könnte durch die Sicherungseinrichtungen der zweiten und der dritten Stufe für eine ausreichende Entschädigung der Versicherungsnehmer garantiert werden. Für die nicht aus der Konkursmasse zu deckenden Forderungen wären zunächst die Versicherungsnehmer im Rahmen der vorgeschlagenen Schadenbeteiligung heranzuziehen. Erst die über diese Beteiligung hinausgehenden Schadenforderungen wären durch den von allen Versicherungsnehmern finanzierten Konkursfonds zu decken. Es sei hier noch einmal darauf hingewiesen, daß es sich im Grunde also um zwei Sicherheitsstufen handelt, die lediglich wegen ihrer besonders engen Beziehung zueinander zusammengefaßt wurden.

Sollten die im Konkursfonds angesammelten Mittel zur Entschädigung der Verkehrsopfer nicht ausreichen, dann wäre auf der dritten Stufe der Staat zur Finanzierung heranzuziehen. Die von ihm zur Verfügung gestellten Gelder wären vom Konkursfonds jedoch wieder zurückzuzahlen, sobald die Mittel des Fonds dazu wieder ausreichen. Dies dürfte in der Regel relativ schnell gehen, da sich schon durch eine geringe Belastung des einzelnen Kraftfahrzeughalters in kurzer Frist relativ große Beträge aufbringen lassen.

Der Vorwurf, die vorgeschlagenen Maßnahmen seien dirigistisch, scheint unbegründet, da erst durch diese Sicherheitseinrichtungen die Preiskalkulation — der wichtigste Parameter dirigistischer Maßnahmen — voll in die Verantwortung der Versicherer gelegt werden kann.

Abschließend sei darauf hingewiesen, daß es sich bei den drei Stufen zur Sicherung der Ansprüche von Versicherten und Geschädigten um eine Einheit handelt. Daher würde nur die Realisierung der Vorschläge auf allen drei Stufen einen ausreichenden Schutz der betroffenen Gruppen garantieren.

Sechstes Kapitel

Die Gefahr überhöhter Prämien und Möglichkeiten zum Schutze der Versicherungsnehmer

A. Die Gefahr überhöhter Prämien

I. Die Wahrscheinlichkeit überhöhter Prämien bei einer Aufhebung der Genehmigungspflicht

Die in den vorangegangenen Abschnitten behandelte Gefahr von Unterkostenprämien bei einer Aufhebung der Genehmigungspflicht wird vor allem von den Versicherern und ihren Verbänden gesehen. Die Versicherungsnehmer und die ihnen nahestehenden Vereinigungen fürchten für diesen Fall dagegen vor allem wettbewerbsbeschränkende Maßnahmen mit der Folge überhöhter Prämien[1]. In der Tat scheint diese Befürchtung nicht vollkommen unbegründet zu sein.

So stellte das Bundeskartellamt in dem Bericht über seine Tätigkeit bereits im Jahre 1962 fest, daß der Wettbewerb in der Kredit- und Versicherungswirtschaft im Verhältnis zu anderen Wirtschaftszweigen schwach ist, und führt als Grund dafür die „seit langem bestehende Solidarität sowie .. die weit verbreiteten Verbandsempfehlungen" an[2]. Im Hinblick auf die Kraftverkehrsversicherung schreibt das Bundeskartellamt allerdings, daß dort „durch unterschiedliche Bo-

---

[1] Vergleiche etwa „Mehr Wettbewerb bei Auto-Versicherungen!" In: Verbraucherpolitische Korrespondenz, Nr. 4 (1972), S. 5 und den Jahresbericht 1971/72 des Bundesverbandes des Deutschen Groß- und Außenhandels e. V., Bonn 1972, S. 88.

[2] Bericht des Bundeskartellamtes über seine Tätigkeit im Jahre 1962 sowie über Lage und Entwicklung seiner Aufgabengebiete, Bundestagsdrucksache IV/1220, S. 65.

nusgewährung für schadenfreies Fahren .. in letzter Zeit der Wettbewerb belebt worden" ist[3].

Es ist kaum anzunehmen, daß sich die Verhaltensweisen der Versicherer bei Aufhebung der Genehmigungspflicht ändern würden. Im Gegenteil, auf einem Markt, auf dem es seit mehr als dreißig Jahren keinen freien Prämienwettbewerb gegeben hat, würde eine solche Maßnahme vermutlich eher dazu führen, daß sich die Unternehmer noch stärker zusammenschließen. Diese Vermutung wird auch durch die Ankündigung des Präsidenten der Versicherungswirtschaft bestätigt, bei Ablösung der verstärkten Staatsaufsicht für die Kfz-Versicherer ein Kartell zu gründen[4]. Diese Aussage des Präsidenten wurde allerdings später dahingehend abgeschwächt, daß ein Kartell nur dann in Frage käme, wenn „alles andere scheitert, die Kraftfahrtversicherung auf einer gesunden Basis ... zu gestalten"[5].

Eine ähnliche Meinung vom Wettbewerbswillen der Versicherer scheint W. Seuß zu haben, der bemerkt, daß die kleineren Versicherer in Deutschland weniger die Rolle eines Außenseiters mit niedrigen Prämien anstreben, sondern sich eher als „Mitläufer" verhalten und sich an die Prämiensätze der größeren Unternehmen anpassen[6]. Beide Beobachtungen sind zwar schon einige Jahre alt, doch sind sie auch noch heute gültig. So läßt sich die Tatsache, daß alle Versicherer trotz unterschiedlichen Schadenverlaufs und unterschiedlicher Geschäftsergebnisse ihre Prämien in der Regel um denselben Prozentsatz erhöhen, nur mit einem Mangel an Wettbewerbswillen oder einer sehr starken Verbandsdisziplin erklären[7]. H. Wilms führt die Prämienpolitik in der Insassen-Unfallversicherung als beispielhaft für die Disziplin in der Kfz-

---

[3] Ebenda. Der Bonus für unfallfreies Fahren ist heute jedoch bei allen Versicherern derselbe.

[4] Bericht in der „Frankfurter Allgemeinen Zeitung" Nr. 3 vom 4. Januar 1964.

[5] Vergleiche „Frankfurter Allgemeine Zeitung" Nr. 13 vom 16. Januar 1964.

[6] Vergleiche W. Seuß, Können Außenseiter am deutschen Versicherungsmarkt auftreten? In „Blick durch die Wirtschaft" vom 18. Januar 1960.

[7] Vergleiche auch die Ausführungen von M. Bachmann, a. a. O., S. 119 f.

Versicherungssparte an[8]. „Jahr für Jahr zahlte ... eine Reihe von Versicherungsvereinen 20 Prozent oder auch 25 Prozent der Prämie als satzungsgemäße Gewinnausschüttung an ihre Versicherungsnehmer zurück, trotzdem nimmt keiner von ihnen eine Prämienermäßigung vor[9]."

Ein Beispiel dafür, daß Erklärungen des Verbandes über notwendige Prämienerhöhungen nicht immer der Geschäftslage aller Mitglieder entsprechen, die Versicherer sich jedoch trotzdem von der allgemeinen Prämienerhöhung nicht ausschließen, zeigen die voneinander abweichenden Ausführungen des Vorsitzenden des HUK-Verbandes Brugger auf der Mitgliederversammlung am 15. Oktober 1970[10] und eine Erklärung des Haftpflichtverbandes der Deutschen Industrie über den Geschäftsverlauf des Jahres 1969[11]. In dieser Mitgliederversammlung des HUK-Verbandes wies Brugger auf die Verluste der Versicherer hin, die in der Kraftverkehrs-Haftpflichtversicherung fast 9 Prozent der verdienten Prämien ausmachten[12]. Weiter vermerkte er, schon im Herbst 1969 darauf aufmerksam gemacht zu haben, daß die Versicherer „im Jahre 1969 mit einigen Anstrengungen noch gerade so über die Runden kommen werden"[13]. Drei Monate vorher, kurz nachdem der HUK-Verband Prämienerhöhungen für die Kraftverkehrsversicherungen gefordert hatte, war dem ADAC jedoch ein Schreiben des Haftpflichtverbandes der Deutschen Industrie zugegangen, in dem es hieß:

---

8 Vergleiche H. Wilms, Kfz-Versicherungsprämien im Zwielicht. „Die Versicherungspraxis", Jahrgang 61 (1970), S. 7. Als weiteres Beispiel läßt sich die Erhöhung der Selbstbeteiligungsquoten in der Vollkaskoversicherung anführen. H. Wilms, Kfz-Versicherung abseits der Freien Marktwirtschaft. „Die Versicherungspraxis", Jahrgang 54 (1964), S. 170 f. Siehe weiter den Artikel „Prämienrückvergütungen in der Kraftverkehrshaftpflicht- und Fahrzeugvollversicherung". „Die Versicherungspraxis", Jahrgang 60 (1970), S. 166 f.

9 H. Wilms, Kfz-Versicherungsprämien im Zwielicht, a. a. O., S. 7. Siehe auch derselbe, Kfz-Versicherung abseits der Freien Marktwirtschaft, a. a. O., S. 169.

10 Vergleiche „Die Lage war noch nie so ernst". „Die Versicherungswirtschaft", Jahrgang 25 (1970), S. 1326—1333.

11 Abgedruckt in: „Neues vom ADAC", Mitteilungen der ADAC-Pressestelle, München, 22. Juli 1970.

12 „Die Lage war noch nie so ernst", a. a. O., S. 1328.

13 Ebenda.

„Der Haftpflichtverband der Deutschen Industrie konnte im Jahre 1969 auf ein befriedigendes Ergebnis zurückblicken. Zwar waren die Zweige Allgemeine Haftpflicht, Unfall und Sachversicherungen angespannt, doch brachte die Kraftfahrtversicherung einen *erheblichen* technischen *Gewinn,* der hohe Rückvergütungen aus dem technischen Überschuß erlaubt[14]."

Die Schadensentwicklung insbesondere in der Kraftfahrtversicherung gab dem Haftpflichtverband zu Bedenken Anlaß, doch beurteilte die Verwaltung die Entwicklung im Jahre 1970 „zwar zurückhaltend, doch *optimistisch*"[15].

Trotz dieser Unterschiede im Geschäftsverlauf und in der Beurteilung der zukünftigen Entwicklung schloß sich auch der Haftpflichtverband der Deutschen Industrie von der allgemeinen Prämienerhöhung zum 1. Januar 1971 nicht aus. Auch die Meldung, daß die Mitglieder des Verbandes der Kraftfahrzeugversicherer sich verpflichtet haben, „nicht mit einem Versicherungsangebot an den Markt zu gehen, das mit dem Angebot des Gerling-Konzerns über eine Auto-Neuwertversicherung vergleichbar ist"[16], läßt sich als ein Zeichen für einen geringen Wettbewerbswillen deuten.

Dieses Verhalten legt den Schluß nahe, daß bei einer Aufhebung der Genehmigungspflicht die Gefahr für die Versicherungsnehmer weniger in einem ruinösen Konkurrenzkampf als in einem überhöhten Prämienniveau liegen würde. Ließe sich die Bildung eines Kartells in der Kraftverkehrsversicherung und die Gefahr zunehmender Verbandsempfehlungen und sonstiger wettbewerbsbeschränkender Abkommen noch durch eine Änderung des Paragraphen 102 des Gesetzes gegen Wettbewerbsbeschränkungen verhindern[17], so bleibt doch die Notwendigkeit einer Zusammenarbeit in der Versicherungswirtschaft bestehen, die wiederum ein koordiniertes Verhalten fördert und damit den Wettbewerbsgrad reduziert. Zusammenarbeit der Versicherer ist etwa

---

14 „Neues vom ADAC", a. a. O. Hervorhebung vom ADAC, in der Presseerklärung unterstrichen.

15 „Neues vom ADAC", a. a. O.

16 „Frankfurter Allgemeine Zeitung" Nr. 76 vom 2. April 1970.

17 Siehe dazu unten S. 164 ff.

dort nötig, wo es darum geht, durch die gemeinsame Erstellung von Statistiken die Kalkulationsgrundlagen zu verbessern oder ein sinnvolles Kalkulieren überhaupt erst zu ermöglichen, weiter in den Sparten, wo große Einzelrisiken zu versichern sind, die die Kraft eines einzelnen Unternehmens überschreiten. Versicherungsunternehmer werden deshalb eher als Unternehmer in anderen Branchen, in denen ein solcher Zwang zur Zusammenarbeit und ein den Versicherern ähnliches Gruppenbewußtsein nicht besteht, bereit sein, sich der Preispolitik eines marktbeherrschenden Unternehmens anzupassen. Die Anerkennung eines Unternehmens als Preisführer ist auf dem Kraftverkehrsversicherungsmarkt auch insofern zu befürchten, als dort der Marktanteil des größten Unternehmens um ungefähr 10 Prozentpunkte größer ist als der des nächstgrößeren mit 6 Prozent[18].

Die Ansicht, daß auf dem Kfz-Versicherungsmarkt die Gefahr überhöhter Prämien zur Zeit größer ist als die Gefahr eines ruinösen Konkurrenzkampfes, kann auch nicht damit widerlegt werden, daß das Jahr 1970 für diese Versicherungssparte Verluste gebracht hat. Die Verluste dieses Jahres lassen sich auch auf andere Weise erklären als durch einen zunehmenden Wettbewerbsgrad, so etwa mit der konjunkturellen Entwicklung und ihren für die Versicherer unerwartet hohen Preis- und Lohnsteigerungen[19].

Auch Hinweise auf die Verluste in der industriellen Feuerversicherung[20] und die Entwicklung der Prämien für Kraftverkehrsversicherungen in England[21] können über die Gefahr

---

[18] Tatsächlich würde sich damit an der heutigen Situation nicht viel ändern, da auch zur Zeit das größte Unternehmen die Preisführerschaft übernommen hat.

[19] So führt auch H. Stech, Vorstandsvorsitzender der Mecklenburgischen Versicherungsgesellschaft AG, Hannover, für die Verluste der Versicherungswirtschaft im Jahre 1970 nicht den scharfen Wettbewerb an sondern die Entwicklung der Kosten. „Handelsblatt" Nr. 88 vom 29. April 1971. Auch der Sprecher des Vorstandes der Adler Feuerversicherungs-AG und der Adler Lebensversicherungs-AG, K. Fritze, macht die Kostenentwicklung, nicht eine ruinöse Konkurrenz, für die Verluste der Schadenversicherung im Jahre 1970 verantwortlich. „Handelsblatt" Nr. 77 vom 22. April 1971.

[20] Vergleiche die Denkschrift, a. a. O., S. 59.

[21] Vergleiche dazu oben S. 93 f.

überhöhter Prämien nicht hinwegtäuschen. Trotz Gemeinsamkeiten der Industrie-Feuerversicherung mit der Kraftverkehrsversicherung läßt sich die Entwicklung der einen Branche jedoch nicht ohne weiteres auf die andere übertragen. Ein Unterschied zwischen beiden Versicherungszweigen besteht zum Beispiel darin, daß in der industriellen Feuerversicherung jeder Vertrag einzeln ausgehandelt wird. Da die Vertragsobjekte in dieser Sparte längst nicht in dem Maße standardisiert sind wie in der Kraftverkehrsversicherung, hat der Unternehmer hier ungleich größere Möglichkeiten, für sich günstigere Vertragsbedingungen zu erreichen als in der Kraftverkehrsversicherung. Hinzu kommt, daß die Industrie-Feuerversicherung von den Versicherern als eine Schlüsselbranche für das gesamte Industriegeschäft angesehen wird. Aus diesem Grunde ist es unzulässig, die Verluste in dieser Sparte isoliert für sich zu betrachten und die Prämien als „ruinös" anzusehen; vielmehr müßten auch alle Folgegeschäfte, die das industrielle Feuergeschäft mit sich bringt, mit in die Betrachtung einbezogen werden.

Ohne eine Prognose über die Prämienentwicklung bei einer Aufhebung der Genehmigungspflicht aufstellen zu wollen, lassen sich daher wettbewerbsbeschränkende Maßnahmen der Versicherer und damit überhöhte Prämien für die Versicherungsnehmer nicht völlig ausschließen.

II. Die Notwendigkeit eines besonderen Schutzes des Versicherungsnehmers vor überhöhten Prämien

Die Gefahr überhöhter Prämien wird von einigen Autoren als ein Argument gegen eine Aufhebung der Genehmigungspflicht angesehen. So argumentiert Klingmöller: „Wenn der Staat dem Eigentümer bzw. Halter eines Kfz im öffentlichen Interesse den Abschluß einer K-H-Versicherung zwingend vorschreibt, hat er andererseits auch ... die Verpflichtung, darüber zu wachen, daß der Versicherungsschutz zu angemessenen Preisen — Prämien gewährt wird[22]." Aus der Existenz einer Versicherungspflicht wird hier also die Not-

---

[22] E. Klingmöller, a. a. O., S. 108. Vergleiche auch ebenda, S. 32.

wendigkeit einer Preisaufsicht hergeleitet. Diese Schlußfolgerung erscheint jedoch nicht zwingend. Zumindest hat sich der Staat in zahlreichen anderen Fällen, in denen er auch den Kauf von bestimmten Gütern oder die Inanspruchnahme von Dienstleistungen zwingend vorschreibt, nicht für eine gleichzeitige Preiskontrolle entschieden. So ist beispielsweise der Kraftfahrzeughalter zur Anschaffung von Warndreiecken, Warnleuchten und Verbandskästen gezwungen[23], ohne daß der Staat die „Angemessenheit" der Preise kontrolliert. Dasselbe gilt für den Kauf des Nummernschildes. Auch bei der Zulassung seines Wagens zum Straßenverkehr kann der Kraftfahrzeughalter verpflichtet werden, zunächst ganz bestimmte Reparaturen vorzunehmen. Die Reparaturpreise werden jedoch ebenfalls vom Staat nicht kontrolliert.

Im übrigen betrifft der staatliche Zwang den einzelnen erst dann, wenn er sich zum Erwerb eines Kraftfahrzeuges entschlossen hat. In seiner Entscheidung über den Erwerb eines Kraftfahrzeuges, in die er natürlich auch die Betriebs- und Unterhaltskosten einbeziehen muß, ist er jedoch weitgehend frei. Zwar ist der Besitz eines Kraftfahrzeuges für die meisten Autofahrer zu einer Selbstverständlichkeit geworden und für viele würde es eine große Härte bedeuten, auf ihren Wagen verzichten zu müssen, doch kann dies nicht darüber hinwegtäuschen, daß der einzelne grundsätzlich die Möglichkeit hätte, sich durch den Verzicht auf den Kauf eines Wagens dem staatlichen Versicherungszwang zu entziehen und sich damit selber vor zu hohen Prämien zu schützen.

Auch aus anderen Wirtschaftsbereichen lassen sich Beispiele nennen. Obwohl der Staat dem Bauherrn die Einrichtung von bestimmten sanitären Anlagen — Abortanlagen, Badewannen — vorschreibt[24], besteht für diese Güter keine spezielle staatliche Preisaufsicht. Dasselbe gilt für die Ein-

---

[23] Vergleiche die Paragraphen 35 h und 53 a der Straßenverkehrs-Zulassungsordnung, Bundesgesetzblatt I (1960), S. 898 ff.

[24] Vergleiche die Paragraphen 52 Absatz 1 und 53 Absatz 1 der Bauordnung des Landes Nordrhein-Westfalen vom 25. Juni 1962. Gesetz- und Verordnungsblatt Nordrhein-Westfalen, S. 373 ff.; im folgenden zitiert als „Bauordnung".

richtung von Notstromaggregaten[25], Feuerlöschgeräten[26] und Blitzableitern[27], für die der Staat unter ganz bestimmten Umständen einen Kaufzwang vorschreiben kann. Ein anderes Beispiel bietet die Apothekenbetriebsordnung[28]. Danach ist der Apotheker verpflichtet, eine Reihe von Geräten, die für die Herstellung von Arzneimitteln notwendig sind, anzuschaffen. Auch die Preise für Pillen-[29] und Salbenmaschinen[30], Tinkturenpressen[31] und Geräte zur Sterilfiltration[32] unterliegen jedoch keiner besonderen staatlichen Aufsicht, die ihre Angemessenheit prüft.

Sicher gibt es auch Beispiele dafür, daß der Staat in den Fällen, in denen er den Kauf eines Gutes oder die Inanspruchnahme einer Dienstleistung vorschreibt, auch gleichzeitig die Preise überwacht, wie etwa die Gebührenordnung für Wirtschaftsprüfer und die für Notare. Die angeführten Fälle zeigen jedoch, daß aus einem staatlich hervorgerufenen Kaufzwang in vielen anderen Fällen keine staatliche Preiskontrolle abgeleitet worden ist. Eine besondere Preisaufsicht für die Prämien der Kraftverkehrs-Haftpflichtversicherung ließe sich deshalb nur mit besonderen wirtschafts- und gesellschaftspolitischen Zielvorstellungen für diesen Wirtschaftszweig begründen. In Betracht kommen hier vor allem sozialpolitische Ziele.

Der Besitz eines Kraftfahrzeuges wird heute in weiten Kreisen der Bevölkerung als eine Notwendigkeit angesehen. Ein großer Teil von Kraftfahrzeugbesitzern gehört den weniger wohlhabenden Schichten an. Ziel der staatlichen Genehmigungsaufsicht könnte es deshalb sein, auch diesen Kreisen der Bevölkerung den Betrieb und die Unterhaltung eines Kraftfahrzeugs zu ermöglichen.

---

25 Vergleiche Paragraph 50 der Bauordnung.

26 Vergleiche Paragraph 18 der Bauordnung.

27 Vergleiche Paragraph 18 der Bauordnung.

28 Verordnung über den Betrieb von Apotheken (Apothekenbetriebsordnung) vom 7. August 1968, Bundesgesetzblatt I, 1968, S. 939 ff.

29 Verordnung über den Betrieb von Apotheken, a. a. O., Anlage 1 (zu Paragraph 6 Absatz 2), Nr. 7.

30 Ebenda, Nr. 10.

31 Ebenda, Nr. 16.

32 Ebenda, Nr. 4.

Auf die Frage, ob eine solche staatliche Zielsetzung, die die Förderung des Individualverkehrs verfolgt, sinnvoll ist, soll hier nicht eingegangen werden. Geprüft werden soll vielmehr, ob die Genehmigungspflicht das geeignete Mittel dazu ist. Dazu muß zunächst geprüft werden, welche Bedeutung die Versicherungsprämien im Rahmen der Gesamtbelastung eines Kraftfahrzeughalters haben.

Für den Kraftfahrzeughalter stellt die Prämie nur *einen* Kostenfaktor neben vielen anderen dar, der zudem nur einen relativ geringen Prozentsatz an den gesamten jährlichen Unterhaltungskosten ausmacht. Nach den Berechnungen des ADAC aus dem Jahre 1968 haben die Prämien für die Haftpflicht- und die Fahrzeugteilversicherung an den leistungsunabhängigen Kosten einen Anteil von ungefähr zehn Prozent[33]. Eine staatliche Kontrolle der Versicherungsprämien zu dem oben genannten Ziel wäre deshalb nur von beschränkter Wirksamkeit. Denn selbst wenn es dem Staat gelingen würde, für eine „angemessene" Prämie zu sorgen, könnte der Erwerb und die Unterhaltung eines Kraftfahrzeugs etwa durch steigende Anschaffungspreise oder erhöhte Reparaturkosten für die genannten Bevölkerungskreise verteuert werden.

Wie in anderen Wirtschaftsbereichen hat auch in der Versicherungswirtschaft das Kartellamt die Möglichkeit einzuschreiten, wenn der Wettbewerb der Anbieter untereinander beschränkt ist. Allerdings sind diese Möglichkeiten in der Versicherungswirtschaft besonders beschränkt, da dieser Wirtschaftsbereich nach Paragraph 102 des Gesetzes gegen Wettbewerbsbeschränkungen zu den Ausnahmebereichen zählt[34]. Für die Versicherungswirtschaft gilt daher nicht das Verbot von wettbewerbsbeschränkenden Verträgen, sondern sie unterliegt lediglich einer Mißbrauchsaufsicht. Durch die Bestimmungen des Gesetzes gegen Wettbewerbsbeschränkungen wird die Fähigkeit des Kartellamtes, den Wettbewerb in der Branche zu fördern beziehungsweise zu erhalten, also

[33] Vergleiche „Zeitschrift für Versicherungswesen", Hamburg, 19. Jahrgang (1968), S. 537.

[34] Siehe dazu auch oben S. 33 f.

gemindert. Es ist deshalb zu prüfen, ob die Beibehaltung dieser Sonderregelung für die Kraftverkehrssparte zweckmäßig ist[35].

Zusammenfassend kann an dieser Stelle zunächst festgestellt werden, daß auch die sozialpolitischen Zielsetzungen des Staates, allen Bevölkerungskreisen die Unterhaltung eines Kraftfahrzeugs zu ermöglichen, nicht die Notwendigkeit eines Genehmigungsverfahrens begründet, da eine Kontrolle der Versicherungsprämien nicht ausreichend erscheint, um dieses Ziel zu erreichen. Zur Begründung des staatlichen Schutzes vor überhöhten Prämien könnten schließlich noch allgemeine politische Argumente herangezogen werden. Die Prämien für die Kraftverkehrsversicherung sind im Laufe der letzten Jahre immer stärker in das öffentliche Bewußtsein gedrungen, so daß jeder Veränderung eine große Aufmerksamkeit entgegengebracht wird[36]. Für eine Regierungspartei beziehungsweise -koalition könnte es deshalb schon allein von daher, also ohne Bezug auf geltende Zielvorstellungen, durchaus von Interesse sein, diesen Preis zu beeinflussen, um unerwünschte Signalwirkungen einer Preiserhöhung zum politisch oder wahltaktisch falschen Zeitpunkt zu vermeiden.

Eine Behandlung der Versicherungsprämien als „politischer Preis" bringt jedoch gerade auch unter politisch-taktischen Gesichtspunkten Nachteile mit sich:

Da Prämienerhöhungen nur mit einer staatlichen Genehmigung vorgenommen werden dürfen, ist nicht auszuschließen, daß die Regierung für diese Preissteigerungen verantwortlich gemacht wird. Werden Prämienerhöhungen nicht rechtzeitig und in der von den Versicherern gewünschten Höhe vorgenommen, laufen diejenigen, die die politische Verantwortung für die Prämien auf sich geladen haben, außerdem

---

35 Siehe dazu unten S. 164 ff.

36 Der Grund dafür liegt jedoch auch zum Teil in der Ausübung des bisherigen Genehmigungsverfahrens, denn wenn über hundert Unternehmer gleichzeitig ihre Preise erhöhen, dürfte dies ohne Zweifel mehr Aufmerksamkeit erzeugen, als wenn nur ein Versicherer seine Prämien heraufsetzt.

Gefahr, für unter Umständen eintretende Konkurse einstehen zu müssen.

Abschließend kann festgestellt werden, daß die Beibehaltung der Genehmigungspflicht für die Tarife der Kraftverkehrsversicherer zum Schutz der Versicherungsnehmer vor zu hohen Prämien sich zwingend weder aus dem staatlichen Versicherungszwang noch aus etwa bestehenden sozialpolitischen Zielsetzungen des Staates ableiten läßt. Allenfalls Überlegungen politisch-taktischer Natur, die nicht unmittelbar an gesellschaftspolitischen Zielvorstellungen orientiert sind, ließen sich zu ihrer Begründung anführen. Die dazu angeführten Vor- und Nachteile können jedoch im Rahmen dieser Arbeit nicht gewertet werden, da sie einer politischen Gewichtung bedürfen.

III. Prämienerhöhungen als Folge einer Freigabe der Provisionen

Wollte man eine Aufhebung der Genehmigungspflicht für die Prämien in der Kraftverkehrsversicherung befürworten, so müßte man zwangsläufig auch für die Provisionen eine marktwirtschaftliche Preisbildung zulassen[37]. Dies würde — so wird befürchtet[38] — dazu führen, daß die Provisionsforderungen der Vertreter zunehmen. Besonders wahrscheinlich sei dies für den nebenberuflichen Außendienst, der bisher nur ungefähr die Hälfte der Provisionssätze eines hauptberuflichen Vertreters erhielt. Da die nebenberuflichen Vertreter, in der Regel Kraftfahrzeughändler, „eine Art

[37] Nach der bisher geltenden Verordnung für Tarife in der Kraftfahrtversicherung sind für die Provisionen Höchstsätze vorgeschrieben. Diese sind unterschiedlich, je nachdem, ob es sich um einen haupt- oder um einen nebenberuflichen Vertreter handelt. Seit dem 1. Januar 1970 dürfen hauptberufliche Vertreter höchstens 11 Prozent des vom Versicherungsnehmer zu zahlenden Beitrages jährlich als Abschluß- oder Folgeprovision erhalten. Bei nebenberuflichen Vertretern sind es lediglich 5 Prozent. Siehe die Paragraphen 30 und 31 der Verordnung für die Tarife in der Kraftfahrtversicherung.

[38] Vergleiche etwa die Stellungnahme des Bundesverbandes Deutscher Versicherungskaufleute zum Gutachten des Forschungsinstituts für Wirtschaftspolitik an der Universität Mainz. Schreiben an den Bundesminister für Wirtschaft und Finanzen vom 8. Dezember 1971, S. 3.

faktisches Monopol für einen erheblichen Ausschnitt des Neugeschäftes"[39] innehaben, würden sie bei einer Freigabe der Provisionssätze ihr Einkommen durch höhere Provisionsforderungen zu verbessern suchen. Auf diese Weise würden die Kosten der Versicherer erheblich zunehmen, was selbstverständlich auch zu einer Mehrbelastung der Versicherungsnehmer führt.

Höhere Provisionsforderungen stellen den Versicherungsunternehmer im Grunde vor die gleichen Fragen wie einen Industrieunternehmer, dessen Arbeiter und Angestellte höhere Löhne fordern. Inwieweit sie diesen Forderungen nachkommen, hängt bei beiden von denselben Überlegungen ab, etwa davon, wie sie die Möglichkeiten einer Kostenüberwälzung einschätzen, inwieweit sie bereit sind, auf einen Teil ihres Gewinnes zu verzichten oder inwieweit sie die Möglichkeit einer Ablehnung haben, ohne eine Abwanderung der Arbeiter beziehungsweise Vertreter befürchten zu müssen.

Die Befürchtung des Bundesverbandes Deutscher Versicherungskaufleute, daß die nebenberuflichen Vertreter unter diesen Umständen Provisionen erkämpfen würden, „die weit über der heutigen Höchstprovision des hauptberuflichen Versicherungsvermittlers liegen würden", dürften schon an den Nutzen-Kosten-Überlegungen der Versicherungsunternehmer scheitern[40]. Denn zu den von den Kraftfahrzeughändlern vermittelten Geschäften schreibt der HUK-Verband: „Diese Bindung an den Kraftfahrzeughändler als Versicherungsvermittler ist .. meistens nicht von langer Dauer, und die Erfahrung zeigt immer wieder, daß die von den Kraftfahrzeughändlern vermittelten Geschäfte von geringer Bestandsfähigkeit sind[41]."

Die Erhöhungen der Provisionen würden jedoch auch schon allein durch den Wettbewerb der verschiedenen Unterneh-

---

[39] E. Meyer, Marktprobleme, a. a. O., S. 348.

[40] Stellungnahme des Bundesverbandes Deutscher Versicherungskaufleute zum Gutachten des Forschungsinstituts für Wirtschaftspolitik an der Universität Mainz, a. a. O., S. 3.

[41] Denkschrift, a. a. O., S. 30.

mensformen in relativ engen Grenzen gehalten. Da die Versicherungsvereine auf Gegenseitigkeit und die öffentlich-rechtlichen Anstalten meist ohne Außendienst oder nur mit einem kleinen Vertreterstab arbeiten, können die Aktiengesellschaften den Provisionsforderungen der Außendienste nur in begrenztem Umfang nachgeben; andererseits würden sie wahrscheinlich einen Teil ihres Absatzes an die Versicherungsvereine und die öffentlich-rechtlichen Anstalten verlieren. Die Gefahr, daß die Versicherungsnehmer wegen steigender Provisionen erhebliche Mehrbelastungen zu tragen hätten, erscheint somit auf die Dauer nicht sehr realistisch. Auf jeden Fall bliebe ihnen jedoch die Möglichkeit, diese Mehrkosten durch einen Wechsel des Versicherers einzusparen.

Mit einer Freigabe der Provisionen wäre weiter auch die Möglichkeit geschaffen, daß Versicherungsunternehmer ihren Konkurrenten durch Überbietung der Provisionen den gesamten Außendienst abwerben. Daran wäre etwa zu denken, wenn ein Unternehmer beabsichtigt, seinen Marktanteil zu vergrößern oder erst einen Bestand aufzubauen. Da sich dieses Ziel wegen der bestehenden Präferenzen der Versicherungsnehmer unter Umständen durch Prämiensenkungen nicht erreichen läßt, könnte es für den Versicherer von Vorteil sein, die Inhaber der Präferenzen, die Vertreter, durch hohe Provisionen für sich zu gewinnen.

Die Gefahr, daß ein Versicherer durch höhere Provisionsangebote des Konkurrenten seinen Außendienst und damit wahrscheinlich einen großen Teil seines Bestandes verliert, darf jedoch nicht überschätzt werden. Im Grunde besteht die Möglichkeit, auf diese Weise einen erfahrenen Außendienst anzuwerben, für Versicherer auch heute schon. Zwar sind die Provisionen in der Kraftverkehrsversicherung begrenzt[42], doch könnten die Versicherer auch über andere finanzielle Vergünstigungen versuchen, den Außendienst des Konkur-

---

[42] Da es sich bei den Vorschriften über die Provisionen um Höchstpreise handelt, sind Abwerbungen auch im bestehenden System so lange möglich, wie nicht alle Unternehmer die höchstmöglichen Provisionen bieten.

renten an sich zu binden. Sofern es sich bei dem anwerbenden Unternehmer um einen Kompositversicherer[43] handelt — und das dürfte die Regel sein —, könnten sie auch heute schon versuchen, mit höheren Provisionen in den anderen Sparten Vertreter an sich zu ziehen. Da die Kraftverkehrsversicherung eine Schlüsselbranche darstellt, die dem Vertreter das Tor zum Abschluß in den anderen Sparten öffnet, dürfte sich diese Maßnahme auch auf den Bestand in der Kraftverkehrssparte fördernd auswirken.

Im übrigen sind auch in anderen Ländern die Provisionen in der Kraftverkehrssparte frei, ohne daß es dort zu der befürchteten Entwicklung gekommen ist. Zu nennen sind hier Dänemark, Frankreich, Irland, Italien, Luxemburg, Norwegen, Portugal, die Schweiz und das Vereinigte Königreich[44].

IV. Überhöhte Prämien für bestimmte Nachfragegruppen als Folge einer ungleichen Verteilung der Verhandlungsmacht auf der Nachfragerseite

Bei der Untersuchung der Nachfrageseite[45] war darauf hingewiesen worden, daß es einzelne Gruppen von Nachfragern gibt, die gegenüber den Versicherern eine besonders starke Verhandlungsposition innehaben. Dazu gehören vor allem die gewerblichen Versicherungsnehmer. Bestehen noch keine Geschäftsbeziehungen, so hat der Versicherer deshalb ein besonderes Interesse an einem Vertragsabschluß mit ihnen, weil er damit geschäftliche Verbindungen zu Kunden knüpfen kann, die auch als potentielle Versicherungsnehmer

---

[43] Als Kompositversicherer werden solche Versicherer bezeichnet, die mehrere Versicherungssparten betreiben.

[44] In Luxemburg und in der Schweiz bestehen staatlich vorgeschriebene Kalkulationsverfahren. Im Kalkulationsschema dieser Länder dürfen die Provisionen nur bis zu einem bestimmten Höchstsatz berücksichtigt werden. Vergleiche G. Conradt, Die Tarifkalkulation in der Kraftfahrthaftpflichtversicherung. Bericht über die Siebente Konferenz der Europäischen Aufsichtsbehörden, a. a. O., S. 78 f. In den anderen Ländern besteht kein behördlich vorgeschriebenes Kalkulationsverfahren. Daraus kann wohl geschlossen werden, daß die Höhe der Provisionen in diesen Ländern staatlich nicht geregelt ist.

[45] Siehe oben S. 68 ff.

in anderen Sparten infrage kommen. Hat ein Unternehmer bereits auch in anderen Sparten Verträge bei einem Versicherer abgeschlossen, so läuft dieser Gefahr, wenn er den Forderungen des Nachfragers nach Preiszugeständnissen nicht nachgibt, diese Verträge zu verlieren.

Eine andere Gruppe von Nachfragern mit einer besonderen Verhandlungsmacht sind die Automobil-Clubs, die ein Interesse daran haben, für ihre Mitglieder besonders günstige Versicherungsverträge abzuschließen.

Bei einer Aufhebung der Genehmigungspflicht ist zu befürchten, daß die Versicherer gegenüber diesen Nachfragergruppen Preiszugeständnisse vornehmen, so daß Kraftfahrzeughalter derselben Risikogruppe unterschiedliche Prämien für dieselbe Leistung zu zahlen hätten. Dagegen wird jedoch eingewendet, daß dies dem Gleichbehandlungsgrundsatz des Versicherungsaufsichtsgesetzes widerspreche[46] und aus der Sicht der Versicherungsnehmer unbillig sei.

Der Grundsatz der Gleichbehandlung ist im Gesetz allerdings ausdrücklich nur für die Mitglieder der Versicherungsvereine auf Gegenseitigkeit vorgeschrieben[47]. Seine Gültigkeit auch für Versicherungsaktiengesellschaften und öffentlich-rechtliche Anstalten ist umstritten[48]. Nach E. R. Prölss stellt der Gleichbehandlungsgrundsatz des Versicherungsaufsichtsgesetzes „nur einen auf das Versicherungsverhältnis der Mitglieder ausgedehnten speziellen Anwendungsfall eines körperschaftsrechtlichen Grundsatzes dar"[49]. Ein allgemeines Prinzip der Gleichbehandlung — auch aus Gründen, die angeblich im Wesen des Versicherungsgeschäftes liegen, wie denen der „Gefahrengemeinschaft" und der „Prämiengerechtigkeit" — verneint Prölss[50].

Preisdiskriminierungen von Nachfragern sind somit in der Versicherungswirtschaft nicht anders zu behandeln als in

---

[46] Vergleiche etwa P. Braeß und D. Farny, Gestaltung, a. a. O., S. 99 f.

[47] Vergleiche Paragraph 21 Absatz 1 Versicherungsaufsichtsgesetz.

[48] Vergleiche E. R. Prölss, Versicherungsaufsichtsgesetz, Paragraph 21 Anmerkung 1.

[49] Ebenda.

[50] Vergleiche ebenda.

den übrigen Wirtschaftszweigen auch. Im Gesetz gegen Wettbewerbsbeschränkungen hat der Gesetzgeber jedoch kein allgemeines Diskriminierungsverbot erlassen. Vielmehr sind Diskriminierungen nur dort verboten, „wo ein besonderes und erhöhtes Schutzbedürfnis bestimmter Marktteilnehmer besteht, das wiederum aus einer besonderen und erhöhten Gefahr mißbräuchlichen Einsatzes von Markt- und Verbandsmacht erwächst. Ein solches Schutzbedürfnis ist" — nach Ansicht des Bundeskartellamtes — „aber nur dort gegeben, wo das Gesetz faktische oder rechtsgeschäftliche Wettbewerbsbeschränkungen zuläßt, nicht aber, soweit die Wettbewerbsordnung die Freiheit des Wettbewerbs und damit auch die wirtschaftliche Bewegungsfreiheit der Marktteilnehmer gewährleistet[51]."

Das Problem der Preisdiskriminierung ist also bereits im zur Zeit gültigen Wettbewerbsrecht geregelt. Da es sich dabei um eine allgemein wettbewerbspolitische Frage handelt und nicht um eine für die Versicherungswirtschaft spezifische, kann in dieser Arbeit nicht näher darauf eingegangen werden. Insbesondere die Frage, ob die bestehenden Regelungen des Gesetzes gegen Wettbewerbsbeschränkungen durch Bestimmungen ähnlich denen des Robinson-Patman-Act, der grundsätzlich jede Preisdifferenzierung verbietet[52],

---

[51] Bericht des Bundeskartellamtes über seine Tätigkeit im Jahre 1959 sowie über Lage und Entwicklung auf seinem Aufgabengebiet (Paragraph 50 des Gesetzes gegen Wettbewerbsbeschränkungen), Bundestagsdrucksache III/1795, S. 51.

[52] Im Robinson-Patman-Act ist zwar nur von Preis*diskriminierung* die Rede; er verbietet jedoch zunächst grundsätzlich jede Art von differenzierender Preissetzung, auch die nicht diskriminierende. In Ausnahmeregelungen werden Preisdifferenzierungen, die mit unterschiedlichen Kosten begründet werden können, und solche Differenzierungen, die als Reaktion auf die Preise der Konkurrenten anzusehen sind, erlaubt. Beide Einreden sind jedoch in ihrer befreienden Wirkung nur sehr begrenzt. Dies gilt auch für den Grundsatz, daß unterschiedliche Preise für verschiedene Kunden des gleichen Gutes nur dann zu verbieten sind, wenn dadurch der Wettbewerb wesentlich beeinträchtigt wird. Preisdiskriminierungen in Form von diskriminierender Preisgleichheit bei unterschiedlichen Kosten und Leistungen oder Preissetzungen, bei denen die Preisdifferenz kleiner ist als die Unterschiede zwischen Kosten und Leistungen, werden vom Gesetz nicht erfaßt und sind daher erlaubt. Vergleiche dazu etwa W. Gerhardt, Rabattwettbewerb und Rabattordnung in einer Wirtschaftsordnung funktionsfähiger Konkurrenz. Dissertation Köln 1960, S. 341 ff.

ergänzt werden sollen, kann hier nicht erläutert werden[53]. Solange keine Gründe dafür angegeben werden können, daß in dieser Frage für die Versicherungswirtschaft besondere wettbewerbsrechtliche Normen angebracht sind, sind auch hier die für alle übrigen Wirtschaftszweige geltenden Vorschriften des Gesetzes gegen Wettbewerbsbeschränkungen und entsprechender Gesetze[54] anzuwenden.

Ein besonderes Verbot von Angeboten desselben Gutes zu unterschiedlichen Preisen für die Versicherungswirtschaft könnte lediglich damit ausreichend begründet werden, daß sonst die besonderen Ziele für diese Branche gefährdet würden. In Frage käme vor allem die sozialpolitische Zielsetzung, auch den weniger wohlhabenden Bevölkerungskreisen die Unterhaltung eines Kraftfahrzeugs zu ermöglichen[55].

Die sozialpolitischen Ziele des Staates könnten durch eine Preisdifferenzierung dann gefährdet werden, wenn einzelnen Käufern Versicherungsschutz zu Unterkostenprämien gewährt würde und die dabei entstehenden Verluste durch Prämienaufschläge bei anderen Nachfragern gedeckt würden. Prinzipiell geschieht dies auch heute schon, da die Prämien in der Anfängerklasse und in den Malusklassen nicht ausreichend bemessen sind und die entstehenden Verluste durch höhere Prämien in anderen Wagnisgruppen wieder ausgeglichen werden[56]. Bei einer Prämienfreigabe könnten die gewerblichen Nachfrager auf Grund ihrer Verhandlungsmacht unter Umständen Rabattforderungen durchsetzen, die durch Prämienaufschläge bei anderen Nachfragern gedeckt werden müßten, wenn das Unternehmen in der Kraftverkehrssparte keinen Verlust erleiden will. Der Abschluß von Verträgen

---

53 Siehe dazu etwa W. Schultes, Preisdifferenzierung unter wettbewerbspolitischem Aspekt. (FIW-Schriftenreihe, Heft 14, Herausgeber Forschungsinstitut für Wirtschaftsverfassung und Wettbewerb e. V.) Köln-Berlin-Bonn-München 1963, S. 153 ff.

54 Infrage käme etwa noch das Rabattgesetz.

55 Siehe dazu auch oben S. 146.

56 So schreibt die HUK Coburg in ihren „Hausmitteilungen 1971“, a. a. O., S. 17: „Und dabei ist der Anfängerbeitrag noch nicht einmal auskalkuliert, er wird z. Z. subventioniert durch die Versicherten in den SF-Klassen.“

zu Unterkostenprämien könnte für die Versicherer beispielsweise dann sinnvoll sein, wenn durch die damit geschlossene Geschäftsverbindung weitere Versicherungsverträge in anderen Sparten mit entsprechenden Gewinnen zustande kämen. Obwohl dann das ganze „Versicherungspaket" durchaus gewinnbringend ist, wäre es dennoch notwendig, die Verluste bei den Verträgen in der Kraftverkehrssparte durch Prämienerhöhungen für andere Versicherungsnehmer dieses Zweiges zu decken, da das Versicherungsaufsichtsamt den Standpunkt vertritt, jeder Versicherungszweig müsse sich selber tragen. Eine solche Geschäftspolitik der Versicherer könnte jedoch dazu führen, daß die privaten Haushalte die Verluste aus den Verträgen mit den Unternehmen decken müßten.

Schon an anderer Stelle[57] war darauf hingewiesen worden, daß eine Prämienkontrolle kein geeignetes Mittel ist, einzelnen Bevölkerungskreisen den Betrieb eines Kraftfahrzeugs zu ermöglichen. Sieht man deshalb einmal von dieser sozialpolitischen Zielsetzung des Staates ab, so gibt es keinen Grund, gegen Preisdiskriminierungen in der Versicherungswirtschaft mit anderen als den im Gesetz gegen Wettbewerbsbeschränkungen vorgesehenen Maßnahmen vorzugehen. Zwar mag es zweckmäßig sein, die Vorschriften dieses Gesetzes zu überprüfen, doch ist nicht einzusehen, weshalb in der Versicherungswirtschaft spezifische wettbewerbspolitische Normen angewendet werden sollten.

V. Überhöhte Prämien für „schlechte" Risiken?

Als Äquivalent zur Versicherungspflicht der Kraftfahrzeughalter hat der Staat im Pflichtversicherungsgesetz den Annahmezwang des Versicherers festgelegt[58]. Durch eine Freigabe der Prämien würde sich formell an dieser Bestimmung nichts ändern. In diesem Fall hätten die Versicherer jedoch die Möglichkeit, für bestimmte Tarifgruppen ihre Prämien derart stark zu erhöhen, daß die betroffenen Kraftfahrzeughalter vom Abschluß eines Versicherungsvertrages abgehal-

---

[57] Siehe oben S. 147 f.

[58] Vergleiche Paragraph 5 Absatz 2 des Pflichtversicherungsgesetzes.

ten würden. Ein solches Verhalten der Versicherer erwarten etwa H. Heinrichs[59] und E. Meyer[60] bei einer Prämienfreigabe. Beide befürchten, daß die Versicherer in diesem Fall für die schlechten Risiken, das heißt für Risiken mit einer hohen Schadenshäufigkeit, Prohibitivprämien fordern würden, um bestimmte Gruppen von Kraftfahrzeughaltern von einer Nachfrage nach Versicherungsschutz abzuhalten. Damit wäre trotz formaler Existenz der Kontrahierungszwang für die Versicherer materiell aufgehoben.

Es ist jedoch fraglich, ob eine solche Entwicklung tatsächlich eintreten würde. Zwar ist es denkbar, daß bei einer Aufhebung der Genehmigungspflicht die Differenzierung der Tarife weiter fortgesetzt und dabei das Risiko des einzelnen Kraftfahrzeughalters stärker berücksichtigt wird. Das hat zur Folge, daß die Versicherungsnehmer mit einer relativ geringen Unfallhäufigkeit mit Prämienermäßigungen rechnen können[61], die Versicherten mit einer hohen Schadenshäufigkeit dagegen Prämienerhöhungen zu erwarten haben. Erhöhungen der Prämie, die lediglich auf eine stärkere Berücksichtigung des individuellen Risikos zurückzuführen sind, können jedoch nicht als „unangemessen" bezeichnet werden, selbst dann nicht, wenn die bei einer risikogerechten Tarifierung vom einzelnen Kraftfahrzeughalter zu zahlenden Prämien für diesen aus subjektiven Gründen nicht mehr zu tragen wären. Es wäre eine falsche Interpretation des Gedankens der Gefahrengemeinschaft, wollte man in diesem Fall einen Ausgleich durch die Kraftfahrzeughalter mit einer geringen Schadenshäufigkeit verlangen. Gürtler schreibt hierzu zutreffend: „Der Sinn der Gefahren*gemeinschaft*, auf der die Individualversicherung beruht, ist der, daß durch den Zusammenschluß vieler bedrohter Wirtschaftsgebilde das *Zufällige*, das jedem versicherbaren Schaden anhaften muß, ausgeschaltet werden soll. Es ist aber nicht Zweck der Versicherung, und vor allem nicht im Bereiche der Individualversicherung, durch Bildung von Versicherungsgemeinschaften die *graduellen*

59 Vergleiche H. Heinrichs, Zwangskartelle, a. a. O., S. 158 f.

60 Vergleiche E. Meyer, Möglichkeiten, a. a. O., S. 66.

61 beziehungsweise mit einem geringeren Anstieg ihrer Prämien.

Unterschiede in der Höhe der Gefahren auszugleichen. Das gehört vielmehr in das Gebiet der *Sozialpolitik*[62]."

Mit Prämienerhöhungen eines Versicherers für besonders schadenträchtige Versicherungsnehmer, die über das individuelle Risiko hinausgehen und den Zweck hätten, den Kraftfahrzeughalter von der Nachfrage nach Versicherungsschutz abzuhalten, wie dies von Heinrichs und Meyer erwartet wird, ist dann nicht zu rechnen, wenn man bei den Versicherern das Ziel der Gewinnerzielung voraussetzt[63]. Solange die Versicherer in der Lage sind, für den einzelnen Kraftfahrzeughalter eine risikogerechte Prämie zu berechnen, ist nicht einzusehen, weshalb sie daran interessiert sein könnten, bestimmte Risiken aus ihrem Bestand auszuschließen. Unter dem Aspekt der Gewinnerzielung wäre dies lediglich dann rational, wenn die von den schadenfreudigen Risiken gezahlten Prämien nicht den tatsächlichen Schadensbedarf decken. Der dadurch entstehende Verlust bei diesen Risikogruppen ist jedoch nicht darauf zurückzuführen, daß es sich bei diesen Kraftfahrzeughaltern um „schlechte" Risiken handelt; „schlecht ist im wesentlichen nur das Verhältnis von Beiträgen zu dem Versicherungsrisiko"[64].

Dieses ließe sich jedoch durch eine entsprechende Erhöhung der Prämie verbessern; Anlaß zu einer Ablehnung dieser Risiken besteht daher nicht. Die Erhebung eines Prohibitivtarifes etwa für Speditionen, Taxiunternehmer oder Gastarbeiter wäre für den Versicherer unter dem Gesichtspunkt der Gewinnerzielung daher nicht rational.

Ein Versicherer könnte lediglich dann ein Interesse daran haben, bestimmte Risiken abzulehnen, wenn er weiß, daß diese Risiken eine hohe Schadenswahrscheinlichkeit haben,

---

62 M. Gürtler, Die Kalkulation der Versicherungsbetriebe. (Versicherungswissenschaftliche Veröffentlichungen, herausgegeben von M. Gürtler, Heft 1). Zweite Auflage, Berlin-Frankfurt 1958, S. 306.

63 Vergleiche dazu oben S. 38 ff.

64 Hausmitteilungen 1971 der HUK Coburg, a. a. O., S. 6. Als schlecht ließe sich ein Risiko auch dann bezeichnen, wenn es so selten auftritt, daß eine Anwendung der Wahrscheinlichkeitsrechnung nicht möglich ist. Vergleiche E. Dürr, Liberalisierung, S. 46.

er diese jedoch mit den gegebenen Tarifierungsmerkmalen nicht berücksichtigen kann. Ein Beispiel dafür sind etwa ausländische Arbeitnehmer. Um diese aus ihrem Bestand fernzuhalten, wird heute von den Versicherern alles nur mögliche getan[65]. So geben etwa einige Versicherer die Deckungskarte nur persönlich und nur in der Hauptgeschäftsstelle aus. Die damit verbundenen Mühen und Kosten dürften die Kraftfahrzeughalter in vielen Fällen von einer Nachfrage bei diesen Versicherern abhalten. Solche Praktiken sind allerdings nur dann zu erwarten, wenn die Versicherer auf Grund der gegebenen Tarifstruktur nicht in der Lage sind, alle Gefahrenmerkmale der einzelnen Risiken zu berücksichtigen. Eine Aufhebung der Genehmigungspflicht würde jedoch auch eine größere Freiheit für den einzelnen Versicherer bei der Gestaltung der Tarife und der Berücksichtigung der Gefahrenmerkmale mit sich bringen. Es ist damit zu rechnen, daß die Versicherer dann versuchen werden, für die bislang unerwünschten Risiken neue Tarifgruppen mit kostendeckenden Prämien zu schaffen. Prohibitivpreise wären jedoch nicht zu erwarten.

VI. Überhöhte Prämien als Folge einer verschlechterten Markttransparenz und Zerstörung der Kalkulationsgrundlagen bei Aufhebung der obligatorischen Tarifstruktur

Eine Aufhebung der „Verordnung über die Tarife in der Kraftfahrtversicherung" würde zur Folge haben, daß die Versicherer auch in der Wahl der Tarifierungsmerkmale vollkommene Freiheit hätten. Zur Zeit werden den Versicherern durch die Verordnung über die Tarife in der Kraftfahrtversicherung die objektiven Gefahrenmerkmale wie Hubraum, PS-Klassen, Nutzlast und Anzahl der Sitzplätze vorgeschrieben. Will ein Versicherer nach anderen Merkmalen tarifieren, so muß er nachweisen, daß diese *„in besonderem Maße* (Hervorhebung vom Verfasser) zu einer

---

[65] Vergleiche „Staatssekretär Rosenthal zu diskriminierenden Maßnahmen im Bereich der Kraftfahrtversicherung gegenüber ausländischen Arbeitnehmern". In: Tagesnachrichten des Bundesministeriums für Wirtschaft und Finanzen, Nr. 6481 vom 16. November 1971, S. 1.

risikogerechten Gestaltung des Unternehmenstarifs geeignet sind" und die Vergleichbarkeit der Tarife gewährleistet ist[66].

Die Berücksichtigung von subjektiven Gefahrenmerkmalen wie Dauer der Schadenfreiheit, Anzahl der Schäden, Wohnort des Versicherungsnehmers ist unter folgenden Bedingungen möglich: Erstens müssen sie eindeutig bestimmbar sein, zweitens muß die Gruppe der betroffenen Versicherungsnehmer groß genug sein, um einen versicherungstechnischen Ausgleich zu erlauben und drittens muß ihr Schadenbedarf von dem entsprechenden Schadenbedarf aller Versicherungsnehmer wesentlich abweichen. Schließlich gilt auch für die Berücksichtigung der subjektiven Gefahrenmerkmale, daß die Vergleichbarkeit der Unternehmenstarife untereinander gewährleistet sein muß[67].

Für den einzelnen Versicherer hätte die Aufhebung der obligatorischen Tarifierungsmerkmale daher den Vorteil, daß er andere oder neben den zur Zeit vorgeschriebenen zusätzliche Merkmale, wie etwa das Alter des Fahrers oder seine jährlichen Kilometer-Leistungen, benutzen könnte. Auf diese Weise hätte er die Möglichkeit — leichter als bisher —, sich durch eine stärkere Berücksichtigung des individuellen Risikos Wettbewerbsvorteile bei bestimmten Gruppen von Kraftfahrzeughaltern zu verschaffen.

Gegen eine Tarifierung, die das subjektive Risiko des Fahrers in noch stärkerem Maße als dies heute schon der Fall ist berücksichtigt, wird jedoch eingewandt, daß damit gegen den Gedanken der Gefahrengemeinschaft verstoßen werde. Dies ist jedoch nicht der Fall. Im vorangegangenen Abschnitt war darauf hingewiesen worden[68], daß der Sinn der Gefahrengemeinschaft darin liegt, durch einen Zusammenschluß von Wirtschaftssubjekten die Anwendung der Wahrscheinlichkeitsrechnung zu ermöglichen und dadurch das Risiko erst kalkulierbar zu machen. Es ist jedoch nicht

---

66 Siehe Verordnung über die Tarife in der Kraftfahrtversicherung, Anlage 1 (Paragraph 7 Absatz 6), Abschnitt VIII.

67 Vergleiche ebenda, Paragraphen 6 und 7.

68 Siehe dazu das Zitat von M. Gürtler oben auf S. 157.

der Sinn der Gefahrengemeinschaft, die unterschiedliche Höhe des Risikos bei den einzelnen Wirtschaftssubjekten durch die Prämien auszugleichen.

Gegen eine Abschaffung der verbindlichen Tarifierungsmerkmale wird weiter eingewendet, daß damit erhebliche Nachteile für die Versicherungsnehmer und die Versicherer verbunden seien. Für die Versicherungsnehmer sei vor allem mit einer Verschlechterung ihrer Markttransparenz zu rechnen[69]. Würde es jedem Versicherer möglich gemacht, die Zahl und die Art der Tarifierungsmerkmale selber zu bestimmen, so könnte es für die Nachfrager sehr schwer — wenn nicht sogar unmöglich — werden, sich durch Prämienvergleiche den für sie günstigsten Versicherer herauszusuchen. Auch für die Anbieter brächte eine solche Entwicklung unter Umständen erhebliche Nachteile mit sich. Unterschiedliche Gliederungen der Tarife könnten dazu führen, daß die Vergleichbarkeit der Unternehmensstatistiken gefährdet und die Aufstellung der Gesamtstatistik unmöglich würde. Die Aufstellung der Gesamtstatistik ist jedoch für viele Versicherer eine Notwendigkeit, weil ihre eigenen Bestände in einigen oder auch in allen Tarifpositionen nicht für eine sichere Kalkulation ausreichen. Auch für das Aufsichtsamt stellt die Gesamtstatistik ein notwendiges Hilfsmittel dar, um die Angemessenheit der Prämie zu kontrollieren und zu erwartende Verluste frühzeitig zu erkennen.

Was die Markttransparenz der Nachfrager angeht, so ist allerdings zu bezweifeln, ob eine Aufhebung der Verordnung tatsächlich zu einer wesentlichen Verschlechterung führen würde. Dies hängt nicht zuletzt davon ab, auf welche Weise der Versicherungsnehmer sich einen Überblick über die Tarife verschafft. Theoretisch möglich — praktisch allerdings unwahrscheinlich — wäre, daß er sich von allen

[69] Vergleiche dazu „Mehr Wettbewerb bei Auto-Versicherungen!" In: Verbraucherpolitische Korrespondenz Nr. 4 (1972), S. 6; das Schreiben des ADAC an den Bundesminister für Wirtschaft und Finanzen vom 3. Dezember 1971, S. 2; das Schreiben der Arbeitsgemeinschaft von Versicherungsnehmern für Fragen der Kraftfahrtversicherung an den Bundesminister für Wirtschaft und Finanzen, a. a. O.

Versicherungsunternehmen die gültigen Tarifbücher schicken läßt, um sich daraus die günstigste Prämie auszusuchen. Im Gegensatz zum heutigen System müßte er dann bei einzelnen Unternehmen beziehungsweise Unternehmensgruppen verschiedene Einteilungskriterien berücksichtigen. Ob dies allerdings schon zu einer wesentlichen Beeinträchtigung der Marktübersicht führen würde, erscheint zweifelhaft. Versicherungsnehmer, die in der Lage sind, bei der heutigen Einteilung nach grüner und gelber Zone, nach PS-Klassen, Wohnort und so weiter die für sie zutreffende Prämie herauszufinden, dürfte es auch keine Schwierigkeiten machen, ihre Prämie zu bestimmen, wenn nach Lebensalter, jährlicher Kilometerleistung oder anderem tarifiert wird. Dasselbe gilt auch für den Fall, daß die Versicherungsnehmer ihre Informationen über die Prämien aus Veröffentlichungen in Tageszeitungen oder sonstigen Zeitschriften beziehen.

Eine weitere Möglichkeit, einen Marktüberblick zu erhalten, läge für den Kraftfahrzeughalter in der Informationsbeschaffung durch Versicherungsvermittler. Läßt sich der Versicherungsnehmer durch eine Reihe von Vertretern ein Angebot über die von ihm zu zahlende Prämie unterbreiten, so wird sich vor und nach der Aufhebung der Verordnung an der Markttransparenz überhaupt nichts ändern. Denn in diesem Fall — der im übrigen weniger unwahrscheinlich sein dürfte als der zuerst genannte — nehmen die Vermittler dem Kraftfahrzeughalter das Hineindenken in die verschiedenen Tarife ab. Dasselbe gilt auch dann, wenn sich der Versicherungsnehmer an einen Versicherungsmakler wendet.

Die Entwicklung der Markttransparenz hängt im übrigen weiter davon ab, wie viele Unternehmen sich tatsächlich zu einer stärkeren oder neuartigen Differenzierung entschließen würden. Schon jetzt läßt sich mit Sicherheit sagen, daß ein großer Teil der Anbieter, wenn nicht der größere, gar nicht in der Lage wäre, nach anderen Kriterien zu tarifieren als denen der Gesamtstatistik, da der eigene Bestand dazu nicht ausreicht. Schließlich wäre auch der Fall nicht auszuschließen, daß sich einige Versicherer dazu entschließen würden, ihre

Tarifstruktur zu vereinfachen, weil die damit verbundenen Kosteneinsparungen eine Prämiensenkung ermöglichen[70].

Die Auswirkungen einer Freigabe der Tarifierungsmerkmale sollten daher nicht derart pessimistisch beurteilt werden, wie dies zum Teil geschieht[71]. Solange die Einheitlichkeit der Leistungen gewährleistet ist, dürfte sich durch die Anwendung unterschiedlicher Tarifierungsmerkmale bei einzelnen Versicherungsgesellschaften keine spürbare Verschlechterung der Markttransparenz für den Nachfrager ergeben[72].

Da viele Versicherer nicht von sich aus in der Lage sind, statistische Unterlagen für neue Tarifierungsmerkmale zu erarbeiten, weil ihr eigener Bestand dafür zu klein ist, müßte ihnen auch weiterhin die Möglichkeit gegeben werden, ihren Prämienberechnungen die Zahlen der Gesamtstatistik zugrunde zu legen. Um die Erstellung dieser Statistik auch weiterhin zu ermöglichen, wäre von allen Versicherern zu verlangen — auch von jenen, die sich für andere Tarifierungsmerkmale entschlossen haben —, daß sie die entsprechenden Zahlen und Unterlagen zur Verfügung stellen. Da

---

[70] Daß dies nicht vollkommen unrealistisch ist, zeigen etwa die Berechnungen von H. Wilms. Wilms errechnete, „welche Prämie dann gezahlt werden müßte, wenn es weder Schadenfreiheits- noch Schadenklassen gäbe. Dabei stellte sich heraus, daß die Prämie, die dann alle Versicherungsnehmer gleichmäßig zu zahlen hätten, etwas billiger wäre als die der Schadensfreiheitsklasse 2, d. h. billiger als die Prämie, die man (je nach Datum des Versicherungsbeginns) nach zwei oder erst nach drei Jahren schadenfreien Fahrens erreicht. Die sich daran anschließende Verbilligung bei weiterer Schadenfreiheit ist nur noch minimal und kann erst nach insgesamt zehn Jahren das ausgleichen, was man in den ersten Jahren mehr gezahlt hat. Bei dieser Berechnung ist nicht berücksichtigt, daß . . das ausgefeilte Klassensystem Geld- und Zeitaufwand erfordert." H. Wilms, Kfz-Versicherungsprämie im Zwielicht. In: „Versicherungspraxis", Jahrgang 61 (1971), S. 7.

[71] Vergleiche dazu etwa die Zitate oben S. 161.

[72] Die Einheitlichkeit der *Leistungen* wird durch die Genehmigungspflicht für die Allgemeinen Versicherungsbedingungen gemäß Paragraph 4 Absatz 1 des Pflichtversicherungsgesetzes gewährleistet. Diese würde durch eine Freigabe der Tarife nicht gefährdet. Wegen der Einheitlichkeit der Leistungen in der Kraftverkehrsversicherung ist auch ein Vergleich mit der Markttransparenz in der Krankenversicherung, wo die Tarifstruktur ebenfalls nicht vorgeschrieben ist, nicht möglich. Denn die schlechten Vergleichsmöglichkeiten ergeben sich daraus, daß hier sowohl Prämien als auch Leistungen unterschiedlich sind.

heute alle Versicherungsunternehmen Computer zur Verfügung haben, dürfte diese Forderung weiter keine Schwierigkeiten bereiten. Umgekehrt müßte selbstverständlich auch sichergestellt werden, daß die Ergebnisse der Branchenstatistik allen Versicherern zugänglich gemacht würden, um diesen eine sichere Kalkulation in allen Tarifgruppen zu ermöglichen.

Zusammenfassend läßt sich daher sagen, daß die Bedenken, die gegen eine Freigabe der Tarifierungsmerkmale erhoben werden, nicht derart schwer wiegen, daß eine Aufhebung der Verordnung unangebracht erscheint. Die freie Gestaltung der Tarifstruktur ist ein derart wichtiger Aktionsparameter im Wettbewerb der Versicherer, daß sie nur dann beschränkt werden sollte, wenn dadurch andere für einen funktionsfähigen Wettbewerb wichtige Elemente gestört würden. Dies war befürchtet worden bezüglich der Markttransparenz der Versicherungsnehmer und der Sicherheit der Kalkulationsgrundlagen. Beide Befürchtungen haben sich jedoch als unbegründet erwiesen. Denn auch dann, wenn einige Unternehmer oder Unternehmensgruppen von der üblichen Tarifierung abweichen, würde sich die Marktübersicht für den einzelnen Versicherten — wie oben gezeigt — nicht spürbar verschlechtern. Auch die Gesamtstatistik als Kalkulationsbasis der meisten Versicherer ließe sich bei einer Aufhebung der Verordnung ohne weiteres erhalten.

B. Maßnahmen des Staates zum Schutze der Versicherungsnehmer vor überhöhten Prämien — Stärkung der Kartellaufsicht

Im vorangegangenen war mehrfach auf die Bedeutung eines funktionierenden Wettbewerbs als Schutz des Versicherungsnehmers vor zu hohen Prämien hingewiesen worden. Die Aufsicht über den Wettbewerb in der Versicherungswirtschaft führen — wie oben ausgeführt[73] — das Bundeskartellamt und das Bundesaufsichtsamt gemeinsam.

---

[73] Siehe oben S. 33 ff.

Verfügungen gegen wettbewerbsbeschränkende Maßnahmen der Versicherer kann das Kartellamt nur im Einvernehmen mit dem Aufsichtsamt treffen[74]. Es ist jedoch fraglich, ob diese Regelung der Förderung des Wettbewerbs auf dem Versicherungsmarkt dienlich ist. Die unterschiedlichen Zielsetzungen beider Ämter lassen nicht erwarten, daß das notwendige „Einvernehmen" zwischen beiden auch tatsächlich zustande kommt[75].

Ziel des Bundesaufsichtsamtes ist es, die Belange der Versicherten zu schützen und über die dauernde Erfüllbarkeit der Versicherungsverträge zu wachen[76]. Da die Erfüllbarkeit der Verträge identisch ist mit der Zahlungsfähigkeit der Versicherer, sieht es das Aufsichtsamt auch als seine Aufgabe an, Konkurse von Versicherungsunternehmen zu vermeiden. Das Aufsichtsamt wird daher eher bereit sein, wettbewerbsbeschränkende Maßnahmen der Versicherer — wie etwa Prämienkartelle — zu unterstützen, als dies vom Bundeskartellamt, das eine Förderung des Wettbewerbs anstrebt, zu erwarten ist.

Die Möglichkeiten des Bundeskartellamtes, wettbewerbsbeschränkenden Maßnahmen der Versicherer, wozu vor allem Verbandsempfehlungen und Kartelle zu zählen sind, entgegenzutreten, sind durch den Paragraphen 102 des Gesetzes gegen Wettbewerbsbeschränkungen sehr begrenzt. Danach gilt für die Versicherer das Meldeverfahren, das heißt, die von ihnen beschlossenen Maßnahmen treten in Kraft, sobald sie dem Aufsichtsamt gemeldet sind. Ein Verbot kann nur dann ausgesprochen werden, wenn nach Ansicht des Kartell- *und* des Aufsichtsamtes ein Mißbrauch der durch die Freistellung von den Paragraphen 1 und 15 GWB erlangten Stellung nachgewiesen werden kann.

Die Notwendigkeit einer Beibehaltung dieser Regelung wird heute vor allem damit begründet, daß auf dem Ver-

---

74 Vergleiche Paragraph 102 Absatz 2 des Gesetzes gegen Wettbewerbsbeschränkungen.

75 Diese Erwartung wird bestätigt durch die Erfahrungen mit dem Verfahren gegen die Kartelle in der Industrie-Feuerversicherung und in der Flußkasko-Versicherung.

76 Siehe oben S. 19 ff.

sicherungsmarkt ein besonderer Schutz der Gläubigerinteressen notwendig sei[77, 78]. Dazu seien Prämienkartelle am besten geeignet. Für die Kontrolle des Kartells müsse allein das Aufsichtsamt verantwortlich bleiben, „denn Verantwortung für die Erfüllung des Gläubigerschutzziels und Entscheidungsrechte für die dafür einzusetzenden Gläubigerschutzmittel (also Prämienkartelle) können nicht getrennt werden"[79].

Wegen der unter Umständen erforderlichen Schnelligkeit, mit der die Bedrohung der Gläubigerrechte beseitigt werden muß, sei allein das Mißbrauchsverfahren, nicht aber ein Genehmigungsverfahren angemessen[80]. Dieser Argumentation kann jedoch — zumindest im Bereich der Kraftverkehrsversicherung — nicht gefolgt werden.

Es war im vonangegangenen schon mehrfach betont worden, daß bei allen Überlegungen über eine Neugestaltung des Marktes für Kraftverkehrsversicherungen die Erfüllung der Versicherungsverträge in keiner Weise gefährdet werden darf. Die Gründe dafür sind jedoch allgemein sozialpolitischer Natur und beruhen nicht auf einem Vergleich von Schuldner- und Gläubigerinteressen anhand von Prämien- und Schadenzahlungen, wie dies etwa bei Farny der Fall ist[81]. Es war schon oben darauf hingewiesen worden, daß ein solcher Vergleich zu einseitig ist. Sieht man die Nachteile überhöhter Prämien nur einzelwirtschaftlich in den höheren Prämienzahlungen und läßt die gesamtwirtschaftlichen Nachteile — wie die Fehlallokation der Ressourcen, die nicht optimale Verbraucherversorgung und das Entstehen von nicht leistungsgerechten Einkommen — vollkommen außer acht, so muß dies zu einer falschen Wertung wettbewerbsbeschränkender Maßnahmen führen.

In dieser Arbeit wurde versucht, unter Beachtung des Grundsatzes, die Sicherheit der Versicherungsnehmer und

---

77 Dies war im übrigen auch der Grund für die Einführung der derzeitigen Regelung.

78 Zu der im folgenden vorgetragenen Argumentation vergleiche D. Farny, Prämienkartelle, a. a. O., S. 3 ff.

79 Ebenda, S. 5.

80 Ebenda.

81 Vergleiche dazu die Ausführungen auf S. 18 f.

der Verkehrsopfer in jedem Fall zu gewährleisten, Maßnahmen zu finden, die die Ansprüche der genannten Gruppen sicherstellen und gleichzeitig die einzel- und gesamtwirtschaftlichen Nachteile wettbewerbsbeschränkender Eingriffe vermeiden. Die dazu im vorangegangenen vorgeschlagenen Maßnahmen haben gezeigt, daß es nicht notwendig ist, „die Sicherheit der Versicherungsnehmer durch Beseitigung des Wettbewerbs zu erreichen"[82]. Speziell für die Kartellgesetzgebung ist daraus der Schluß zu ziehen, daß — zumindest für den Bereich der Kraftverkehrsversicherung — eine grundsätzliche Erlaubnis wettbewerbsbeschränkender Maßnahmen zum Schutze der Versicherungsnehmer und der Verkehrsopfer nicht notwendig ist. Vielmehr ist E. Günther zuzustimmen, wenn er fordert, das Mißbrauchsverfahren durch ein Genehmigungsverfahren zu ersetzen und die Pflicht zum Einvernehmen zwischen den beiden Aufsichtsbehörden durch eine Pflicht zum Benehmen zu ersetzen[83]. In diesem Fall könnte man dem Aufsichtsamt die Möglichkeit der Beschwerde gegen Verfügungen der Kartellbehörde gemäß Paragraph 62 GWB einräumen, die allerdings nur eine aufschiebende Wirkung hätte[84]. Die Schnelligkeit, mit der die notwendigen Maßnahmen zur Sicherstellung des Gläubigerschutzes unter Umständen eingeleitet werden müssen, kann jedenfalls nicht als ein ausreichendes Argument für die Beibehaltung der derzeitigen Regelung angesehen werden.

Einmal betrifft die Freistellung von den Paragraphen 1 und 15 GWB nicht nur Kartelle, sondern auch Verbandsempfehlungen, die in ihrer wettbewerbsbeschränkenden Wirkung Kartellvereinbarungen gleichkommen können[85]. Es erscheint jedoch sehr fraglich, ob hier ein Genehmigungsverfahren schon zu einer Gefährdung des Gläubigerschutzes

---

[82] E. Piepenbring, a. a. O., S. 998.

[83] Vergleiche E. Günther, Zehn Jahre Bundeskartellamt: Rückblick und Ausblick. In: Zehn Jahre Bundeskartellamt. — Beiträge zu Fragen und Entwicklungen auf dem Gebiet des Kartellrechts, Köln-Berlin-Bonn-München 1968, S. 32.

[84] Vergleiche Paragraph 63 Absatz 1 des Gesetzes gegen Wettbewerbsbeschränkungen.

[85] Vergleiche auch W. Schultes, Novellierung, a. a. O., S. 302.

führen würde. Anders könnte es dagegen bei Sanierungskartellen erscheinen. Hier haben die Erfahrungen der Vergangenheit jedoch gezeigt, daß auch die bis heute eingerichteten Kartelle eine lange Vorbereitungszeit erfordert haben[86]. Würde dieser Zeitraum dazu genutzt, das Genehmigungsverfahren vor dem Kartellamt einzuleiten, dürfte die insgesamt zusätzlich benötigte Zeit im Verhältnis zur gesamten Vorbereitungsdauer nicht weiter ins Gewicht fallen.

Nach Farny ist die Nutzung der Vorbereitungszeit für das Genehmigungsverfahren allerdings nur begrenzt möglich, „da die sicheren Informationen über Begründung und notwendiges Ausmaß der Kartellvereinbarungen erst gegen Ende des Zeitraums vorliegen"[87]. Damit unterstellt Farny, daß die Vorbereitungen für Kartelle schon in einem Zeitpunkt vorgenommen werden, in dem noch keine sicheren Informationen über die Notwendigkeit einer solchen wettbewerbsbeschränkenden Maßnahme vorliegen. Dies muß jedoch fatale Konsequenzen für den Wettbewerb haben. Allein schon die Tatsache, daß ein Kartell vorbereitet wird, ist ein Anlaß für die Versicherer zu Prämienunterbietungen. Auf diese Weise wird jeder von ihnen versuchen, möglichst rasch einen großen Bestand für sich zu gewinnen, da er damit rechnen kann, daß die ihm mit den Preisunterbietungen entstandenen Verluste mit der Einrichtung des Kartells beseitigt würden[88]. Somit werden die Vorbereitungen des Kartells mit zur Ursache der Preisunterbietungen, die durch das Kartell bekämpft werden sollen. Im Falle eines Genehmigungsverfahrens mit Begründungspflicht der Versicherer wäre dieser circulus vitiosus jedenfalls insoweit unterbrochen, als der einzelne Versicherer nicht mehr damit rechnen kann, daß das beantragte Kartell überhaupt und in der beantragten Form genehmigt wird. Weiter kann er nicht damit rechnen, daß das Kartell nach der üblichen Genehmigungsdauer von drei Jahren verlängert wird. Der Anreiz zu Prämienunterbietungen während der Vorbereitungszeit wird damit vermindert.

---

86 Vergleiche den Bericht des Bundeskartellamtes über das Jahr 1964, a. a. O., S. 13.

87 D. Farny, Prämienkartelle, a. a. O., S. 28.

88 Vergleiche ebenda.

Gerade für die Kraftverkehrsversicherung dürfte im Zusammenhang mit den oben gemachten Vorschlägen zur Sicherung der Versicherungsnehmer und der Verkehrsopfer das Argument, die schnelle Realisierung der Gläubigerschutzmaßnahmen sei nur durch das Mißbrauchsverfahren zu gewährleisten, keine Bedeutung mehr haben. Durch die Bildung eines Konkursfonds und eine staatliche Kreditgarantie in unbegrenzter Höhe ließe sich der Gläubigerschutz auch im Falle der Zahlungsunfähigkeit eines oder mehrerer Versicherer gewährleisten.

Ein Übergang vom Mißbrauchs- zum Erlaubnisverfahren, wie ihn Günther vorschlägt, kann deshalb ohne Gefahr für die Versicherungsnehmer und geschädigte Dritte vollzogen werden. Er hätte auf die Gläubigerinteressen der Versicherten keinen negativen Einfluß, würde sich jedoch auf den Schutz der Schuldnerinteressen, das heißt auf den Schutz vor zu hohen Prämien[89], fördernd auswirken. Den Besonderheiten der Versicherungswirtschaft, die von den Versicherern immer wieder angeführt werden[90], ließe sich, wenn dies überhaupt für notwendig erachtet wird, dadurch Rechnung tragen, daß man sie in den Voraussetzungen für die Genehmigung von Kartellen berücksichtigt.

Siebentes Kapitel

Zusammenfassung

Die vorangegangenen Überlegungen gingen von dem Gedanken aus, daß in einer — grundsätzlich marktwirtschaftlich orientierten — Wirtschaftsordnung staatliche Eingriffe in die Preisbildung des einzelnen Unternehmers eine Ausnahmeerscheinung sind und nur dann befürwortet werden, wenn ein Wettbewerb mit „freier" Preisbildung zu gesamt-

---

89 Vergleiche ebenda, S. 7.

90 Vergleiche etwa das Memorandum der Versicherungswirtschaft zum Regierungsentwurf eines Gesetzes gegen Wettbewerbsbeschränkungen, abgedruckt in: Geschäftsbericht 1954/1955 des Gesamtverbandes der Versicherungswirtschaft e. V., S. 53.

wirtschaftlich unerwünschten Folgen führt. Als ein solcher Ausnahmefall wurde bisher die Kraftverkehrsversicherung angesehen. Mit den unterschiedlichsten Begründungen wurde in der Vergangenheit dafür plädiert, die staatliche Genehmigungspflicht für die Prämien in dieser Versicherungssparte beizubehalten. Vor- und Nachteile einer solchen Regelung liegen auf der Hand: Durch die staatliche Prämienkontrolle kann die Gefahr von verlustbringenden Unterkostenprämien vermindert und die Sicherheit von Versicherungsnehmern und Verkehrsopfern erhöht werden. Erkauft wird diese Sicherheit allerdings damit, daß der einzelne Versicherer zum Kassierer staatlich genehmigter und kontrollierter Prämien degradiert wird[1] und die Verantwortung für die Existenz des einzelnen Versicherers vom Staat übernommen wird. Für den einzelnen Versicherungsnehmer bringt dieses Verfahren weiter den Nachteil, daß das für die Genehmigung zuständige Bundesaufsichtsamt eben wegen seiner Verantwortung für die Existenz des einzelnen Unternehmens Forderungen nach Prämienerhöhungen und wettbewerbsbeschränkenden Maßnahmen nur relativ wenig Widerstand leisten kann.

In dieser Arbeit ging es darum, eine Regelung zu suchen, die die Vorteile der bestehenden Marktordnung — die Sicherheit von Versicherungsnehmern und Verkehrsopfern — beibehält und gleichzeitig die Nachteile vermeidet, indem sie den Staat von seiner Verantwortung für die Existenz jedes einzelnen Versicherers befreit und die Prämienkalkulation in die Verantwortung des einzelnen Unternehmers zurücklegt.

Eine Aufhebung der Genehmigungspflicht für die Tarife in der Kraftverkehrsversicherung berührt vor allem die Interessen dreier Personengruppen: der Versicherungsnehmer, der Verkehrsopfer und der Versicherten. Letztere sind allerdings nur unter allgemein wettbewerbspolitischen Gesichtspunkten von Bedeutung; denn es gibt — wie ausführlich gezeigt worden war — keine Besonderheiten der Versicherungswirtschaft, die einen Fortfall der Genehmigungspflicht

---

[1] Vergleiche etwa auch J. Zapf, a. a. O., S. 82.

aus wettbewerbspolitischen Gründen unmöglich erscheinen lassen[2].

Was die Verkehrsopfer angeht, so besteht hier ein sozialpolitisches Anliegen des Staates, ihre ausreichende Entschädigung auf alle Fälle sicherzustellen. Eine Gefährdung ihrer Ansprüche entsteht vor allem durch das Konkursrisiko eines jeden Unternehmens. Zweifellos würde dieses Risiko durch eine Aufhebung der Genehmigungspflicht ceteris paribus erhöht. Eine staatliche Kontrolle der Prämien zur Verminderung des Konkursrisikos ist jedoch nicht das einzige Mittel, die Entschädigung der Verkehrsopfer zu garantieren. Zur Sicherung der Ansprüche der Versicherungsnehmer und der Verkehrsopfer war im vorangegangenen ein aus drei Stufen bestehendes Sicherheitssystem vorgeschlagen worden.

Bei den Maßnahmen der ersten Stufe handelt es sich darum, durch standardisierte Sicherheitsvorschriften für alle Versicherer eine gewisse Mindestsicherheit für die Versicherungsnehmer und die Verkehrsopfer herzustellen. Wird trotz dieser Maßnahmen ein Versicherer zahlungsunfähig, so stünde — für den Fall, daß es nicht zu einer Übernahme des Bestandes durch andere Unternehmer kommt — ein von allen Versicherungsnehmern getragener Konkursfonds für eine ausreichende Entschädigung zur Verfügung. Dieser Fonds brauchte jedoch nur für jene Schäden eingesetzt zu werden, die nicht schon durch die Selbstbeteiligung der Versicherungsnehmer gedeckt sind. Sollte der Fall eintreten, daß die Sicherheit der Versicherten und der Geschädigten auch durch die zweite Sicherungsstufe nicht gewährleistet werden kann, so hätte auf der dritten Stufe der Staat die dazu erforderlichen Mittel bereitzustellen. Dies brauchte jedoch nur vor-

---

2 Im übrigen weist die Versicherungswirtschaft selbstverständlich genau so wie jede andere Branche ihre Besonderheiten auf. Diese können allerdings nur als „branchenkundliche Details" gewertet werden, jedoch nicht zur Begründung wettbewerbsbeschränkender Maßnahmen herangezogen werden. Grundsätzlich dazu H. H. Scheib, Branchenbesonderheiten — Falsche und richtige wirtschaftspolitische Argumente. (Veröffentlichungen des Forschungsinstituts für Wirtschaftspolitik an der Universität Mainz, Band 22, Herausgeber H. Diederich, W. Hamm, E. Welter). Heidelberg 1967, S. 23 ff.

übergehend zu geschehen, bis dem Fonds durch eine neue Beitragserhebung eine Rückzahlung der staatlichen Kredite möglich wäre.

Als erstes Ergebnis kann daher festgestellt werden, daß eine Beibehaltung der Genehmigungspflicht jedenfalls zum Schutze der Verkehrsopfer nicht erforderlich ist, sondern hierzu auch andere Mittel in ausreichender Anzahl zur Verfügung stehen.

Eine Beibehaltung der Genehmigungspflicht ließe sich somit nur im Hinblick auf die Versicherungsnehmer rechtfertigen. Da das Interesse der Versicherungsnehmer an der Erfüllung der Versicherungsverträge identisch ist mit den Interessen der Verkehrsopfer, könnte nur noch die Gefahr überhöhter Prämien gegen eine Aufhebung der Genehmigungspflicht sprechen. Diese Bedenken ließen sich jedoch im Grunde auch auf allen anderen Märkten erheben. Ein Schutz vor zu hohen Preisen speziell in der Versicherungswirtschaft wäre deshalb nur mit den Besonderheiten des Gutes Versicherungsschutz zu rechtfertigen. Eine wichtige Besonderheit der Kraftverkehrshaftpflicht-Versicherung besteht darin, daß für dieses Gut ein gesetzlicher Kaufzwang besteht. Wie jedoch oben gezeigt wurde[3], läßt sich allein mit der Versicherungspflicht die Beibehaltung des Genehmigungsverfahrens nicht begründen. In vielen Fällen, in denen der Staat ebenfalls den Kauf bestimmter Güter vorschreibt, hat er sich jedenfalls nicht für eine gleichzeitige Kontrolle der Preise entschieden. Es fragt sich somit, ob gerade im Falle der Versicherungsnehmer ein besonderes Interesse an einem über die allgemeine Versicherungsaufsicht hinausgehenden Schutz vor überhöhten Preisen besteht. Ein solches Interesse ließe sich einmal mit dem sozialpolitischen Ziel erklären, auch den weniger wohlhabenden Schichten den Betrieb eines Kraftfahrzeugs zu ermöglichen. Es war jedoch darauf hingewiesen worden, daß die Genehmigungspflicht kaum einen fühlbaren Beitrag zur Erreichung dieses Zieles leisten kann und dem Staat dazu andere Mittel zur Verfügung stehen.

---

[3] Siehe oben S. 144 ff.

Allenfalls aus politisch-taktischen Erwägungen könnte es für eine Regierungspartei oder -koalition von Interesse sein, den Kraftfahrzeughalter gegenüber den Käufern anderer Güter in besonderem Maße vor zu hohen Preisen zu schützen. Die Behandlung der Kraftfahrzeugprämien als „politischer Preis" birgt jedoch auch die Gefahr für die politischen Instanzen in sich, für die Entwicklung dieses Preises verantwortlich gemacht zu werden.

Als ein weiteres Ergebnis kann daher festgehalten werden, daß sich die Beibehaltung der Genehmigungspflicht zum Schutze der Versicherungsnehmer nicht mit den Besonderheiten dieses Gutes rechtfertigen ließe, sondern nur mit einem Werturteil begründet werden kann.

Zwar läßt sich für die Kraftfahrzeughalter eine *besondere* Fürsorgepflicht des Staates nicht ableiten, doch müßte auf der anderen Seite bei einer Aufhebung der Genehmigungspflicht sichergestellt werden, daß die Versicherungsnehmer zumindest in *gleicher Weise* wie die Käufer anderer Güter vor überhöhten Preisen geschützt wären. Das bedeutet, daß bei einer Aufhebung der Genehmigungspflicht das Kartellamt in der Versicherungswirtschaft beziehungsweise in der Kraftverkehrsversicherung dieselben Möglichkeiten haben müßte, gegen Wettbewerbsbeschränkungen vorzugehen wie in allen anderen Wirtschaftsbereichen auch. Deshalb wäre gleichzeitig mit einer Aufhebung der Genehmigungspflicht auch die Aufhebung der Ausnahmeregelung für die Versicherungswirtschaft — zumindest jedoch für die Kraftverkehrsversicherung — anzustreben.

Abschließend kann gesagt werden, daß die Sonderstellung der Kraftverkehrsversicherung, die sich in der staatlichen Prämienkontrolle und der Ausnahmeregelung im Kartellgesetz ausdrückt, ohne Gefahren für die Versicherungsnehmer und die Verkehrsopfer weitgehend beseitigt werden könnte.

LITERATURVERZEICHNIS

I. Bücher, Beiträge in Sammelwerken und Festschriften

ALBACH, Horst: Wirtschaftlichkeitsrechnung bei unsicheren Erwartungen. (Beiträge zur betriebswirtschaftlichen Forschung. Band 7). Köln, Opladen 1959.

ANGELA, G.: Die Tarifkalkulation in der Kraftfahrthaftpflichtversicherung. In: Bericht. — VII. Konferenz der Europäischen Versicherungsaufsichtsbehörden. Berlin 1970, S. 83—95.

ARNDT, Helmut: Mikroökonomische Theorie. Band 2: Marktprozesse. Tübingen 1966.

BACHMANN, Michael: Die Risikoprämie in der Kraftfahrzeug-Haftpflichtversicherung. — Ermittlung unter Berücksichtigung des veränderten Schadenverlaufs. (Beiträge zu wirtschaftswissenschaftlichen Problemen der Versicherung. Band 4. Herausgeber H. L. Müller-Lutz). Karlsruhe 1968.

BAUMOL, William J.: Business Behavior, Value And Growth. Revised Edition, New York, Chicago, San Francisco, Atlanta 1967.

BERGER, Matthias: Die Arzneimittelversorgung durch Apotheken. — Volkswirtschaftliche Überlegungen zur staatlichen Gesundheitspolitik. Wirtschaftswissenschaftliche Dissertation, Mainz 1972. Auch erschienen als Band 33 in der Schriftenreihe des Forschungsinstituts für Wirtschaftspolitik an der Universität Mainz; Herausgeber H. Diederich, O. Gandenberger, W. Hamm und E. Welter. Berlin 1973.

BIDLINGMAIER, Johannes: Unternehmerziele und Unternehmerstrategien. (Studienreihe Betrieb und Markt, Band VIII. Herausgeber K. Ch. Behrens). Wiesbaden 1964.

BOSS, Peter: Systeme der Staatsaufsicht über Versicherungsunternehmen. (Schriftenreihe des Instituts für Versicherungswissenschaft an der Universität Köln. Neue Folge Heft 14). Berlin 1955.

BRAESS, Paul: Betriebswirtschaftliche Aspekte der „Solvabilitäts"-Vorschriften. In: Ausblick und Rückblick. — Erich R. Prölss zum 60. Geburtstag; herausgegeben von Emil Frey, Hans Möller, Reimer Schmidt, Jürgen Sasse und der Bayerischen Rückversicherung Aktiengesellschaft, München 1967. S. 95—114.

— Über das Wettbewerbssystem der Versicherung. In: Wirtschaft, Gesellschaft und Kultur. — Festgabe für Alfred Müller-Armack. Herausgeber Franz Greiß und Fritz W. Meyer. Berlin 1961, S. 29—41.

CHAMBERLIN, Edward H.: The Theory of Monopolistic Competition. 6. Auflage, Cambridge 1950.

CONRADT, G.: Die Tarifkalkulation in der Kraftfahrthaftpflichtversicherung. — In: Bericht. — VII. Konferenz der Europäischen Versicherungsaufsichtsbehörden, Berlin 1970, S. 51—82.

CORSO, G.: Form und Inhalt der Informationen, die von den Aufsichtsbehörden zur Feststellung der wirtschaftlichen und finanziellen Lage der Nichtlebensversicherungsunternehmen gefordert werden, unter besonderer Berücksichtigung der Rechnungslegung. In: Bericht. — VII. Konferenz der Europäischen Versicherungsaufsichtsbehörden, Berlin 1970, S. 100—180.

DIEDERICH, Helmut: Allgemeine Betriebswirtschaftslehre I. (Schaeffers Grundriß des Rechts und der Wirtschaft. Abteilung III: Wirtschaftswissenschaften, Band 83/1). 2. Auflage, Mainz 1971.

FARNY, Dieter: Die Versicherungsmärkte. — Eine Studie über die Versicherungsmarkttheorie. (Schriftenreihe des Instituts für Versicherungswissenschaft an der Universität Köln. Neue Folge Heft 17, begründet von W. Rohrbeck, fortgeführt von P. Braeß). Berlin 1961.

— Produktions- und Kostentheorie der Versicherung. (Veröffentlichungen des Deutschen Vereins für Versicherungswissenschaft. Heft 72). Karlsruhe 1965.

FELLNER, William: Competition Among the Few. — Oligopoly And Similar Market Structures. New York 1960.

FINKE, Eberhart und PFEIFFER, Christoph: Markt-, Preis- und Wettbewerbsordnung im Aufsichtsrecht und in der Aufsichtspraxis. In: 50 Jahre materielle Versicherungsaufsicht nach dem Gesetz vom 12. Mai 1901. Mit einem Vorwort des Präsidenten des Bundesaufsichtsamtes für das Versicherungs- und Bausparwesen E. Schmid. Band 1: Allgemeine Fragen des Versicherungsrechts und der Versicherungswirtschaft. (Schriftenreihe des Instituts für Versicherungswissenschaft an der Universität Köln. Neue Folge Heft 9, Herausgeber W. Rohrbeck). Berlin 1952, S. 104—146.

FOUGNER, Arne: The Capacity Problem. In: Readings in Property and Casuality Insurance. Herausgeber H. Wayne-Snider. Homewood, Illinois 1959, S. 182—186.

FREY, Emil: Organisationsformen der Versicherungsunternehmen. In: Buchausgabe des Versicherungswirtschaftlichen Studienwerkes „Die Versicherung". Band 1: Allgemeine Grundlagen. Herausgeber W. Grosse, H. L. Müller-Lutz, R. Schmidt. Wiesbaden 1962—1964, Studienplan B II 1.

FUSS, Falk: Risikogerechte Eigenkapitalausstattung und Solvabilitätssystem der Schadenversicherungsdirektive. — Eine betriebswirtschaftliche Untersuchung. (Veröffentlichungen des Instituts für Versicherungswissenschaft der Universität Mannheim. Heft 3, Herausgeber D. Farny). Karlsruhe 1971.

GERHARDT, Walter: Rabattwettbewerb und Rabattordnung in einer Wirtschaftsordnung funktionsfähiger Konkurrenz. Dissertation Köln 1960.

GERLACH, Willibald: Entwicklung der deutschen Kraftverkehrsversicherung. In: Das Marktproblem in der deutschen Kraftverkehrsversicherung. Herausgeber W. Gerlach. Mit einem Vorwort von Paul Gülker. Berlin 1958, S. 11—24.

GROSSFELD, Bernhard: Prämienkartelle in der Versicherungswirtschaft. In: Wettbewerb als Aufgabe. — Nach zehn Jahren Gesetz gegen Wettbewerbsbeschränkungen. (Wirtschaftsrecht und Wirtschaftspolitik. In Verbindung mit Kurt Biedenkopf und Erich Hoppmann. Band 7, Herausgeber E.-J. Mestmäcker). Bad Homburg v. d. H., Berlin, Zürich 1968, S. 105—146.

GÜNTHER, Eberhard: Zehn Jahre Bundeskartellamt: Rückblick und Ausblick. In: Zehn Jahre Bundeskartellamt. — Beiträge zu Fragen und Entwicklungen auf dem Gebiet des Kartellrechts. Köln, Berlin, Bonn, München 1968, S. 11—37.

GÜRTLER, Max: Betriebswirtschaftliche Probleme des Versicherungswesens. (Die Wirtschaftswissenschaften. Reihe A, Nr. 42, Herausgeber E. Gutenberg). Wiesbaden 1959.

— Die Kalkulation der Versicherungsbetriebe. (Versicherungswissenschaftliche Veröffentlichungen. Heft 1, 2. Auflage, Herausgeber M. Gürtler). Berlin, Frankfurt 1958.

— Dynamik in der Versicherungswirtschaft. In: Wirtschaft und Recht der Versicherung. — Paul Braess zum 66. Geburtstag. Herausgeber D. Farny. Karlsruhe 1969, S. 99—138.

GUTENBERG, Erich: Die Grundlagen der Betriebswirtschaftslehre. Band 1: Die Produktion. 12. Auflage. Berlin, Heidelberg, New York 1966.

HAX, Karl: Betriebswirtschaftliche Probleme der Konzentration. In: Die Konzentration in der Wirtschaft. Schriften des Vereins für Socialpolitik, Neue Folge Band 22. Berlin 1961. S. 61—98.

— Unternehmensgröße und Konzentration in der Versicherungswirtschaft. In: Grundprobleme des Versicherungsrechts. — Festgabe für Hans Möller zum 65. Geburtstag. Herausgeber R. Schmidt und K. Sieg. Karlsruhe 1972, S. 261—281.

— Wesen, Bedeutung und Gliederung der Versicherung. In: Buchausgabe des Versicherungswirtschaftlichen Studienwerkes „Die Versicherung". Band 1: Allgemeine Grundlagen. Herausgeber W. Grosse, H. L. Müller-Lutz, R. Schmidt. Wiesbaden 1962—1964, Studienplan B I 1.

HEINEN, Edmund: Das Zielsystem der Unternehmung. — Grundlagen betriebswirtschaftlicher Entscheidungen. (Schriftenreihe „Die Betriebswirtschaft in Forschung und Praxis". Band I, Herausgeber E. Heinen). Wiesbaden 1966.

Heinen, Edmund: Die Zielfunktion der Unternehmung. In: Zur Theorie der Unternehmung. — Festschrift zum 65. Geburtstag von Erich Gutenberg. Wiesbaden 1962, S. 11—71.

Heinrichs, Helmut: Liberalisierte Kraftverkehrsversicherung im Wettbewerb. In: Gegenwartsfragen der Versicherung. — Beiträge zur Forschung und Praxis. (Versicherungsstudien. Heft 5/6. Herausgeber H. G. Lobscheid). Berlin 1962, S. 105—118.

— Warum ein Zwangskartell der Kraftfahrtversicherung in sozialer Marktwirtschaft? Dissertation Köln 1955.

Kantzenbach, Erhard: Die Funktionsfähigkeit des Wettbewerbs. (Wirtschaftspolitische Studien. Heft 1, Herausgeber H. Jürgensen). Göttingen 1966.

Kilger, Wolfgang: Produktions- und Kostentheorie. (Die Wirtschaftswissenschaften. Herausgeber E. Gutenberg). Wiesbaden 1958.

Krüger-Barvels, Rainer: Marketing im Versicherungsbetrieb. (Absatzwirtschaft und Konsumforschung. Band 5, Herausgeber P. Meyer-Dohm). Freiburg im Breisgau 1971.

Machlup, Fritz: Wettbewerb im Verkauf. — Modellanalyse des Anbieterverhaltens. Göttingen 1966.

Mahr, Werner: Einführung in die Versicherungswirtschaft. — Allgemeine Versicherungslehre. Unveränderter Nachdruck der 1951 erschienenen ersten Auflage. Berlin 1964.

Marshall, Alfred: Principles of Economics. Ninth (variorium) edition with annotations by C. W. Guillebaud. Vol. I: Text. London 1961.

Merz, Karl: Aufgaben und Bedeutung der Versicherungsvermittlung. Jahrbuch des Vereins für Versicherungs-Wissenschaft und -Praxis in Hessen. Frankfurt 1955, S. 26—38.

Meyer, Ernst: Die Spartentrennung im Gemeinsamen Markt. In: Versicherungswirtschaft im Gemeinsamen Markt. — Die Niederlassungsfreiheit in der Schadensversicherung. (Schriftenreihe zum Handbuch für Europäische Wirtschaft. Band 31, Herausgeber E. Frey). Baden-Baden 1967, S. 119—142.

— Möglichkeiten einer vollständigen oder teilweisen Aufhebung der Preisvorschriften in der deutschen Kraftverkehrsversicherung. In: Das Marktproblem in der deutschen Kraftverkehrsversicherung. Herausgeber W. Gerlach. Mit einem Vorwort von P. Gülker. Berlin 1958, S. 25—78.

Michaels, Bernd: Staatsaufsicht über Versicherungsunternehmen und Kreditinstitute. — Vergleichende juristische Überlegungen. Dissertation Hamburg 1967.

MORGENSTERN, Oskar: Vollkommene Voraussicht und wirtschaftliches Gleichgewicht. In: Spieltheorie und Wirtschaftswissenschaft. Wien, München 1963. S. 43—70.

MÜLLER-LUTZ, H. L.: Versicherungslehre (Dr. Max Gehlens Versicherungslehrwerk in 5 Bänden. Band 1: Versicherungslehre. Herausgeber H. L. Müller-Lutz). 10. erweiterte Auflage. Bad Homburg v. d. H., Berlin, Bonn, Zürich 1965.

MÜLLER-MANZKE, Ulrich: Grundlagen der Preisbildung in der Industrieversicherung. (Frankfurter Wirtschafts- und Sozialwissenschaftliche Studien. Heft 20, herausgegeben von der Wirtschafts- und Sozialwissenschaftlichen Fakultät der Johann-Wolfgang-Goethe-Universität Frankfurt am Main). Berlin 1969.

PFEIFFER, Christoph: Rückversicherung. In: Buchausgabe des Versicherungswirtschaftlichen Studienwerkes „Die Versicherung". Band 4: Sachversicherung. Herausgeber W. Grosse, H. L. Müller-Lutz, R. Schmidt. Wiesbaden 1962—1964, Studienplan F VII.

RATH, Klaus Wilhelm: Konkurrenzsystem, Organisationsform und Wirtschaftlichkeit im Versicherungswesen. Leipzig 1942.

RICHTER, Klaus: Das Preisproblem in der deutschen Kraftfahrversicherung. — Eine konkurrenztheoretische Untersuchung. Wirtschafts- und sozialwissenschaftliche Dissertation Berlin, München 1961.

RITTIG, Gisbert: Die Kartelldiskussion und das Versicherungswesen. In: Aktuelle Probleme der Versicherungswirtschaft vom Standpunkt der Versicherungswissenschaft betrachtet. Herausgeber Walter Rohrbeck. Berlin 1954, S. 141—153.

ROHRBECK, Walter: Wesen, Gehalt und Reform der deutschen Privatversicherung. Berlin, München 1949.

SCHEIB, Hans H.: Branchenbesonderheiten. — Falsche und richtige wirtschaftspolitische Argumente. (Veröffentlichungen des Forschungsinstituts für Wirtschaftspolitik an der Universität Mainz. Band 22, Herausgeber H. Diederich, W. Hamm, E. Welter). Heidelberg 1971.

SCHMIDT, Reimer: Versicherungsaufsichtsrecht. In: Buchausgabe des Versicherungswirtschaftlichen Studienwerkes „Die Versicherung". Band 3: Versicherungsrecht. Herausgeber W. Grosse, H. L. Müller-Lutz, R. Schmidt. Wiesbaden 1962—1964, Studienplan D III.

SCHNEIDER, Tilmann: Der Fonds de Garantie Automobile im Rahmen des Schutzes der Verkehrsopfer. — Internationale Vergleichung und rechtliche Einordnung. (Arbeiten zur Rechtsvergleichung. Schriftenreihe der Gesellschaft für Rechtsvergleichung. Band 32, Herausgeber Ernst von Caemmerer). Frankfurt am Main, Berlin 1967.

SCHULTES, Werner: Preisdifferenzierung unter wettbewerbspolitischem Aspekt. (FIW-Schriftenreihe. Heft 14, Herausgeber Forschungsinstitut für Wirtschaftsverfassung und Wettbewerb e. V. Köln). Köln, Berlin, Bonn, München 1963.

SCHULTZE-GISEVIUS, Konrad: Kapazitätsabbau mit Staatshilfe. — Die Stillegungsaktion in der Mühlenwirtschaft als Beispiel. (Veröffentlichungen des Forschungsinstituts für Wirtschaftspolitik an der Universität Mainz. Band 26, Herausgeber H. Diederich, O. Gandenberger, W. Hamm, E. Welter). Berlin 1971.

SPÜHLER, Jürg: Zielsetzungen und Zielentscheidung der erwerbswirtschaftlichen Sachversicherungsunternehmung. Dissertation Zürich 1971.

STACKELBERG, Heinrich von: Grundlagen der theoretischen Volkswirtschaftslehre. Bern 1948.

STARKE, Otto Ernst: Die Anordnungen der Versicherungsaufsichtsbehörden nach den §§ 81, 81 a, 89 VAG.
In: 50 Jahre materielle Versicherungsaufsicht nach dem Gesetz vom 12. Mai 1901. — Mit einem Vorwort des Präsidenten des Bundesaufsichtsamtes für das Versicherungs- und Bausparwesen E. Schmid. Band 1: Allgemeine Fragen des Versicherungsrechts und der Versicherungswirtschaft (Schriftenreihe des Instituts für Versicherungswissenschaft an der Universität Köln. Neue Folge Heft 9, Herausgeber W. Rohrbeck). Berlin 1952, S. 73—103.

— Die Entwicklungslinien der materiellen Staatsaufsicht in der ersten Hälfte des 20. Jahrhunderts. In: 50 Jahre materielle Versicherungsaufsicht nach dem Gesetz vom 12. Mai 1901. Mit einem Vorwort des Präsidenten des Bundesaufsichtsamtes für das Versicherungs- und Bausparwesen E. Schmid. Band 3: Versicherungsaufsicht im In- und Ausland; Nachschlageregister über die Veröffentlichungen der Aufsichtsbehörde für das Versicherungswesen in den ersten 50 Jahren. (Schriftenreihe des Instituts für Versicherungswissenschaft an der Universität Köln. Neue Folge Heft 11, Herausgeber W. Rohrbeck). Berlin 1955, S. 11—144.

SZAGUNN, Volkhard und VOIGT, Heinz: Einlagensicherung in der Kreditwirtschaft. Frankfurt 1966.

TOLKSDORF, Michael: Ruinöser Wettbewerb. — Ein Beitrag zur Phänomenologie und wettbewerbspolitischen Behandlung einer marktwirtschaftlichen Fehlentwicklung. (Volkswirtschaftliche Schriften. Heft 161, Herausgeber J. Broermann). Berlin 1971.

WITTMANN, Waldemar: Konzentrationsprobleme in der Betriebssphäre. In: Die Konzentration in der Wirtschaft. Schriften des Vereins für Socialpolitik. Neue Folge Band 22. Berlin 1961, S. 267—281.

WITTMANN, Waldemar: Unternehmung und unvollkommene Information. — Unternehmerische Voraussicht — Ungewißheit und Planung. Köln, Opladen 1959.

II. Aufsätze und Artikel in Zeitschriften, Zeitungen und Lexika

BODES, Ludwig: Verhältnis der Schäden und Verwaltungskosten zu den Beitragseinnahmen in der Schaden- und Unfallversicherung. „Versicherungswissenschaftliches Archiv", Berlin 1959, S. 13—40.

BRAESS, Paul: Angebot und Nachfrage in der Versicherung. — Ein theoretischer Beitrag zur Frage der Versicherungspreisbildung. „Wirtschaft und Recht der Versicherung", Beiheft Nr. 1/1938 zur Zeitschrift „Deutsche öffentlich-rechtliche Versicherung", Berlin-Dahlem, 37. Jahrgang (1938), S. 29—73.

— Die Bedeutung des Eigenkapitals in der Versicherungswirtschaft. „Zeitschrift für die gesamte Versicherungswissenschaft", Berlin, 53. Jahrgang 1964, S. 1—20.

BULLINGER, Martin: Staatsaufsicht in der Wirtschaft. „Veröffentlichungen der Vereinigung der Deutschen Staatsrechtslehrer", Berlin 1965, Heft 22, S. 264—321.

Die deutsche Versicherungswirtschaft 1969/70. „Zeitschrift für Versicherungswesen", Hamburg, 21. Jahrgang (1970), S. 869—874.

Die Lage war noch nie so ernst. „Die Versicherungswirtschaft", Karlsruhe, 25. Jahrgang (1970), S. 1326—1333.

DÜRR, Ernst: Die Einfügung der Versicherungswirtschaft in die Wettbewerbsordnung. „Wirtschaftspolitische Chronik", Köln, 1957, Heft 2, S. 29—51.

— Die Liberalisierung des internationalen Versicherungsverkehrs. (Versicherungsforschung, Schriftenreihe für internationalen Gedankenaustausch über sozial- und privatwirtschaftlichen Versicherungsschutz, Heft 1). Berlin 1956.

FARNY, Dieter: Die Betriebsgrößenfrage in der Versicherungswirtschaft. „Zeitschrift für die gesamte Versicherungswissenschaft", Berlin, Band 49 (1960), S. 183—201.

— Gewinn und Sicherheit als Ziele von Versicherungsunternehmen. „Zeitschrift für die gesamte Versicherungswissenschaft", Berlin, 56. Jahrgang 1967, S. 49—81.

— Unternehmerische Ziel- und Mittelentscheidungen in der Versicherungswirtschaft. „Zeitschrift für die gesamte Versicherungswissenschaft", Berlin, 55. Jahrgang (1966), S. 129—159.

— Wirtschaftswissenschaftliches Gutachten über Prämienkartelle von Versicherungsunternehmen. Sonderbeilage der „Versicherungswirtschaft", Karlsruhe, 25. Jahrgang (1970).

FARNY, Dieter: Zum Kartellproblem in der industriellen Feuerversicherung. — Stellungnahme zu dem Besprechungsaufsatz von U. Müller, Zum Kartellproblem in der industriellen Feuerversicherung. „Schmalenbachs Zeitschrift für betriebswirtschaftliche Forschung", Neue Folge Band 17 (1965), S. 627—635.

— Zur Frage einer Novellierung des § 102 GWB. — Erwiderung auf eine Stellungnahme aus dem Bundeskartellamt. „Versicherungswirtschaft", Karlsruhe, 25. Jahrgang (1970), S. 541—545.

FEYOCK, Hans: Das neue Pflichtversicherungsrecht. „Versicherungswirtschaft", Karlsruhe, 25. Jahrgang (1965), S. 318—322.

„Frankfurter Allgemeine Zeitung" Nr. 3 vom 4. Januar 1964.
„Frankfurter Allgemeine Zeitung" Nr. 13 vom 16. Januar 1964.
„Frankfurter Allgemeine Zeitung" Nr. 169 vom 24. Juli 1964.
„Frankfurter Allgemeine Zeitung" Nr. 76 vom 2. April 1970.
„Frankfurter Allgemeine Zeitung" Nr. 129 vom 8. Juni 1970.
„Frankfurter Allgemeine Zeitung" Nr. 53 vom 4. März 1971.

GÄRTNER, Rudolf: Substanzerhaltung und Wirtschaftsaufsicht. — Herrn Professor Dr. Karl Sieg zum 60. Geburtstag am 6. Mai 1971. „Der Betriebs-Berater", Heidelberg, 26. Jahrgang (1971), S. 499—504.

GLEISS, Alfred und HOOTZ, Christian: Bereichsausnahme für die Versicherung und Mißbrauchsverbot (§ 102 GWB). — Das Beispiel der Industrie-Feuerversicherung. „Neue Juristische Wochenschrift", München, Berlin, 19. Jahrgang. 1. Halbband 1966, S. 864—867.

Großangriff auf Arzneimittelpreise. „Deutsche Apotheker-Zeitung", Stuttgart, 111. Jahrgang (1971), S. 1136—1141.

GROSSMANN, Marcel: Ausdehnung des Geschäftsbereiches und Betriebsgröße in der Versicherung. „Zeitschrift für die gesamte Versicherungswissenschaft", Berlin, 49. Jahrgang (1960), S. 1—13.

— Sicherheitsstreben und Gewinnstreben in der Versicherungswirtschaft. „Zeitschrift für die gesamte Versicherungswissenschaft", Berlin, 56. Jahrgang (1967), S. 83—99.

Haftpflichttarife im Vergleich. — Prämien, Rabatte, Rückgewähr — für 5 Jahre durchgerechnet. In: ADAC motorwelt, Nr. 6. Juni 1970, S. 103—105.

„Handelsblatt" Nr. 77 vom 22. April 1971.
„Handelsblatt" Nr. 82 vom 29. April 1971.
„Handelsblatt" Nr. 176 vom 14. September 1971.

HEUSS, Ernst: Zum heutigen Stand der Wettbewerbstheorie in Deutschland. — Bemerkungen zur Untersuchung von E. Kantzenbach, Die Funktionsfähigkeit des Wettbewerbs. ORDO, Band 18 (1967), S. 411—416.

JACOBI, Ernst: Mathematische oder individuelle Berechnung der Schadenreserven in der Kraftverkehrsversicherung? Sonderbeilage der Zeitschrift „Versicherungswirtschaft", Karlsruhe, 23. Jahrgang (1968), S. 1353—1356.

KANN, Achim: Einige Betrachtungen zum Kapazitätsproblem. „Zeitschrift für das Versicherungswesen", Hamburg, 21. Jahrgang (1970), S. 741—747.

Kfz-Haftpflichtprämien 1971 — Dem Einheitstarif sehr nahe. „Zeitschrift für das Versicherungswesen", Hamburg, 22. Jahrgang (1971), S. 14—17.

KOCH, Helmut: Artikel „Betriebsgröße". In: Handwörterbuch der Sozialwissenschaften. Stuttgart, Tübingen und Göttingen 1959, Band 2.

KOLMS, Heinz: Artikel „Versicherungssteuer". In: Handwörterbuch der Sozialwissenschaften. Stuttgart, Tübingen und Göttingen 1961, Band 11.

Kraftverkehrsversicherung auf dem Wege zur Preisfreiheit. „Die Versicherungspraxis", Bonn, 53. Jahrgang (1963), S. 17—18.

LOCHMAIER, Karl: Das versicherungstechnische Risiko als Problem der versicherungsbetrieblichen Preispolitik. „Versicherungswissenschaftliches Archiv", Berlin, Jahrgang 1955, S. 411—429.

MACHLUP, Fritz: Oligopoly and the Free Society. „Il Politico", Pavia, Band 32 (1967), S. 253—273.

Mehr Wettbewerb bei Auto-Versicherungen! „Verbraucherpolitische Korrespondenz", Bonn 1972, Nr. 4, S. 5—6.

MEYER, Ernst: Marktprobleme der Versicherungswirtschaft. — Vortrag, gehalten in der Österreichischen Gesellschaft für Versicherungsfachwissen am 2. Mai 1967. „Die Versicherungsrundschau", 22. Jahrgang (1967), S. 341—357.

MÖLLER, Hans: Das Konkurrenzsystem im Versicherungswesen. „Jahrbücher für Nationalökonomie und Statistik", Jena, Band 159 (1944), S. 1—57.

MÜLLER, Ulrich: Zum Kartellproblem in der industriellen Feuerversicherung. „Schmalenbachs Zeitschrift für betriebswirtschaftliche Forschung", Köln, Opladen, 17. Jahrgang (1965), S. 295—312.

PIEPENBRING, Eberhard: Die Einordnung der Versicherungswirtschaft in das System des Gesetzes gegen Wettbewerbsbeschränkungen. „Die Versicherungswirtschaft", Karlsruhe, 24. Jahrgang (1963), S. 996—999.

PONTZEN, Théodore C.: Retrocession First! „International Insurance Monitor", 1968, Nr. 1, S. 11, 13—14.

Prämien-Politik in der PKW-Haftpflichtversicherung. „Zeitschrift für Versicherungswesen", Hamburg, 22. Jahrgang (1971), S. 16—17.

Prämienrückvergütungen in der Kraftverkehrshaftpflicht- u. Fahrzeugvollversicherung. „Die Versicherungspraxis", Bonn, 60. Jahrgang (1970), S. 166 f.

Prölss, Erich R.: Das Eigenkapital der Versicherungsunternehmen. „Versicherungswissenschaftliches Archiv", Berlin, Jahrgang 1957, S. 399—416.

Raiser, Rolf: Fachliche Marktaufsicht für Versicherungen. „Der Volkswirt". Frankfurt 1952. Beilage zu Nr. 22 vom 31. Mai 1952: Deutsche Wirtschaft im Querschnitt, 15. Folge, Versicherungen, S. 7—9.

Rohrbeck, Walter: Der Einfluß volkswirtschaftlicher Entwicklungstendenzen auf die deutsche Versicherungswirtschaft. „Deutsche Versicherungszeitschrift", Berlin, Bielefeld, München, 5. Jahrgang (1951), S. 125—130.

Rothschild, K. W.: Price Theory and Oligopoly. „Economic Journal", London, Vol. LVII (1947), S. 299—320.

Schultes, Werner: Zur Novellierung des § 102 GWB. „Die Versicherungswirtschaft", Karlsruhe, 25. Jahrgang (1970), S. 301—304.

Seuss, Wilhelm: Freie Kraftfahrt-Versicherungsprämien statt staatlicher Aufsicht? „Frankfurter Allgemeine Zeitung" Nr. 226 vom 30. September 1971, S. 15.

— Können Außenseiter am deutschen Versicherungsmarkt auftreten? „Blick durch die Wirtschaft" vom 18. Januar 1960.

— Kraftfahrtversicherung vor dem Neuanfang. „Frankfurter Allgemeine Zeitung" Nr. 301 vom 29. Dezember 1961.

— Rückzug vor der Tariffreiheit. „Frankfurter Allgemeine Zeitung" Nr. 100 vom 29. April 1964.

Solidarhilfe der Kraftverkehrs-Versicherer gegründet. „Die Versicherungswirtschaft", Karlsruhe, 23. Jahrgang (1968), S. 1244—1245.

Tamm, Hans: Betrachtungen zur Preisbildung in der Privatversicherung. „Zeitschrift für die gesamte Versicherungswissenschaft", Berlin, Band 32 (1932), S. 208—220.

„The Financial Times" vom 3. März 1971.
„The Financial Times" vom 17. Februar 1972.

Theda, Werner: Amtspflichtverletzung des Bundesaufsichtsamtes bei Konkurs eines Versicherers? „Die Versicherungspraxis", Bonn, 62. Jahrgang (1972), S. 133—134.

WILMS, Herbert: Kfz-Versicherung abseits der Freien Marktwirtschaft. „Die Versicherungspraxis", Bonn, 54. Jahrgang (1964), S. 169—170 und 171.

— Kfz-Versicherungsprämien im Zwielicht. „Die Versicherungspraxis", Bonn, 61. Jahrgang (1971), S. 5—7.

ZAPF, Jürgen: Das Rosenkranz-Gutachten — eine Chance für eine Reform der Kraftfahrtversicherung? „Die Versicherungspraxis", Bonn, 62. Jahrgang (1972), S. 81—82.

— Freie Marktwirtschaft und materielle Versicherungsaufsicht. „Die Versicherungspraxis", Bonn, 61. Jahrgang (1971), S. 240—242.

„Zeitschrift für Versicherungswesen", Hamburg, 19. Jahrgang (1968), S. 537—542.

III. Gesetze, Gesetzeskommentare, Verordnungen Bekanntmachungen und Urteile

Allgemeine Versicherungsbedingungen für die Kraftverkehrsversicherung. Bundesanzeiger Nr. 172 vom 14. September 1965, S. 2—5; berichtigt durch Bundesanzeiger Nr. 183 vom 29. September 1965, S. 2.

Bauordnung für das Land Nordrhein-Westfalen (BauONW) vom 25. Juni 1962. Gesetz- und Verordnungsblatt Nordrhein-Westfalen. S. 373.

Bekanntmachung über die Verwendung eines Formblattes für Anträge auf Genehmigung von Tarifen der einzelnen Versicherungsunternehmen in der Kraftfahrtversicherung vom 30. Juni 1961. Bundesanzeiger Nr. 137 vom 20. Juli 1961 und Beilage zum Bundesanzeiger Nr. 137 vom 20. Juli 1961.

Bericht der Bundesregierung über die Untersuchung der Wettbewerbsverschiebungen im Kreditgewerbe und über eine Einlagensicherung. Bundestagsdrucksache V/3500.

Bericht des Bundeskartellamtes über seine Tätigkeit im Jahre 1959 sowie über Lage und Entwicklung auf seinem Aufgabengebiet (§ 50 des Gesetzes gegen Wettbewerbsbeschränkungen). Bundestagsdrucksache 3. Wahlperiode, Drucksache 1795.

Bericht des Bundeskartellamtes über seine Tätigkeit im Jahre 1962 sowie über Lage und Entwicklung auf seinem Aufgabengebiet. Bundestagsdrucksache IV, 1220.

Bericht des Bundeskartellamtes über seine Tätigkeit im Jahre 1964 sowie über Lage und Entwicklung auf seinem Aufgabengebiet. Bundestagsdrucksache IV, 3752.

BORMANN, Hellmut; VÖLKER, Ernst-Gerhard; CUNTZ, Paul: Die Neuordnung der deutschen Kraftfahrtversicherung. — Kommentar. Handbuch der deutschen Kraftfahrtversicherung. Frankfurt am Main 1961.

Dritte Verordnung zur Änderung der Verordnung über die Tarife in der Kraftfahrtversicherung vom 15. Dezember 1970. Bundesanzeiger 236 vom 18. Dezember 1970.

Entscheidung des Bundesgerichtshofs vom 24. Januar 1972, Aktenzeichen III ZR 166/69.

Erste Durchführungsverordnung zum Bundesaufsichtsgesetz vom 13. Februar 1952. Bundesgesetzblatt I, 1952, S. 94.

Europäisches Übereinkommen über die obligatorische Haftpflichtversicherung vom 20. April 1959.

Gesetz über die Beaufsichtigung der privaten Versicherungsunternehmungen und Bausparkassen vom 6. Juni 1931. Reichsgesetzblatt I, 1931, S. 315. Berichtigung 1931, S. 750.

Gesetz über die Errichtung eines Bundesaufsichtsamtes für das Versicherungs- und Bausparwesen vom 31. Juli 1951, Bundesgesetzblatt I, 1954, S. 480, ergänzt durch das Gesetz vom 22. Dezember 1954. Bundesgesetzblatt I, 1954, S. 501.

Gesetz über die Haftpflichtversicherung für ausländische Kraftfahrzeuge und Kraftfahrzeuganhänger vom 24. Juli 1956, in der Fassung vom 26. November 1964 und 5. April 1965. Bundesgesetzblatt I von 1956, S. 667; von 1964, S. 921; von 1965, S. 213.

Gesetz über die Pflichtversicherung für Kraftfahrzeughalter (Pflichtversicherungsgesetz) vom 5. April 1965. Bundesgesetzblatt I, S. 213.

PRÖLSS, Erich R.: Versicherungsvertragsgesetz. Fortgeführt von A. Martin und J. Prölss. (Beck'sche Kurz-Kommentare. Band 14). 18., neubearbeitete Auflage mit Berücksichtigung der österreichischen Rechtsprechung, München 1970.

— Das Kartellrecht der Versicherungswirtschaft. — Kommentar zu § 102 des Gesetzes gegen Wettbewerbsbeschränkungen. (Beck'sche Kurz-Kommentare Band 15 a). München, Berlin 1958.

— Versicherungsaufsichtsgesetz. — Bundesaufsichtsgesetze, Kartellrecht der Versicherungswirtschaft (§ 102 GWB) und andere Nebengesetze. Fortgeführt von R. Schmidt und J. Sasse. (Beck'sche Kurz-Kommentare. Band 15). 6., stark erweiterte Auflage, München 1971.

Rechtsverordnung vom 23. Juli 1971. Bundesanzeiger Nr. 141 vom 4. August 1971, S. 3.

Reichsgesetz über die privaten Versicherungsunternehmungen vom 12. Mai 1901. Reichsgesetzblatt von 1901 Nr. 18, S. 139.

Richtlinien des HUK-Verbandes vom 1. Januar 1957 über die Gewährung von Entschädigungen bei Verkehrsunfällen, in denen der Halter und Fahrer des schadenstiftenden Fahrzeugs unbekannt bleiben. In: Bormann, Hellmut; Völker, Ernst-Gerhard; Cuntz, Paul: Die Neuordnung der deutschen Kraftfahrtversicherung. — Kommentar. Handbuch der deutschen Kraftfahrtversicherung. Frankfurt a. M. 1961, S. 463—464.

Rundbrief des Bundesaufsichtsamtes für das Versicherungs- und Bausparwesen vom 20. Dezember 1958.

Rundbrief R 3/71 des Bundesaufsichtsamtes für das Versicherungs- und Bausparwesen vom 1. Juni 1971, Geschäftszeichen V-A 6-4/71.

Straßenverkehrs-Zulassungsordnung. Bundesgesetzblatt I, 1960, S. 897 ff.

Veröffentlichungen des Kaiserlichen Aufsichtsamtes (Reichsaufsichtsamtes) für Privatversicherung, 1938.

Verordnung PR Nr. 51/50 über die Änderung des Einheitstarifs für Kraftfahrtversicherung vom 9. August 1950. Bundesanzeiger Nr. 160 vom 22. August 1950.

Verordnung PR Nr. 13/54 über Beitragsermäßigung in der Kraftfahrthaftpflicht- und Fahrzeugvollversicherung bei schadensfreiem Verlauf der Verträge vom 22. Dezember 1954. Bundesanzeiger Nr. 249 vom 28. Dezember 1954.

Verordnung PR Nr. 15/59 zur Auflockerung der Preisbindung in der Kraftfahrtversicherung vom 19. Dezember 1959. Bundesanzeiger Nr. 249 vom 30. Dezember 1959.

Verordnung über den Betrieb von Apotheken (Apothekenbetriebsordnung) vom 7. August 1968. Bundesgesetzblatt I, 1968, S. 939.

Verordnung über den Entschädigungsfonds für Schäden aus Kraftfahrzeugunfällen vom 14. Dezember 1965. Bundesgesetzblatt I, 1965, S. 2093.

Verordnung über die Tarife in der Kraftfahrtversicherung vom 20. November 1967. Beilage zum Bundesanzeiger Nr. 225 vom 1. Dezember 1967.

Verordnung über die Versicherung von Kraftfahrzeugen vom 14. Februar 1938. Reichsgesetzblatt I, Nr. 15, S. 200.

Verordnung zur Änderung der Straßenverkehrs-Zulassungsordnung und der Gebührenordnung für Maßnahmen im Straßenverkehr vom 21. Februar 1957. Bundesgesetzblatt I, 1957, S. 35.

Verordnung zur Änderung der Verordnung über die Tarife in der Kraftfahrtversicherung vom 6. Dezember 1968. Bundesanzeiger 231 vom 11. Dezember 1968.

Vorschlag für eine Richtlinie des Rates zur Koordinierung der die Aufnahme und Ausübung der Direktversicherung (außer Lebensversicherung) betreffenden Rechts- und Verwaltungsvorschriften. Entwurf für einen Bericht der Gruppe Wirtschaftsfragen (Niederlassung und Dienstleistungen) an den Ausschuß der Ständigen Vertreter. Europäische Gemeinschaften, der Rat, Brüssel. Drucksache 764/71 (E. S. 45).

Wettbewerbsrichtlinien für die Versicherungswirtschaft.

Wunschel, Max und Kostboth, Richard: Versicherungssteuergesetz. — Erläuterungsbuch (unter Berücksichtigung des Versicherungsrechts). Gesetzestext, Durchführungsbestimmungen. (Guttentag'sche Sammlung Deutscher Reichsgesetze Nr. 208). Berlin und Leipzig 1937.

Zweite Verordnung zur Änderung der Verordnung über die Tarife in der Kraftfahrtversicherung vom 17. Dezember 1969. Bundesanzeiger 237 vom 20. Dezember 1969.

IV. Geschäftsberichte, Statistische Veröffentlichungen und sonstige Literatur

ADAC. — Schreiben an den Bundesminister für Wirtschaft und Finanzen vom 3. Dezember 1971.

Arbeitsgemeinschaft von Versicherungsnehmern für Fragen der Kraftfahrtversicherung. — Schreiben an den Bundesminister für Wirtschaft und Finanzen vom 22. November 1971.

Bericht. Sechste Konferenz der Europäischen Versicherungsaufsichtsbehörden. London 1966.

Bericht. VII. Konferenz der Europäischen Versicherungsaufsichtsbehörden. Berlin 1970.

Bodes, Ludwig: Geschäftsergebnisse 1965—1969 der privaten deutschen Versicherungsunternehmen in der Feuer-, Einbruch-, Leitungswasser-, Glas-, Sturm-, Maschinen-, Unfall-, Haftpflicht- und Kraftverkehrsversicherung. 16. Jahrgang, Köln 1971.

Braess, Paul und Farny, Dieter: Die Gestaltung des Wettbewerbs auf dem Kraftverkehrsversicherungsmarkt. — Wirtschaftswissenschaftliches Gutachten. Köln, Mannheim 1972.

Bundesverband bevollmächtigter Generalagenten und Geschäftsstellenleiter der Assekurranz e. V. — Schreiben an den Bundesminister für Wirtschaft und Finanzen vom 30. November 1971.

Bundesverband Deutscher Versicherungskaufleute: Stellungnahme zum Gutachten des Forschungsinstituts für Wirtschaftspolitik an der Universität zu Mainz. Schreiben an den Bundesminister für Wirtschaft und Finanzen vom 8. Dezember 1971.

Denkschrift des HUK-Verbandes zum Gutachten des Forschungsinstituts für Wirtschaftspolitik an der Universität Mainz über „Möglichkeiten zur Verstärkung des Wettbewerbs im Bereich der Kfz-Versicherungen". O. O., 1971.

FARNY, Dieter: Zweckmäßigkeit und Funktionsfähigkeit eines Konkurrenzmarktes in der Kraftverkehrsversicherung. Unveröffentlichtes Gutachten, Köln, o. J.

Geschäftsberichte 1965—1970 des Bundesaufsichtsamtes für das Versicherungs- und Bausparwesen Berlin. Berlin 1966—1971.

Hausmitteilungen 1971. — Mit Auszug aus dem neuen Tarifwerk der K-Versicherung (U 71) gültig ab 1. Januar 1971. Herausgegeben von der Haftpflicht-Unterstützungskasse kraftfahrender Beamter Deutschlands a. G. in Coburg (HUK-Coburg).

Jahresbericht 1971/72 des Bundesverbandes des Deutschen Groß- und Außenhandels e. V., Bonn 1972.

KLINGMÜLLER, Ernst: Gutachten zum Thema „Die Staatsaufsicht in der Kraftfahrtversicherung in vergleichender und wertender Sicht vom volkswirtschaftlichen und rechtlichen Standpunkt". Unveröffentlichtes Gutachten, Köln 1963.

Memorandum der Versicherungswirtschaft zum Regierungsentwurf eines Gesetzes gegen Wettbewerbsbeschränkungen. Geschäftsbericht des Gesamtverbandes der Versicherungswirtschaft, 1954/55, S. 53—55.

Neues vom ADAC. — Mitteilungen der ADAC-Pressestelle, München, 22. Juli 1970.

Statistische Jahrbücher für die Bundesrepublik 1964—1971. Herausgeber: Statistisches Bundesamt Wiesbaden, Wiesbaden 1964—1971.

Tagesnachrichten des Bundesministers für Wirtschaft und Finanzen Nr. 6481 vom 16. November 1971.

NAMENVERZEICHNIS

STICHWORTVERZEICHNIS

VERÖFFENTLICHUNGEN DES FORSCHUNGSINSTITUTS FÜR WIRTSCHAFTSPOLITIK AN DER UNIVERSITÄT MAINZ

---

1. **Falsch und richtig planen.** Eine kritische Studie über die deutsche Wirtschaftslenkung im zweiten Weltkrieg. Von Erich Welter.
2. **Schiene und Straße.** Das Ordnungsproblem im Güterverkehr zu Lande. Von Walter Hamm.
3. **Patient — Arzt — Kasse.** Eine wirtschaftliche Betrachtung über Krankheit und Gesundheit. Von Werner Bosch.
4. **Die Saarfrage.** Eine wirtschaftliche Analyse. Von Werner Bosch.
5. **Investitionslenkung.** Möglichkeiten und Grenzen staatlicher Eingriffe in den Aufbau der Produktion. Von Ernst-Günter Vetter.
6. **Kollektivmonopole.** Die Rolle der Kartelle in der Volkswirtschaft. Von Werner Fricke.
7. **Die Drucksache.** Ein Beitrag zur Tarifpolitik der Deutschen Bundespost. Von Werner Fricke.
8. **Marktwirtschaft — Befehlswirtschaft.** Ein Vergleich der Wirtschaftsordnung in West- und Mitteldeutschland. Von Werner Bosch.
9. **Kollektiveigentum.** Die Rolle öffentlicher Unternehmen in der Marktwirtschaft. Von Walter Hamm.
10. **Der Staat als Kunde.** Öffentliche Aufträge in der Wettbewerbsordnung. Von Erich Welter.
11. **Konstruktions- und Entwicklungsaufträge.** Ein Beitrag zur Beschaffungspolitik der öffentlichen Hand. Von Armin Gutowski.
12. **Der Kostenpreis bei öffentlichen Aufträgen.** Eine wirtschaftswissenschaftliche Analyse. Von Helmut Diederich.
13. **Zentralisierung und Dezentralisierung des öffentlichen Einkaufs.** Grundfragen der Organisation des Beschaffungswesen. Von Werner Fricke.
14. **Die Ausschreibung.** Organisierte Konkurrenz um öffentliche Aufträge. Von Otto Gandenberger.
15. **Wirtschaftliche Weinbaupolitik.** Ein Beispiel angewandter Agrarwirtschaftslehre und Außenhandelstheorie. Von Armin Gutowski.
16. **Was ist ein Unternehmen?** Volkswirtschaftliche Überlegungen zum Gesetz gegen Wettbewerbsbeschränkungen. Von Otto Gandenberger.

17. **Preise als verkehrspolitisches Ordnungsinstrument.** Von Walter Hamm.

18. **Die gemeinwirtschaftlichen Grundsätze in der Tarifpolitik der Deutschen Bundespost.** Ein Beitrag zum Thema staatliche Interventionen im Verkehrswesen. Von German Wegmann.

19. **Vermögensstreuung.** Eine Betrachtung über Grundlagen der Vermögenspolitik. Von Werner Bosch.

20. **Der Konsument und seine Vertretung.** Eine Studie über Verbraucherverbände. Von Christa von Braunschweig.

21. **Verkehrspolitik in der SBZ.** Von Horst Demmler.

22. **Branchenbesonderheiten.** Falsche und richtige wirtschaftspolitische Argumente. Von Hans H. Scheib.

23. **Verkehrswissenschaft.** Von A. F. Napp-Zinn.

24. **Das Finanzmonopol.** Fiskalische und außerfiskalische Wirkungen im Vergleich zur Verbrauchssteuer. Von Otto Gandenberger.

25. **Konjunkturpolitik mit Fernmeldeinvestitionen?** Stabilitätspolitische Forderungen und betriebliche Möglichkeiten. Von Horst Schwedes.

26. **Kapazitätsabbau mit Staatshilfe.** Die Stillegungsaktion in der Mühlenwirtschaft als Beispiel. Von Konrad Schulze-Gisevius.

27. **Der Bund am Kapitalmarkt.** Vorschläge zur staatlichen Anleihepolitik. Von Horst Schwedes.

28. **Politische Ökonomie staatlicher Preisinterventionen.** Dargestellt am Beispiel der „politischen Preise" im Nachrichtenverkehr. Von Dieter Schmidtchen.

29. **Binnenwasserstraßenpolitik.** Systemmängel und Reformvorschläge. Von Walter Hamm und Wolfgang Neumann.

30. **Das „Gemeinnützige Unternehmen" als Instrument der Wohnunspolitik.** Von Werner Nowak.

31. **Staatliche Regelungen für Immobilienmakler.** Wettbewerbsförderung und Kundenschutz. Von Günter Bonnet.

32. **Kassenpraxis und Privatpraxis.** Eine wirtschaftswissenschaftliche Studie über freiberufliche ärztliche Leistungen. Von Ulf Böge.

33. **Die Arzneimittelversorgung durch Apotheken.** Volkswirtschaftliche Überlegungen zur staatlichen Gesundheitspolitik. Von Matthias J. Berger.

Die Bände 1 bis 24 sind im Verlag Quelle & Meyer, Heidelberg, erschienen. Ab Band 25 erscheint die Schriftenreihe im Verlag Duncker & Humblot, Berlin.